Verhandlungsführung
von A bis Z

D1721480

Verhandlungsführung von A bis Z

Ein Handbuch mit 200 Strategien und Taktiken

von

Chester L. Karrass

Übertragung aus dem Amerikanischen von Ursel Reineke, Heidelberg

I. H. Sauer-Verlag GmbH · Heidelberg

Originaltitel: Give & Take; the complete guide to negotiating strategies and tactics.
Published by Thomas Y. Crowell, Publishers, New York/USA, and simultaneously in
Canada by Fitzhenry & Whiteside Limited, Toronto
ISBN 0-690-00566-0
© 1974 by Chester L. Karrass

CIP-Kurztitelaufnahme der Deutschen Bibliothek

Karrass, Chester L.:
Verhandlungsführung von A bis Z : e. Handbuch mit 200 Strategien u. Taktiken /
von Chester L. Karrass. Übertr. aus d. Amerikan. von Ursel Reineke. – Heidelberg : Sauer, 1980.
    Einheitssacht.: Give and take ‹dt.›
    ISBN 3-7938-7669-1

ISBN 3-7938-7669-1

© 1980 I. H. Sauer-Verlag GmbH Heidelberg

Lichtsatz: M. Glaese, 6944 Hemsbach

Druck und Verarbeitung: Druckhaus Darmstadt GmbH, 6100 Darmstadt

Printed in Germany

Für meine Frau Virginia,
unsere Kinder Lynn und Gary
und für George und Elie, die immer da waren.
Bei allen war es Geben und Nehmen in Liebe.

Dank

Ernsthafte Arbeiten über ein so umfangreiches Thema wie Verhandlungen lassen sich nicht ohne Hilfe durchführen. Ich möchte mich für die weitsichtige Unterstützung in der Forschung bei der *Hughes Research Corporation* und bei ihren Vorstandsmitgliedern *Theodore Kotsovolos* und dem verstorbenen *William A. Van Allen* bedanken, einem leuchtenden Stern, der allzu früh verlosch.

Sehr geholfen haben mir auch meine Kinder *Gary* und *Lynn*, mit denen ich viele Formulierungen und Ideen besprochen habe. Viel verdanke ich auch meiner Lektorin *Cynthia Vartan*, die mir mit ihrem guten Urteil geholfen hat, ein Manuskript in ein fertiges Buch zu verwandeln.

Einführung

Zweihundert Strategien und Taktiken werden in diesem Buch vorgestellt. Sie sind übersichtlich geordnet, damit man sie leicht anwenden kann. Schon seit Jahrtausenden werden diese Taktiken erfolgreich angewandt. Die Menschen haben sie entweder intuitiv genutzt, oder das Wissen wurde jeweils vom Vater an den Sohn weitergegeben. Inzwischen haben wir aufgrund der modernen Psychologie die Möglichkeit, die Feinheiten der Verhandlungsführung besser zu begreifen als je zuvor. Die Ideen dieses Handbuches kann jeder im Wirtschafts- oder im Privatbereich verwirklichen.

Dr. Chester L. Karrass

Inhaltsverzeichnis

Abkommen, Übereinkünfte und Verfahrensangelegenheiten

Große Unterschiede

Henry Kissinger mußte in Paris eine Niederlage nach der anderen einstecken. Wenn er dachte, eine *Abmachung* erzielt zu haben, sagte man ihm, es sei nur eine *Übereinkunft*. Wenn er dachte, eine *Übereinkunft* erreicht zu haben, sagten ihm die Nordvietnamesen, es handele sich nur um eine *Verfahrensfrage*. Wer in Verhandlungen den Unterschied zwischen Abkommen, Übereinkünften und Verfahrensangelegenheiten nicht begreift, wird vielleicht noch schlimmer dran sein als Kissinger.

Es ist wichtig, diese *drei Ausdrücke* genau zu *definieren*. Für uns ist ein *Verfahren* die Art und Weise, *wie man etwas tut*. Ein *Übereinkommen* drückt die gegenseitigen *Ansichten* und *Haltungen* zu einem Thema aus. Ein *Abkommen* ist eine *endgültige Verpflichtung* auf Bedingungen, die von beiden Seiten akzeptiert werden.

Sie fragen sich wahrscheinlich, wo denn da der *eigentliche Unterschied* liegt. Ein Abkommen ist und bleibt doch eine Abmachung, oder nicht? Ich behaupte, daß es nicht genügt, ein Abkommen zu schließen. Selbst wenn beide Parteien die besten Absichten haben, werden Abkommen aus vielerlei Gründen gebrochen. Sie werden gebrochen, weil die Durchführungsverantwortlichen oft den gemeinsamen Standpunkt, die gemeinsame Haltung oder den gemeinsamen Hintergrund, der zu diesem Abkommen geführt hat, nicht begreifen. Manchmal wird ein Abkommen gebrochen, weil keine Partei weiß, wie die Durchführung aussehen soll, oder wie man beweisen soll, daß es nicht funktionsfähig ist.

Wenn Sie Verhandlungen führen, sollten Sie sich folgende Einstellung zu eigen machen:

„Es reicht nicht, nur ein Abkommen über die Bedingungen abzuschließen. Gibt es sonst noch Übereinkünfte oder Verfahrensweisen, die im Detail festgelegt werden sollten?"

Ablenkungsmanöver

Peter Hase, Nixon und die Dornenhecke

Es geschah, daß Peter Hase einem Fuchs in die Fänge geriet. Der Fuchs wollte ihn auffressen. Peter sagte zum Fuchs: ,,Bitte, wirf mich nicht in die Dornenhecke". Der Fuchs glaubte, er könne einem Hasen gar nichts Schlimmeres antun, und warf ihn in die Dornenhecke. Als der Hase in der Hecke gelandet war, war es der Fuchs, der Angst hatte, hineinzugehen und sich den Hasen wieder zu holen.

Manchmal kann man einen Gegner dazu bringen, einen bestimmten Schritt, vor dem man wirklich Angst hat, nicht zu tun, indem man seine Aufmerksamkeit auf ein Gebiet lenkt, das weniger bedrohlich oder besser verteidigt ist. Ich habe lange gedacht, daß sich *Präsident Nixon* dieser Taktik bediente, als er bekanntgab, daß es Tonbänder über die Gespräche im Weißen Haus gebe. Als der Watergate-Untersuchungsausschuß erfuhr, daß diese Tonbänder existierten, mußte er sich heftig darum bemühen, sie in die Hand zu bekommen. *Präsident Nixon* zögerte, und dieses Zögern überzeugte viele davon, daß die Tonbänder die Dornenhecke des Präsidenten waren.

Abmachungsspielraum

Der Abmachungsspielraum wird meist definiert als Unterschied zwischen dem Minimum, das ein Verkäufer anzunehmen bereit ist, und dem Maximum, das ein Käufer zu zahlen bereit ist. Das klingt vernünftig, ist aber nicht ganz richtig.

Bei einer Verhandlung gibt es nämlich in Wirklichkeit *drei Abmachungsspielräume:*

1. Spielraum im Kopf des Käufers.
2. Spielraum im Kopf des Verkäufers.
3. Spielraum, der existieren würde, wenn sie einem neutralen Dritten sagen würden, was in ihren Köpfen vorgeht.

Ich glaube, daß es sich lohnt, den Abmachungsspielraum realistischer zu betrachten. Ihn mit neuen Augen anzusehen, ist zwar etwas schwieriger, aber es zahlt sich aus.

Der Abmachungsspielraum sollte neu definiert werden als Unterschied zwischen dem ,,durch den Käufer geschätzten Verkäuferminimum'' und dem ,,durch den Verkäufer geschätzten Käuferminimum''. Folgendes ist hier wichtig: Der Spielraum ergibt sich aus der jeweils abgeschätzten, nicht aus der tatsächlichen Situation. Abschätzungen sind meistens nicht nur nicht genau, sondern können auch aufgrund neuer Informationen geändert werden.

Es liegt in der Macht des Käufers, den Verkäufer dazu zu veranlassen, seine Schätzung des Käufermaximums zu verändern. Es liegt in der Macht des Verkäufers, den Käufer dazu zu bringen, seine Schätzung des Verkaufsminimums zu ändern. Deshalb sind alle angewandten Taktiken und Gegenmaßnahmen so wichtig. *Wie* Sie eine *Forderung stellen*, wieviel Sie fordern, wie Sie Zugeständnisse machen und wo Sie die Grenze ziehen — das ist wichtig. Der Gegner wird damit in seiner Abschätzung des Möglichen und Realistischen beeinflußt und wird den Spielraum, den er im Kopf hatte, anpassen.

Abschluß erreichen

Elf gute Möglichkeiten

Wie bringt man Verhandlungen zum Abschluß? Man will zum Abschluß kommen, wenn beide Parteien davon ausgehen, daß alle Zugeständnisse gemacht worden sind und daß weitere Bemühungen wahrscheinlich nichts mehr bringen werden. Gegen Ende der Debatte verschließen sich beide Parteien vor neuen Informationen und treffen eine endgültige Entscheidung. Ob die endgültige Entscheidung auf Tatsachen oder Intuition beruht, spielt keine Rolle. Wichtig ist nur, daß die *Erwartungen* beider Parteien *aufeinander zugehen* und der Abschluß folgt. Die *folgenden elf Techniken* sollen den Gegner zu einer Vereinbarung bewegen:

13

1. Eine positive Haltung zum Abschluß einnehmen. Mehrmals sachlich auf eine Vereinbarung drängen, etwa nach dem Motto: ,,Wenn nicht jetzt, wann dann? Wir wissen alles, was wir wissen müssen, um zum Abschluß zu kommen''.
2. Beim Drängen auf Abschluß nicht zu viele Worte machen. Wer selbst zu viele Worte macht, hört der Gegenpartei nicht mehr richtig zu. Zu viele Worte werden leicht als Zeichen von Angst interpretiert.
3. Die Gegenpartei immer wieder fragen, wo das Problem liegt, wenn es nicht zu einer Vereinbarung kommt. Der Partner wird wahrscheinlich eine Erklärung abgeben, wenn man ihm Gelegenheit dazu läßt.
4. Dem anderen wiederholt versichern, daß es klug ist, abzuschließen. Ihm immer wieder gute Gründe dafür angeben.
5. Keine Angst haben, davon auszugehen, daß alles schon geregelt ist. Als Käufer bitten Sie den Verkäufer um einen Stift, damit Sie den Vereinbarungsentwurf aufschreiben können oder fragen ihn, auf wen der Scheck ausgestellt werden soll. Als Verkäufer fragen Sie den Käufer, wohin er die Ware geliefert haben will.
6. Den Gegner sozusagen bei der Hand nehmen und ihn an die Vereinbarung heranführen, indem man über Details spricht, z. B. über den Wortlaut einer Klausel oder wohin die Lieferung gehen soll. So tun, als ob man sich über die Hauptpunkte und den Preis schon einig ist.
7. Etwas tun! Handeln! Ein Verkäufer füllt den Bestellschein aus. Der Käufer gibt dem Verkäufer eine Auftragsnummer an und schüttelt seinem Gegenüber die Hand. Solches Tun zeigt, daß man wirklich die Absicht hat, zum Abschluß zu kommen.
8. Den möglichen Verlust von Vergünstigungen betonen, wenn man nicht bald zu einer Vereinbarung kommt. Es gibt Leute, die sich durch mögliche Gewinne nicht beeinflussen lassen, die aber sehr stark motiviert sind, wenn es darum geht, Verluste zu vermeiden. Als Käufer kann man betonen, daß man seine Befugnisse mit einem solch großzügigen Angebot ein wenig überschreitet und daß der Chef vielleicht nicht mehr einverstanden sein wird, wenn der Abschluß noch lange hinausgezögert wird. Der Käufer kann auch klarmachen, daß die Konkurrenz nur darauf wartet, zu zeigen, was sie kann, wenn man ihr die Möglichkeit gibt. Der Verkäufer kann den Kunden auf Abschluß drängen, indem er ihn höflich darauf aufmerksam macht, daß die Produkte vielleicht nicht mehr auf Lager sind, wenn zu lange Zeit bis zur endgültigen Bestellung vergeht.

9. Einen speziellen Anreiz zum Abschluß geben, einen Anreiz, den man zu einem späteren Zeitpunkt nicht mehr anbieten kann, z. B. in Form eines Preisnachlasses, Teilzahlungsmöglichkeiten, Zubehör oder Zusatzleistungen.
10. Eine Geschichte erzählen, um den Abschluß zu rechtfertigen. Zeigen, wie jemand in Schwierigkeiten geriet, weil er eine Chance zum Abschluß ungenutzt vorübergehen ließ. Den Abschluß zu einem wirklichen und wünschenswerten Erlebnis werden lassen.
11. Erst aufgeben, wenn sehr oft ,,nein'' gesagt wird. Ein berühmter Versicherungsverkäufer hat einmal gesagt, daß er erst aufgibt, wenn man ihm mindestens sieben Mal ,,nein'' gesagt hat.

Diese Techniken werden wohl schon seit Jahrhunderten von Verhandlungsführern und Verkäufern überall in der Welt angewandt. Sie versuchen, den anderen in eine Vereinbarung zu ,,stupsen'', indem Sie sich freundlich, hartnäckig und positiv verhalten, ohne anmaßend zu werden. So kommt es zum Abschluß, egal worüber Sie gesprochen haben.

Angebot

Abzulehnendes Angebot

Manchmal sollte man einem Verhandlungspartner ein Angebot machen, das er einfach ablehnen muß. Warum? Dafür gibt es viele Gründe. Die Bühne ist damit frei für spätere Angebote, die im Vergleich zum ersten sehr viel günstiger aussehen. Vielleicht wollen Sie den anderen auch nur loswerden. Oder man gibt ihm die Möglichkeit, das Geschäft noch einmal zu durchdenken. Man kann damit Verhandlungen in eine Sackgasse führen oder Entscheidungen aufschieben. Ich habe auch schon erlebt, daß unakzeptierbare Angebote aus reinem Ego-Trieb genannt wurden, nur um dem Gegner zu zeigen, daß man nicht von ihm abhängig ist.

Ein guter Grund für ein solches Angebot, das der andere nicht akzeptieren kann, ist auch, weil man herausfinden will, was der andere zu akzeptieren bereit ist. Solch ein Angebot wirkt Wunder, so daß ein richtiges Gespräch in Gang kommt. Wer glaubt, daß man wahrscheinlich doch nicht zu einem Abschluß kommt, wird meistens offener reden. Dann werden die wirklichen Motivationen und die wirklichen Ziele sichtbar. Dann kann man die Verhandlungen vertrauensvoll fortsetzen.

Machen Sie also ein Angebot, das abgelehnt werden muß.

Letztes und endgültiges Angebot

Man kann ein ,,letztes und endgültiges Angebot'' so formulieren, daß es endgültig klingt und doch noch Möglichkeiten zum Rücktritt läßt. Man muß eine Methode finden, die noch Interpretationsmöglichkeiten offen läßt. Am besten läßt sich diese Methode am Beispiel eines Hauskaufes erläutern.

Stellen Sie sich vor, Sie sind der Käufer und haben dem Verkäufer gesagt: ,,Dies ist mein letztes Angebot für Haus und Einrichtung. Wenn Sie es innerhalb von drei Tagen nicht akzeptieren, zerreißen Sie meinen Scheck und sagen Sie mir Bescheid''. Der Käufer kann dieses Angebot verschieden formulieren. Jedes Mal ändert sich der *Sinn*, der dahinter steckt:

A. Alternativen zum ,,Inhalt'' (Darüber sprechen wir).
1. Dies ist mein letztes Angebot für das Haus — mit Einbauküche und Gartenmöbeln.
2. Dies ist mein letztes Angebot für das Haus. (Sonstiges wird aufgrund der vorausgegangenen Gespräche vorausgesetzt).
3. Dies ist mein letztes Angebot unter Einbeziehung aller Faktoren (,,Alle Faktoren'' können bedeuten: Kosten für Bereitstellungskredit, Finanzierung, Übernahme von Steuervorteilen usw.).
4. Dies ist mein letztes Angebot für das Haus. Für die Kücheneinrichtung und für die Gartenmöbel biete ich folgende Zusatzsumme.

B. Alternativen in Bezug auf die ,,Konsequenzen''
(Was geschieht, wenn wir uns nicht einigen).
1. Wenn Sie mein Angebot nicht innerhalb von drei Tagen annehmen, können Sie meinen Scheck zerreißen und mir Bescheid geben.
2. Wenn Sie mein Angebot nicht innerhalb von drei Tagen annehmen, können Sie meinen Scheck zerreißen.
3. Wenn Sie mein Angebot innerhalb von drei Tagen nicht annehmen, rufen Sie mich an.

4. Wenn Sie mein Angebot in drei Tagen noch nicht angenommen haben, rufe ich Sie an.
5. Wenn Sie mein Angebot innerhalb von drei Tagen nicht annehmen, gehe ich davon aus, daß Sie am Verkauf nicht interessiert sind.
6. Wenn Sie mich innerhalb von drei Tagen nicht anrufen, ist das Geschäft geplatzt.

C. Alternativen zur ,,Entschlossenheit''
(Wie ernst sehen die Konsequenzen aus?)

1. Wenn Sie innerhalb von drei Tagen nicht ja sagen, können Sie meinen Scheck zerreißen und das Ganze vergessen. Ich gehe auf eine längere Reise.
2. Wenn Sie mein Angebot innerhalb von drei Tagen nicht annehmen, werde ich das andere Haus kaufen.
3. Auch wenn Sie mein Angebot innerhalb von drei Tagen nicht annehmen, werden wir Freunde bleiben.
4. Wenn Sie mein Angebot innerhalb von drei Tagen nicht annehmen, wünsche ich Ihnen viel Glück. Zerreißen Sie den Scheck und vergessen Sie ihn.
5. Wenn Sie das Angebot annehmen, können Sie den Scheck bei meiner Bank persönlich einlösen. In vier Tagen — von heute an gerechnet — gilt der Sperrvermerk.

D. Alternativen zur ,,Zeit'' (Wann wird was geschehen?)

1. Wenn Sie innerhalb von drei Tagen nicht annehmen, werden wir uns in einem Monat noch einmal unterhalten.
2. Denken Sie ein paar Tage darüber nach.
3. Denken Sie darüber nach und schicken Sie mir den Scheck nach drei Tagen zurück, wenn Sie nicht interessiert sind.
4. Ich habe den Scheck drei Tage vorausdatiert, so daß Sie noch ein wenig Bedenkzeit haben.
5. Der für das andere Haus zuständige Immobilienmakler hat mir versichert, daß ich das Geschäft mit ihm innerhalb weniger als einer Woche durchziehen kann.
6. Lassen Sie mich wissen, ob Sie das Angebot akzeptieren.

Alle Abänderungen des ursprünglichen Ausspruches sind dazu gedacht, eine feste Absicht auszudrücken und gleichzeitig eine Rückzugsmöglichkeit offenzulassen.

Es läßt sich nie genau vorhersagen, wie ein Verhandlungspartner zuhört oder wie er die gesprochenen Worte aufnimmt. In der Praxis bedeutet das: *Wenn er glaubt, daß eine Verpflichtung eingegangen wurde, dann ist sie auch eingegangen worden. Wenn er nicht glaubt, daß eine Verpflichtung eingegangen wurde, spielt es keine Rolle, wie real die Absichten des Verhandlungsführers sind. Er wird die Gültigkeit anfechten.* Man liest oft mehr in eine Aussage hinein, als vom Sprecher überhaupt beabsichtigt war. Man füllt die Lücken selbst aus.

Aufgrund dieser allgemeinen Tendenz kann ein Verhandlungsführer eine Zusage ganz elegant zurücknehmen, wenn er seine Verpflichtung in die richtige Form gekleidet hat.

Letzten Endes kann die Taktik „letztes und endgültiges Angebot" die eigene Verhandlungsposition schützen. Sie kann ihr aber auch schaden. Wenn das Gegenüber einem nicht glaubt, hat man in der Verhandlungsführung einiges an Einfluß verloren. Wort- und Zeitwahl sind wichtig. Sie nämlich bestimmen, ob die Taktik wirkt oder als Schuß nach hinten losgeht. Vom Standpunkt desjenigen, dem ein solches „letztes und endgültiges Angebot" gemacht wird, ist es unbedingt notwendig, diese Taktik in all ihren Feinheiten zu verstehen. Wenn man nicht genau zuhört, steht zuviel auf dem Spiel. Es kann auch sein, *daß der Verhandlungspartner blufft.*

Gegenmaßnahmen

Wer mit einem „letzten und endgültigen Angebot" konfrontiert wird, darf es nicht ohne weiteres als bare Münze hinnehmen. Man muß schon genauer nachforschen, was dahinter steckt. Vielleicht helfen die *folgenden Anregungen:*

1. Auf den genauen Wortlaut achten. Es kann sein, daß der Gegner sich nicht festlegen will.
2. Das Gesagte interpretieren, ohne übermäßig zu reagieren. Tun Sie so, als ob Sie das gehört haben, was Sie hören wollten.
3. Dem anderen eine Rücktrittsmöglichkeit von seinem „letzten und endgültigen Angebot" lassen, die es ihm erlaubt, das Gesicht zu wahren.
4. Wütend werden, wenn es Ihren Zwecken dient.
5. Ihn wissen lassen, was er bei einem Festfahren der Verhandlungen zu verlieren hat.

6. Überlegen, ob Sie dieses „letzte" Angebot durch Verhandlungsabbruch auf seine Ernsthaftigkeit überprüfen wollen.
7. Das Thema wechseln.
8. Neue Alternativen und mögliche Lösungen vorlegen.
9. Vielleicht dem anderen zuvorkommen, wenn Sie glauben, daß er ein „letztes und endgültiges Angebot" machen wird.

Die Taktik des „letzten und endgültigen Angebots" hat mit dem „Feiglingsspiel" viel gemeinsam. Beim Feiglingsspiel fahren Motorrad- oder Autofahrer mit hoher Geschwindigkeit genau aufeinander zu. Einer muß nachgeben, um einem Zusammenstoß auszuweichen. Genauso sieht das Spiel auch bei Verhandlungen aus. Wenn Sie eine letzte Chance bekommen, das endgültige Angebot anzunehmen oder sich in die Konsequenzen zu fügen, stehen Sie vor der gleichen „Feiglings"situation. Glücklicherweise gibt es bei Verhandlungen einen *Mittelweg*.

Meistens kann man weiter miteinander reden. Aber nicht immer.

Angriffe

Persönliche Angriffe — Sind sie gerechtfertigt?

Ist ein persönlicher Angriff auf den Verhandlungspartner jemals gerechtfertigt? Viele werden diese Frage bejahen. Ich gehöre nicht dazu. Ich stimme *Benjamin Franklin* zu: „Es gibt keinen kleinen Feind". Wer persönlich angegriffen wird, wird immer versuchen, mit gleicher Münze zurückzuzahlen. Diese Taktik geht nach hinten los.

Wer einen anderen persönlich angreift, will das Selbstwertgefühl des Gegners ankratzen und ihn in die Defensive zwingen. Unter folgenden Umständen wird *diese Taktik* angewandt:

1. Wenn der Angegriffene ein schwaches Selbstbewußtsein hat und sich lieber passiv verhalten will, als sich weiteren Angriffen zu stellen.
2. Wenn in der Organisation des Gegners geteilte Meinungen bestehen und man diese Kluft noch erweitern kann.
3. Wenn man durch die Diskreditierung eines Experten Vorteile erzielen kann.

4. Wenn ein Gegner knapp vor einer Entscheidung steht, aber Angst hat, sie zu fällen. Manchmal kann man ihn so einschüchtern, daß er sie doch fällt.
5. Wenn es um kurzfristige Beziehungen geht und persönliche Feindschaften unwichtig sind.
6. Wenn ein wütend gemachter Gegner seine wahren Gefühle ausdrücken oder Informationen geben wird.

Wenn Sie während einer Verhandlung jemals einem persönlichen Angriff ausgesetzt werden: Brechen Sie sie ab, gehen Sie! Protestieren Sie bei den höchsten Stellen so laut wie möglich. Persönliche Angriffe, denen ein Mann ausgesetzt wird, sind proportional zu dem, was er zu erdulden bereit ist. Sie brauchen sich nicht verunglimpfen zu lassen.

Man wird von anderen respektiert, wenn sie nicht alles mit einem machen können.

Annahmen mißtrauen

Hüten Sie sich vor den Annahmen, von denen Sie ausgehen. Sie können richtig, sie können aber auch falsch sein. Ich hatte einen Lehrer, der uns jedes Schuljahr erneut vor unseren Grundannahmen warnte.

Verkäufer gehen oft von reichlich dummen Annahmen aus: ,,So viel wird der nie bezahlen''. — ,,Die Konkurrenz ist groß''. — ,, Er hat dafür nicht genug Geld''. — ,,Nach dem, was letztes Mal passiert ist, wird er bestimmt kein Geschäft mehr mit uns abschließen wollen''. — ,,Wir sind bestimmt nicht die mit dem niedrigsten Angebot.''

Ein Verkäufer , der von solchen Annahmen ausgeht, hat vielleicht seine *Niederlage schon in der Tasche*, ehe er überhaupt zu verhandeln anfängt. Oft stimmen solche Annahmen gar nicht.

Annahmen sind *mögliche Hindernisse*, die uns in die falsche Richtung führen können. Sie können Käufer veranlassen, hohe Angebote zu machen, wenn ein niedrigeres genügt hätte. Sie können Verkäufer veranlassen, niedrige Forderungen zu stellen und schnelle Zugeständnisse zu machen, obwohl das genaue Gegenteil besser gewesen wäre. Annahmen können uns dazu verführen, Termine und Fristen einzuhalten, obwohl es bei weitem besser ist, sich in *Geduld zu üben*.

In der Realität muß und sollte man bei Verhandlungen natürlich von bestimmten Annahmen über den Verhandlungspartner ausgehen. Wir müssen so gut wie möglich abschätzen, was die Gegenpartei tun kann oder wird, auf welche Risiken sie sich einlassen wird und welche *Entscheidungskriterien* für sie die wichtigsten sind (Preis, Liefertermin, Qualität oder Kundendienst). Das sind Annahmen, nicht mehr und nicht weniger. Im besten Falle handelt es sich um ein *wenig fundiertes Rätselraten.*

Vorsicht: Verlieben Sie sich nicht in Ihre Annahmen! Überprüfen Sie sie! Solange Sie keine Beweise in der Hand haben, sind sie weder richtig noch falsch.

Auktion

Umgekehrte Auktion — wie man den Verkäufer dazu bringt, die meiste Arbeit für das wenigste Geld anzubieten.

Dies ist die Traumtaktik harter Einkäufer. Sie zielen darauf ab, daß sich die Verkäufer gegenseitig in ihren Angeboten unterbieten. Sie wollen viel Arbeit für wenig Geld. Schon mancher Verkäufer hat sich bei einer solchen umgekehrten Auktion zugrunde gerichtet. Mit dieser harten Taktik ist aber auch schon so mancher Einkäufer in Schwierigkeiten geraten.

Die umgekehrte Auktion funktioniert so: Nehmen wir an, Sie wollen in Los Angeles ein Schwimmbad bauen lassen. Sie wissen, daß der Bau eines Schwimmbades nicht allzu schwer sein kann, weil es in vielen Gärten Schwimmbäder gibt. Ihre Bedingungen sind einfach. Das Schwimmbad soll 5 × 6 m messen, mit Heizung und Filteranlage ausgestattet und am 1. Juni fertig sein. Daran ist nichts besonderes.

Drei Bauunternehmer geben ihre Angebote ab. Sie haben vor, dem billigsten den Zuschlag zu geben. Sie schauen sich die Angebote an und stellen fest, daß sie alle verschieden sind. Es werden verschiedene Heizungen, Filter, Formen, Rohrleitungen, Verkachelungen und Zahlungsbedingungen angeboten. Plötzlich wird die Entscheidung schwierig. Ein Schwimmbad kostet immerhin 7000 Dollar, und Sie werden lange mit ihm zufrieden sein müssen. Fehler können kostspielig werden. Was tun?

Veranstalten Sie eine umgekehrte Auktion. Sie laden die Unternehmer zu sich nach Hause ein, den einen bestellen Sie auf 9.00 Uhr, den nächsten auf 9.15 Uhr und den letzten auf 9.30 Uhr. Sie lassen alle warten. Alle drei sitzen 30 Minuten lang zusammen im Wohnzimmer. Um 10.00 Uhr bitten Sie den ersten in Ihr Arbeitszimmer, um den Auftrag mit ihm zu besprechen.

Natürlich erzählt Ihnen Anbieter A, warum sein Schwimmbad das beste ist. Er macht auch ein paar Anspielungen auf seine Konkurrenten. Sie erfahren, daß Anbieter B einen veralteten Filter einbauen will und daß Anbieter C rund um Los Angeles eine Reihe leerer Baugruben hinterlassen hat. Damit will er andeuten, daß Anbieter C kurz vor dem Bankrott steht. Dann kommt Anbieter B herein. Von ihm erfahren Sie, daß die anderen Plastikrohre verwenden, während er Kupferrohre verarbeitet. Sie sind nicht mehr allzu überrascht, als Sie später von Anbieter C erfahren, daß die anderen minderwertige Heizsysteme einbauen, nicht richtig saubermachen und keine Verantwortung mehr übernehmen, sobald die Rechnung bezahlt ist. Sie prüfen die verschiedenen Behauptungen und beginnen dann allmählich, die Feinheiten und das Risiko beim Bau eines ursprünglich einfach aussehenden Schwimmbades zu verstehen.

Sie kennen nun die Alternativen und können genauere Bedingungen ausschreiben. Dann können die Anbieter ein neues Angebot abgeben. Der Auftrag geht schließlich an den, der viel Produkt, viel Zuverlässigkeit und den niedrigsten Preis in bezug auf diese Ziele anbietet. Mit der umgekehrten Auktion haben Sie *zwei Ziele* erreicht:

1. Sie haben etwas über Schwimmbadbau gelernt.
2. Sie haben über Auswahlmöglichkeiten verfügt, von denen Sie vorher keine Ahnung hatten.

Gegenmaßnahmen

Ich bin oft umgekehrten Versteigerungen ausgesetzt gewesen. Es gibt kaum eine Taktik, die für einen Anbieter so schwer zu meistern ist. Der Käufer hat die Trumpfkarten in seiner Hand, aber trotzdem kann der Anbieter einiges tun, um den natürlichen Vorteil des Käufers wettzumachen:

1. Wer eine Zitrone hat, sollte lieber bei der Herstellung von Limonade bleiben. Befassen Sie sich mit Ihren Schwächen. Die Konkurrenz wird sie auf jeden Fall ans Licht bringen.
2. Machen Sie keine übereilten Zugeständnisse.
3. Stärken und Nutzen verkaufen, verkaufen und nochmals verkaufen.
4. Feststellen, wer die Entscheidung wirklich trifft.
5. Die Auktion zu Hause simulieren, durchspielen.
6. Sich selbst auf ein Niedrigstangebot festlegen.
7. Experten mitbringen. Der Käufer möchte jemanden haben, dem er glauben kann.
8. Einen ganz neuen Ansatz aus dem Hut zaubern, wenn die Sache schlecht zu laufen scheint.
9. Die besten und erfahrensten Verhandlungsführer einsetzen.

Wer von einem Käufer zu einer umgekehrten Versteigerung eingeladen wird, muß unbedingt die Probleme erkennen, in die er hineinlaufen wird. Für *umgekehrte Versteigerungen* braucht man *viel Zeit*. Die normale Arbeit bleibt liegen, man gerät mit seinen sonstigen Aufgaben ins Hintertreffen. Damit geht einiges an Vorsprung verloren. Mitarbeiter in der eigenen Organisation drängen. Auch sie werden von ihrer normalen Tätigkeit abgehalten. Nach gewisser Zeit weiß das Team des Käufers nicht mehr, was es glauben oder wem es glauben soll. Sie haben Angst, einen Fehler zu machen. Alle sind verwirrt, müde und wollen unbedingt das Ganze hinter sich bringen.

Ein Anbieter, der sich auf eine umgekehrte Auktion einläßt, sollte auf jeden Fall seine *fähigsten Leute* in die Verhandlungen schicken. Er sollte sich viel Zeit lassen und, wenn irgend möglich, lieber *als letzter* als als erster *bieten*. Diese und die vorher genannten Maßnahmen sind vernünftig, können aber einen Erfolg nicht garantieren. Leicht ist es nicht, mit einer umgekehrten Auktion fertig zu werden.

Ausloten

Wie man feststellt, was ein Käufer zahlen und was ein Verkäufer nehmen wird.

Gibt es Möglichkeiten, genau abzuschätzen, was ein Käufer zahlen und was ein Verkäufer nehmen wird? Wer Verhandlungen führt, wäre glücklich, wenn er genau wüßte, was der andere will. Aber selbst wenn er es ihm sagte, würde er es nicht ganz glauben. Glücklicherweise gibt es *Taktiken*, um das festzustellen.

Die *folgenden Ansätze* funktionieren, allerdings nicht immer und nicht bei jedem:

1. Ansatz ,,Was wenn...?'': Ein Käufer lotet das Preisangebot des Verkäufers von 1 Dollar pro Stück aus, indem er einen zusätzlichen Auftrag in Aussicht stellt, wenn der Preis auf 92 cents reduziert wird. Dann bemüht er sich, bei 92 cents abzuschließen, ohne den Zusatzauftrag zu geben.
2. Ansatz ,,Haben Sie schon daran gedacht,...'': Ein Verkäufer stellt fest, ob ein Käufer mit dem Gesamtpreis von 33 000 Dollar für ein Haus einverstanden ist, wenn es mitsamt dem Mobiliar verkauft wird. Wenn der Käufer auf diesen Vorschlag anspricht, weiß der Verkäufer, wieviel der Käufer auszugeben bereit ist oder in seinem Budget hat.
3. ,,Köder'': Der Immobilienmakler erzählt dem Käufer, daß es einem anderen im letzten Jahr gelungen ist, ein solches Grundstück für 10 000 Dollar zu kaufen. Wenn der Käufer antwortet: ,,Das Grundstück zu dem Preis würde ich sofort nehmen'', weiß der Verkäufer, daß er über diese 10 000 Dollar hinausgehen kann.
4. Ansatz: ,,Ich glaube, das kann ich Ihnen besorgen''. Der Verkäufer stellt fest, was der Käufer zu zahlen bereit ist, indem er ihm etwas anbietet, das er ohnehin nicht haben kann. Dann wechselt er zu Waren über, die mehr kosten.
5. ,,Ich nehme alles'' oder ,,Großauftrag'': Dem Käufer werden 100 m-Tuchballen zu 12 $/m angeboten. Der Käufer bietet dem Verkäufer für sämtliche Ballen dieses Stoffes 5 $/m an. So wird er erfahren, was der Stoff den Verkäufer im Einkauf gekostet hat.
6. ,,Entgangenes Geschäft'': Der Verkäufer macht sein Angebot. Preis 1 $ pro Stück. Er bleibt bei diesem Preis, um den Käufer dazu zu

bringen, den Preis zu nennen, den er zu zahlen bereit ist. Meistens liegt dieser Preis sehr niedrig. Über einen solch niedrigen Preis kann sich der Verkäufer nur wundern. Er kann nur noch sagen: Schade, daß wir nicht ins Geschäft kommen. Dann bittet er den Käufer, ihm doch für die Zukunft zu sagen, wie das niedrigste Angebot laute. Der Käufer entspannt sich und spricht darüber. Der Verkäufer verspricht, seinen Chef davon zu unterrichten. Am nächsten Tag kommt er mit einem besseren Angebot zurück.

7. ,,Ein Angebot machen, das abgelehnt werden muß'': In diesem Fall macht der Käufer dem Verkäufer ein sehr niedriges Angebot für ein Boot. Der Verkäufer lehnt das Angbot ab. Der Käufer meint, daß er sich ein solches Boot wohl nicht leisten könne, aber er wolle doch gern wissen, was ein solches Boot wert sei. Der Verkäufer entspannt sich und wird mitteilsam. Er kann sich natürlich nicht vorstellen, daß der Käufer immer noch ins Geschäft kommen will. Der Käufer macht ein neues Angebot.

8. ,,Strohmann'': Ein Strohmann macht ein niedriges Angebot, um die Verkäuferreaktion zu testen. Der wirkliche Käufer verhandelt dann auf der Basis der Informationen, die der Strohmann erhielt.

9. ,,Verrückt'': Dem Verkäufer eines Grundstücks werden Autos, Boote, Wüstengrundstücke und was es sonst noch an Unsinnigem gibt im Tausch gegen sein gutes Grundstück geboten. Der Verkäufer lacht den Käufer aus, weil sein Angebot absurd ist. Dann erzählt er dem Käufer mehr als er sollte, zu welchem Preis er zu einem Verkauf bereit ist, weil dieser Käufer ja ,,offensichtlich'' nicht mehr im Rennen ist. Immobilienmakler gehen häufig so vor, um festzustellen, welchen Preis ein Verkäufer wirklich haben will.

10. ,,Reaktion auf ein vergleichbares Geschäft'': Der Verkäufer testet, wie ein Käufer auf einen hohen Preis reagiert, indem er ihm von einem anderen Verkauf zu diesem Preis erzählt. Käufer können die Reaktion eines Verkäufers auf ein niedriges Preisangebot testen, indem sie über einen vergleichbaren Einkauf zu einem niedrigen Preis berichten.

11. ,,Fehler'': Der Verkäufer bietet einem Käufer an, etwas sehr billig zu verkaufen, um wenigstens die eigenen Kosten zu decken. Später zieht er das Angebot zurück, weil ein Fehler in der Berechnung ,,gefunden'' wurde.

12. ,,Besseres Produkt'': Der Verkäufer stellt fest, wieviel Geld dem Käufer zur Verfügung steht, indem er prüft, ob der Käufer an dem einen Oldsmobile unter lauter Chevrolets interessiert ist.

13. ,,Schlechteres Produkt'': Der Käufer stellt fest, bei welchem Preis der Verkäufer einverstanden sein wird, indem er fragt, was denn eine Ware von etwas geringerer Qualität kosten wird. Dann versucht er, die bessere Qualität zum niedrigeren Preis einzukaufen.
14. ,,Eskalation'': Der Verkäufer schließt mit dem Käufer ab und erhöht dann den Preis, nachdem er ,,es sich noch einmal überlegt hat''.
15. ,,Buhmann'': Der Käufer drückt großes Interesse am Produkt des Verkäufers aus, gesteht aber, daß ihm seine Mittel einen Kauf nicht erlauben. Daraufhin werden ihm Einblicke in mögliche Preisnachlässe gewährt. So kann er besser abschätzen, wo die unterste Preisgrenze des Verkäufers liegt.
16. ,,Schlichtung'': Verhandlungen dürfen mit Tempo abgewickelt werden. Dem Gegner werden so viele Zugeständnisse wie möglich entlockt. Dann läßt man die Gespräche platzen. Ein Schlichter wird eingesetzt, um weitere Zugeständnisse gewinnen zu können.
17. ,,Entweder — Oder'': Der Käufer macht dem Verkäufer ein Entweder-Oder-Angebot, um seine Reaktion zu testen.
18. ,,Eine Hand wäscht die andere'': Der Verkäufer deutet an, daß er ein Zugeständnis macht, wenn auch der andere eins macht. Wenn es ihm gelingt, den Verkäufer zu diesem Gegengeschäft zu überreden, wird er von der erreichten niedrigeren Ebene aus weitermachen.
19. Frage: ,,Was kosten beide zusammen?'': Der Käufer läßt sich den Preis für zwei Gemälde nennen. Dann fragt er, was nur eins kosten würde. Für ein einzelnes Bild nennt der Künstler meist einen hohen Preis. Der Käufer verhandelt dann um das andere Bild zum niedrigeren Preis. Z.B.: Für beide Bilder will der Künstler 300 Dollar. Ein Bild alleine kostet 200 Dollar. Der Käufer verhandelt um das zweite Bild um den Preis von 100 Dollar.

Wer mit all diesen Ansätzen nichts erreicht, sollte es mit einer *direkten Frage* versuchen. Ich wundere mich immer wieder, wie oft ein Verkäufer dem Käufer die Mindestsumme nennt, mit der er zufrieden ist, und wie oft der Käufer dem Verkäufer erzählt, was er zu zahlen bereit ist. Viele wollen die ganze Verhandlung einfach nur hinter sich bringen. Sie lassen sich sofort auf ihre Höchst- bzw. Niedrigstgrenze festnageln.

Ausspielen

Einen gegen den anderen ausspielen — ,,Sie müssen mir schon bessere Konditionen anbieten".

Es gibt einen magischen Ausspruch, der jeden Verkäufer verrückt macht: ,,Sie müssen mir schon bessere Konditionen bieten". Eigentlich hat es dieser Ausspruch des Käufers gar nicht verdient, daß er so gut wirkt. Ein Verkäufer, der diese Taktik kennt, kann allerdings die Wirkungsweise *umkehren* und sie *zu seinen Gunsten nutzen*.

Nehmen wir ein *Beispiel*: Verkauf von Standardchemikalien. Die Konkurrenz auf diesem Gebiet ist enorm. Verkäufer A bietet die Ware zu einem Preis von 1 Dollar pro Pfund bei Abnahme von 100 000 Pfund an. Verkäufer B will 1,02 Dollar, Verkäufer C will 1,04 Dollar pro Pfund. Alle anderen wollen einen erheblich höheren Preis. Der Einkäufer versucht nun, die Verkäuferkonkurrenten gegeneinander auszuspielen. Zu den drei niedrigsten Anbietern sagt er nur: ,,Sie müssen mir schon bessere Konditionen bieten".

Werden sie ein besseres Angebot machen? Wetten, daß?! Wenn der Käufer gar sagt: ,,Sie *müssen* mir *erheblich* bessere Konditionen bieten", hat er die Chance, das Geschäft noch günstiger abschließen zu können.

Warum funktioniert diese Taktik so gut?

Die Antwort liegt im Preiskalkulierungssystem der meisten Unternehmungen. Bei Preisangeboten bleibt meistens noch Spielraum nach unten. Selbst wenn ein Anbieter sehr knapp kalkuliert, stellt der angebotene Preis *selten* das *akzeptierbare Minimum* dar. Die Preiskalkulation ist durchaus keine Wissenschaft. Ehrliche Kostenrechner haben verschiedene Meinungen darüber, was etwas kostet. Ehrliche Mitarbeiter in der Preiskalkulation haben unterschiedliche Ansichten über das, was der Markt schlucken wird. Es ist nicht verwunderlich, daß sich selbst ein Niedrigpreis-Anbieter geistig darauf einstellt, weniger zu nehmen.

Wenn ein Verkäufer den magischen Ausspruch hört, meint er meistens, der Käufer mag ihn. Er ist dankbar, eine zweite Chance zu bekommen. Er braucht nur im Preis nachzugeben, und alles ist in Ordnung. Nicht unbedingt! Der Käufer ist mit den Konkurrenzanbietern genauso umgegangen. Auch sie sind bereit, einen Preisnachlaß zu gewähren. Der Verkäufer hat lediglich durch den Ausspruch von sieben Worten seine Position verbessert.

Ich glaube, daß diese Taktik ethisch ist. Viele sind allerdings nicht der Meinung. Die meisten scheinen darin übereinzustimmen, daß die Taktik als solche für den Käufer gefährlich ist. Sie werde ihm mehr schaden als nützen. Einkäufer sollten genau definieren, ob und wann die Zermalmungstaktik anzuwenden ist. Ich habe als Einkaufsleiter meine Mitarbeiter angewiesen, diese Taktik nur nach vorheriger Genehmigung und nur unter *vier Bedingungen* anzuwenden:

1. Wenn alle qualifizierten Anbieter die Chance bekommen, ihr Angebot zu modifizieren.
2. Wenn ein strenges Budgetlimit besteht.
3. Wenn Zweifel bestehen, ob die Angebote marktgerecht kalkuliert sind.
4. Wenn man feststellen muß, ob der Preis mit oder ohne Kundendienst kalkuliert ist und ob es sich lohnt, für Serviceleistungen mit zu zahlen.

Eine *hemmungslose Anwendung* dieser Taktik führt letzten Endes zu *falschen Ersparnissen*. Die Anbieter lernen schnell, daß man am besten von vornherein einen 10% höheren Preis kalkuliert, 10%, die man später wieder abziehen kann. In einer Kleinstadt oder in einer Gegend, in der es nur wenige Anbieter gibt, kann diese Taktik zu Preisabsprachen und Festpreisen und zu einer allgemein niedrigeren Qualität führen.

Was kann ein Käufer tun, wenn er sich einer solchen Taktik gegenübersieht? Als erstes muß er feststellen, wo das Problem liegt. Er muß den Einkäufer fragen, ob die Konkurrenz dasselbe Produkt und denselben Dienstleistungsmix zu einem niedrigeren Preis anbietet. Wenn Einkäufer und Verkäufer einander schon kennen, wird der Einkäufer erstaunlich offene Antworten geben. Es ist für einen Einkäufer nicht leicht, den Unergründlichen zu spielen, wenn er den Verkäufer kennt und mag.

Der Verkäufer sollte wissen, daß jeder Konkurrent ein anderes Päckchen anbietet. Beim Preis geht es nicht nur um Geld. Der *Preis* stellt eine *Nutzenkombination* dar. Dazu gehören Kundendienst, Qualität, Lieferfrist, Kompetenz, Zuverlässigkeit, Seelenfrieden und vieles mehr. Preispäckchen gleichen sich niemals wie ein Ei dem anderen. Lassen Sie den Einkäufer wissen, was Sie für ihn tun können. Wenn er sagt „Na und?" oder „Das tut doch jeder", sollten Sie immer bedenken: Er weiß, daß

Versprechungen und tatsächliche Leistungen zweierlei sind. Versprechungen machen kann jeder, aber nicht unbedingt auch halten.

Verteidigen Sie Ihren Preis so hartnäckig wie möglich.

Zeigen Sie dem Käufer, warum der Preis gerechtfertigt ist. Sie brauchen nicht scheu zu sein. Weisen Sie darauf hin, wie manche weniger gute Qualität bieten oder bestimmte Dienstleistungen erst gar nicht erbringen. Erzählen Sie ihm von Problemen, die bei anderen Käufern aufgetaucht sind. Sie brauchen keine Namen zu nennen, um Ihre Argumente zu untermauern.

Autoverkäufer und Buchhalter

Autoverkäufer und Buchhalter sind wie Feuer und Wasser. Jeder ist vor dem anderen auf der Hut. Beide sind clever und schnell. Autoverkäufer wenden ihre Supertaktik besonders gern bei ,,Buchhalter''-Typen an.

Gegen Ende des Verkaufsgesprächs tippt der Verkäufer Autogrundpreis und Zubehörpreise in die Rechenmaschine ein. Dabei läßt er absichtlich einen Posten in Höhe von $ 100 aus. Er bittet den Buchhalter, die Addition zu überprüfen, der natürlich die ,,gottgesandte'' Auslassung sofort bemerkt und ein gutes Geschäft wittert. Seine Augen werden groß. Mit Mühe verbirgt er ein Lächeln. Er macht den Verkäufer natürlich nicht auf den Irrtum aufmerksam. Von diesem Augenblick an zappelt der Buchhalter an der Angel. Er läßt sich ablenken, weil er Angst hat, der Verkäufer könnte noch einmal zu rechnen anfangen und seinen Fehler bemerken. Der Buchhalter versucht sehr bald, den Verkäufer auf einen Preis festzunageln.

Man einigt sich, aber leider, leider geht der Verkäufer zu seinem Chef, um den Kaufvertrag abzeichnen zu lassen. Wunderbarerweise wird dabei der Irrtum entdeckt. Der Verkäufer macht dem Buchhalter die ,,peinliche'' Mitteilung, daß er sich um $ 100 verrechnet hat. Um so viel werde das Auto leider teurer.

Irgendwo zwischen 50 und 100 $ gibt der Buchhaltertyp meistens nach. Warum? *Weil er ein schlechtes Gewissen hat.* Er hat den Verkäufer nicht auf den Fehler aufmerksam gemacht, wie es sich eigentlich für einen guten Buchhalter gehört hätte. Außerdem fällt es ihm schwer, eine logisch inkonsequente Position zu verteidigen. Für einen Buchhalter muß die Summe der Einzelteile ein Ganzes ergeben.

Bedenkzeit

Der sowjetische Premierminister *Nikita Chruschtschow* traf im Jahre 1965 bei einem Gipfeltreffen mit dem amerikanischen Präsidenten *Dwight D. Eisenhower* zusammen. Als er ging, hatte er einiges an Respekt für Eisenhower verloren. Chruschtschow hatte Unrecht. Folgendes war geschehen:

In seinen Memoiren berichtet Chruschtschow, daß sich der amerikanische Präsident bei jeder Frage, die an ihn gestellt wurde, erst eine Antwort von seinem Außenminister *John Foster Dulles* erbat. *Dulles* notierte seine Antwort auf ein Stück Papier und reichte es an *Eisenhower* weiter. Erst dann gab der Präsident die Antwort. *Chruschtschow* weist darauf hin, daß er als Premierminister der Sowjetunion die Antworten auf Fragen selbst wußte. Er brauchte niemanden, der ihm seine Anworten vorsagte. Er fragte „Wer war hier wirklich maßgebend, Dulles oder Eisenhower?"

Chruschtschow hat den *entscheidenden Punkt nicht erkannt.* Was er als Schwäche sah, war wahrscheinlich eine verborgene Stärke. Präsident Eisenhower besaß genug Selbstvertrauen, um zweierlei zu tun: sich Rat geben zu lassen und sich Bedenkzeit einzuräumen.

Sie dürfen nie in eine Verhandlung hineingehen, ohne überlegt zu haben, wie Sie zu Bedenkzeit kommen. Schaffen Sie einen *Bedenkpuffer*, damit Sie sich nicht in eine Entscheidung drängen lassen. Es ist schon bemerkenswert, was wir Menschen im Nachhinein alles besser wissen. Wer sich Bedenkzeit einräumt, kann das Nachhinein in ein Vorhinein umwandeln.

Die *folgenden dreizehn Vorschläge* sollen als Anhaltspunkte dienen. Sie lassen sich bei Verhandlungen mit dem Finanzamt genauso anwenden wie bei Verhandlungen mit Käufern, Staatsoberhäuptern oder mit der eigenen Frau.

1. Dafür sorgen, daß die Gegenpartei ihre Position vor der Abendpause darstellt.
2. Den überraschenden Besuch oder Anruf eines wichtigen Mannes für einen kritischen Zeitpunkt organisieren.
3. Auf die Toilette gehen. Durchfall ist gar keine schlechte Entschuldigung.
4. Hungrig oder durstig werden.
5. Ein Mitglied der Delegation auswechseln.
6. Beweise nicht sofort zur Hand haben.
7. Unwissen vorgeben. Zeit verlangen, um sich in die Materie einarbeiten zu können.
8. Sagen, daß der Experte im Augenblick nicht greifbar ist.
9. Die Gegenpartei mit Unterlagen überschütten.
10. Sich eines Dolmetschers oder Dritten bedienen. ,,Dolmetscher'' können sein: Techniker, Rechtsanwälte, der eigene Chef oder tatsächlich Dolmetscher. Sie werden auf jeden Fall für langsameres Vorgehen sorgen.
11. Regeln für die eigene Delegation aufstellen, wer welche Fragen beantworten soll. Manchmal ist es am besten, alle Fragen an den Verhandlungsleiter richten zu lassen, um den Mitgliedern für die Antwort Zeit zu lassen.
12. Häufige Pausen einlegen, sich häufig zu Beratungen mit der eigenen Mannschaft zurückziehen.
13. Einen ,,Schwätzer'' in die Delegation aufnehmen. Ein Schwätzer ist ein Mensch, der sehr viel über sehr wenig sagen kann.

In der Welt der Diplomatie sind die eigentlichen Sitzungen kurz und die Pausen lang. Eine Frage, die heute gestellt wird, wird manches Mal erst eine Woche später beantwortet. Forderungen und Angebote werden meistens schriftlich formuliert, so daß beide Parteien genügend Zeit haben, vernünftig zu reagieren. Schnellschüsse sind selten.

Andererseits führen amerikanische Geschäftsleute Verhandlungen oft wie eine Tischtennismeisterschaft. Käufer und Verkäufer sind in großer Eile. Ein paar schnelle Schläge und Rückgaben, und es ist vorbei. Orientalen und Europäer haben es nicht nahezu so eilig. Sie erkennen das Offensichtliche.

Wer Zeit zum Nachdenken hat, denkt besser!

Behauptungen

Absolute Behauptungen — Wenn Sie nicht ganz sicher sind, sagen Sie besser ,,Ich schätze. . . ''

Ich habe in Colorado die Universität besucht zu einer Zeit, als es dort noch ein paar Cowboys gab. Einer hat mir oft gesagt: ,,Wenn Du nicht ganz sicher bist, ist es immer besser zu sagen ,Ich schätze, daß. . .'''. *Benjamin Franklin* hat denselben Gedanken in seiner Autobiographie formuliert. In unserer Zeit des ,,harten'' Verkaufs sind seine Gedanken zur Aufstellung von absoluten Behauptungen ganz besonders am Platze.

,,Ich mache es mir zur Regel, alle direkten Widersprüche zu Gedanken anderer und auch jede absolute Behauptung meinerseits zu unterlassen. Ich habe mir sogar den Gebrauch aller jener Worte untersagt, die eine feste Meinung beinhalten, wie z.B. ,,sicherlich'', ,,zweifellos'' usw. Stattdessen habe ich mir angewöhnt zu sagen ,,Ich denke'', ,,ich verstehe'' oder ,,ich stelle mir vor'', daß eine Sache so und so ist; oder ,,mir scheint dies zur Zeit so zu sein''. Wenn ein anderer etwas behauptet hat, das mir ein Irrtum zu sein schien, habe ich mir das Vergnügen versagt, ihm abrupt zu widersprechen und ihm sofort eine Ungereimtheit in seinen Worten zu zeigen: Und bei der Anwort fing ich damit an, zu bemerken, daß in bestimmten Fällen oder unter bestimmten Umständen seine Meinung richtig sein würde, daß mir aber im gegenwärtigen Fall ein Unterschied zu bestehen scheine, usw. Ich habe schnell festgestellt, wie vorteilhaft diese Änderung meiner Verhaltensweise war; die Gespräche, an denen ich mich beteiligte, verliefen erfreulicher. Die bescheidene Weise, mit der ich meine Meinung darlegte, wurde bereitwilliger aufgenommen und rief weniger Widersprüche hervor. Ich fühlte mich weniger gekränkt, wenn sich herausstellte, daß ich Unrecht hatte, und es gelang mir leichter, andere davon zu überzeugen, ihre Fehler aufzugeben und sich mir anzuschließen, wenn ich gerade im Recht war.

Und diese Verhaltensweise, die ich anfangs gegen meine natürliche Neigung fest durchsetzen mußte, fiel mir schließlich so leicht und wurde mir so sehr zur Gewohnheit, daß in den letzten fünfzig Jahren wohl niemand gehört hat, daß mir ein dogmatischer Ausspruch entschlüpft wäre. Und ich glaube, daß ich es (nach meiner Aufrichtigkeit) hauptsächlich dieser Gewohnheit zu verdanken habe, daß ich schon früh so viel Gewicht bei meinen Mitbürgern hatte, wenn ich neue Institutionen anregte oder Änderungen in den schon bestehenden vorschlug, und so viel Einfluß in öffentlichen Gremien, sobald ich Mitglied wurde; denn ich war nur ein schlechter Redner, nie redegewandt, ich hatte immer Mühe, die richtigen Worte zu finden, habe die Sprache kaum korrekt beherrscht, und doch habe ich im allgemeinen überzeugt.‘‘

Beichten — kann gut sein

Die Beichte ist nicht nur gut für die Seele, sie kann auch dem Verhandlungsführer gut tun. Der Beichtende setzt alles auf eine Karte. Er sagt nicht nur alles, was er weiß, sondern legt auch noch seine *Motive* und seine *Annahmen* offen. Die Taktik ist risikoreich, kann sich aber lohnen.

Beichten ist eine gute Möglichkeit, Sympathien zu gewinnen. Man ist barmherzig zu einem Menschen, der alles sagt. Wer die Watergate-Hearings gesehen hat, wird sich sicherlich noch daran erinnern, wieviel *Mitleid* wir mit den Zeugen hatten, die vor dem Senatsausschuß offen und ehrlich waren. Beichten hat noch einen Zusatznutzen. Man schmeichelt damit dem Ego des Zuhörers und verleiht ihm ein *Gefühl der Macht*. Es gibt sicher nur wenige Menschen, die einem Beichtenden noch nie ihr Mitgefühl gezeigt haben. Umgekehrt ärgern wir uns und planen Rache an denen, die nicht bekennen.

Ich habe vor einigen Jahren an einem Hearing teilgenommen. Es ging um überhöhte LKW-Frachtraten. Der Spediteur legte nicht nur alle Tatsachen auf den Tisch, sondern beichtete auch noch, daß er auch mit 90 cents noch einen Gewinn erzielen würde. Plötzlich platzte der Vorsitzende des Überprüfungsausschusses heraus: ,,Ein wenig besser darf der Gewinn wohl doch sein. Wie würde Ihnen 1 Dollar passen?‘‘

Wohlwollen hatte die Oberhand gewonnen.

Beichten kann eine *effektive Taktik* zur Erzielung von Zugeständnissen sein. Die ganze Geschichte zu hören oder zu erzählen, gehört zum Preis.

Bestechung

Paßt dieses Stichwort überhaupt in ein Buch über Verhandlungen? Oh ja! In jeder Verhandlung gibt es verborgene Probleme. *Artie Samish*, Lobbyist, hat immer gesagt, ,,mit Frauen, Bestechungsgeldern und Essenseinladungen" könne er alle Stimmen im Parlament von Kalifornien kaufen. Er ist im Gefängnis gelandet — *weil er damit geprahlt hat.*

Ich habe eine Theorie. Wer noch nie aktive oder passive *Bestechung* betrieben hat, weiß gar nicht, wie *verführerisch* sie wirkt und wie sie *verbreitet* ist. Wer aktiv besticht, glaubt meistens, daß jeder seinen Preis hat. Darin liegt die Gefahr. Wer sich bestechen läßt, weiß, was er tut. Wer Bestechungen ahnden soll, weiß nicht, wo, wie oder ob er die Sache untersuchen soll.

Leitende Angestellte sollten sich viel mehr Gedanken über Bestechung machen. Sie täten gut daran, ihre rosarote Brille abzusetzen. Die Zeitungen sind voll mit Geschichten über Beamte, die sich für ein paar tausend DM verkaufen. Wenn Korruption und Gesetzlosigkeit schon im Weißen Haus gang und gäbe sind, braucht man in Unternehmen bestimmt nicht lange zu suchen. Auf Interessenkonflikte im Unternehmen muß unbedingt geachtet werden.

Dazu einige Richtlinien:

1. Für Rotation sorgen.
2. Ständige interne Überprüfungen.
3. Jede aktive oder passive Bestechung öffentlich bekanntmachen und automatisch den staatlichen Behörden zur Verfolgung übergeben.
4. Jeder Bestechungsversuch muß gemeldet werden. Mitarbeiter, die sich nicht daran halten, werden entlassen.
5. Geschenke oder Zuwendungen werden sorgfältig definiert und auf die Annahme von Essenseinladungen beschränkt.
6. Das Führungsteam setzt hohe Normen und geht mit gutem Beispiel voran.

Hüten Sie sich vor der naiven Annahme, daß der Preis in einer Verhandlung immer dem DM-Wert des Auftrages entspricht.

Korruption und Bestechung sind in der Wirtschaft weit verbreitet. Manche kennen nichts anderes.

Nun braucht sich das Management aber nicht verrückt zu machen. Man muß nicht an jeder Ecke Bestechungsversuche sehen. Aber man sollte *die Möglichkeit* von Zeit zu Zeit *überprüfen.*

Beziehungen

Langfristige Beziehungen im Vergleich zu kurzfristigen —
der große Nutzen

Was sich für ein einmaliges Geschäft eignet, muß nicht auch für eine langfristige Beziehung das Richtige sein. Der Vizepräsident eines großen Konzerns, ein ,,Absahner" wie er im Buche steht, hat es einmal so ausgedrückt:

,,*Auf lange Sicht gibt es keine lange Sicht*".

Dieser Mann und seine Mitarbeiter im Verkauf und im Einkauf sehen alle Verhandlungen zu sehr vom Wettbewerbsstandpunkt aus. Jetzt allerdings, da es bei ihrer Firma ums Überleben geht, müssen sie sehr viel Lehrgeld für die Erkenntnis bezahlen, daß es im Geschäftsleben sehr wohl eine *Langfristperspektive* gibt, die die Auswahl von Taktiken und Einstellungen beeinflussen kann und beeinflussen muß.

In einer Verhandlung muß man immer kurzfristige Siege gegen langfristige Ziele abwägen. Man kann einen Gegner durch Erpressung, Zwang oder Drohung dazu bringen, das zu tun, was man will. Wer jedoch unter solchen Bedingungen nachgibt, wird nicht vergeben und vergessen. Gott helfe diesem Anwender von Zwang, wenn er später jemals Hilfe oder ,,good will" braucht.

Die besseren Verhandlungsführer sind die, die wissen, welchen Weg sie gehen und warum sie ihn gehen. Sie wollen *keinen Pyrrhussieg*, der den Keim einer *späteren Niederlage* schon in sich trägt. Eine gute Langfriststrategie ist wichtiger als kurzfristige Gewinne. Bei jeder Verhandlung gehört die zukünftige Zufriedenheit oder Unzufriedenheit mit zum Preis. Diesen Unterschied wissen nur Menschen mit gesundem Urteilsvermögen zu machen.

Call-Girl-Prinzip

Eine Wirtschaftsregel sollte jeder Verkäufer beherzigen: Das Call-Girl-Prinzip. Dienstleistungen sind vor der Ausführung mehr wert als nachher.

Klempner wissen, daß sie über den Preis verhandeln müssen, solange der Keller unter Wasser steht.

Circapreise

Wenn beide an verschiedene Dinge denken

Ob Sie ein gutes Geschäft machen, können Sie am besten sehen, wenn Sie sich Festpreisangebote geben lassen. Es kommt jedoch auch vor, daß niemand bereit ist, ein Festangebot zu machen, weil zu viele Unbekannte auftauchen können. Was sollte man in einem solchen Falle tun?

Ich lasse mir in solchen Fällen von *jedem Anbieter* ein *Minimum-* und ein *Maximumangebot* machen und lasse verdeutlichen, was die Arbeitsstunde, was das Material kosten und wie die Arbeitsstunden berechnet werden. Ich lasse mir auch sagen, welche Probleme ihnen die größten Sorgen bereiten.

Der seltsame Fall von 600 bis 700 Dollar fängt an, wenn der Bauunternehmer sagt: ,,Diese Arbeit wird zwischen 600 und 700 Dollar kosten.'' Zwei Gespräche werden gleichzeitig geführt, eins im Kopf des Käufers, eins im Kopf des Verkäufers. Der Käufer denkt und spricht mit seinen eigenen Leuten über einen Rahmen von 600 Dollar. Der Verkäufer sieht ein Geschäft im Werte von 700 Dollar. Mit dem, was in ihren Köpfen vorgeht, sind sie durchaus in der Lage, Einigung zu erzielen. Die Chefs der beiden denken folgendermaßen: Der Chef des Käufers denkt an 600 Dollar, während der Chef des Verkäufers an 700 Dollar denkt. Beide sind mit dem Geschäft zufrieden.

Der Käufer hofft zwar auf den niedrigeren Preis, sichert sich aber in seinem Budget mit 700 Dollar ab. Dadurch gewöhnt er sich an den Gedanken, so viel zahlen zu müssen. Wenn die Rechnung dann schließlich auf

690 Dollar lautet, glaubt er sogar noch, 10 Dollar gespart zu haben. Die Taktik, dem anderen Zeit zu lassen, hat ihr Werk getan.

Der Verkäufer stellt sich darauf ein, die Arbeiten für 700 Dollar durchzuführen. Diese 700 Dollar hat er in Gedanken schon vereinnahmt. Er weiß, daß der Käufer in seinem Budget mit 700 Dollar rechnet. Wenn er den Endpreis mit 690 Dollar beziffern kann, wird der Käufer glücklich sein. Außerdem kann der Verkäufer später beweisen, daß er von Anfang an 750 Dollar hätte veranschlagen müssen, so daß der Käufer glaubt, ein sehr gutes Geschäft gemacht zu haben. Ein solcher Käufer ist vielleicht sogar so großzügig, für Zusätze später den vollen Preis zu zahlen.

Der Verkäufer, der einen Preis zwischen 600 und 700 Dollar nennt, fühlt sich an die 700 Dollar als Maximum gebunden. Er weiß, daß der Kunde bei einem Endbetrag von 710 Dollar wütend wie eine Hornisse werden wird. Deshalb will er eine solche unerfreuliche Situation vermeiden. Die niedrigere Zahl ist meistens sehr knapp kalkuliert. Der Verkäufer will das Geschäft schließlich nicht verlieren. Diese Tendenzen können sich für einen klugen Verkäufer als vorteilhaft erweisen.

Bei Anbietern von Dienstleistungen mit einer Skala möglicher Preise versucht man am besten, Angebote für die ganze Skala einzuholen. Dann sollte man versuchen, den zuverlässigsten Anbieter bei den hohen Preisen zu drücken. Gleichzeitig kann man versuchen, auf eine Definition des Arbeitsumfanges und Zusatzdienstleistungen zu drängen. Diese Informationen sind im Anfangsstadium der Gespräche relativ leicht zu erhalten. Man kann auch das Ganze mit dem Verkäufer besprechen, und ihm Zeit zum Überlegen lassen und ihm das Gefühl geben, wie schön es doch wäre, wenn er diesen Auftrag für eine Summe zwischen 600 und 700 Dollar an Land ziehen könnte. Ein paar Tage später kann man sich vielleicht auf einen Festpreis von 650 Dollar für die umfassenderen Arbeiten einigen.

Bei dem seltsamen Fall von 600 bis 700 Dollar marschieren Verkäufer und Käufer nach dem Takt der Trommeln in ihren Köpfen. Sie machen ein Geschäft mit sich selbst. Darin liegen das Problem und die Chance.

Datenflut

Man gibt einem Gegner so viele Informationen, daß er von den *unwichtigen Details begraben* wird. Man hofft, daß er dadurch die *wirklich wichtigen* Daten und Fragen *übersehen* wird. Ich habe einmal einen Verkäufer zwei Aktenschränke hereinfahren sehen, mit denen er seine Position untermauern wollte. Alle lachten, als er sagte: ,,Ich habe meine Unterlagen zufällig dabei." Er hatte so viele Unterlagen mitgebracht, daß wir von vornherein auf die Durchsicht verzichtet haben.

Diese Art Taktik funktioniert, weil man die *Menge* der Information meistens mit *Qualität* gleichsetzt. Wer vor großen Mengen untermauernder Daten steht, tut so, als ob er zu einem Smorgasbrod eingeladen ist. Man kostet ein wenig hiervon und ein wenig davon. Bald hat man sich an den Vorspeisen schon so übergegessen, daß man vom Hauptgang gar nichts mehr nehmen kann.

Laufen Sie nicht in die Falle von gewundenen langen Antworten und ganzen Informations-Aktenbergen. Zuviele Daten sind fast genauso schlecht wie gar keine. Versteckt unter einem Wirbelwind von Worten sind wahrscheinlich absichtliche Fehler, eigennützige Annahmen und widersprüchliches Material. Haben Sie den Mut, detaillierte Beweise und sorgfältige Überprüfung der vorgelegten Informationen zu verlangen. Lassen Sie sich nicht von unwichtigen Mengen überwältigen.

Der Versuch, Sie mit einer Flut von Daten rumzukriegen, soll Sie dazu bringen, vor lauter Bäumen den Wald nicht mehr zu sehen.

Deduktion oder Induktion

Die *Franzosen* sind der Meinung, daß man Verhandlungen mit *grundsätzlicher Einigung* beginnen sollte. *Amerikaner* einigen sich lieber *Stück für Stück* und setzen dann die Stücke zu einem Ganzen zusammen. Die Einzelvereinbarungen führen schließlich zu einer Gesamtvereinbarung. Beide Ansätze haben ihre Vor- und Nachteile. Schon der Verhandlungsbeginn kann für das Ende entscheidend sein.

Bei „stückweisen" Verhandlungen wird *allmählich Vertrauen aufgebaut*. Die Parteien fühlen sich besser in die Gesamtangelegenheit ein. Sie erfahren die beiderseitigen Bedürfnisse und Prioritäten. Durch schrittweises Vorgehen entdeckt man die Risikogebiete, die jeder gerne vermeiden möchte. Am besten funktioniert diese Vorgehensweise, wenn genaue Kosteninformationen zur Verfügung stehen und die Gesamtdifferenzen nicht allzu groß sind.

Für eine *zunächst prinzipielle Einigung* spricht folgendes: Sobald man sich über die logischen Prinzipien klar ist, lassen sich Konflikte zu spezifischen Punkten in den allgemeinen Rahmen einpassen. Der eine macht hier ein Zugeständnis, der andere da. Man konzentriert sich bei der Verhandlung auf das Gesamtergebnis und nicht so sehr auf die Einzelheiten.

Ich ziehe einen Ansatz vor, bei dem ich *beide Konzepte miteinander vermische*. Ich fange gerne mit einer Aussage über die Prinzipien, die meine Gedanken beherrschen, an und erkunde die wichtigsten Prinzipien der Gegenpartei. Von diesem Punkt an gehe ich dann lieber schrittweise vor. Das hat die *folgenden taktischen Gründe:*

1. Die Menschen wollen zu einem Gesamtabschluß kommen, nachdem man sich wenigstens teilweise über Einzeldinge geeinigt hat.
2. Stückweise Vereinbarungen können tiefe Einblicke in die Persönlichkeit eines Gegenübers und die Intensität seiner Wünsche geben.
3. Durch aufmerksames Zuhören kann man Schwachpunkte in der Machtstruktur der Gegenpartei aufdecken.
4. Durch eine Diskussion der einzelnen Punkte nacheinander kann man sich aus sehr hochgestochenen Forderungen ohne Schwierigkeiten zurückziehen und gleichzeitig die verhaltensmäßigen Erwartungen derjenigen erfüllen, die man vertritt.

Eine Vereinbarung gibt es nicht eher, als sie auch tatsächlich existiert. Wenn man sich auch im Prinzip einig ist, gilt das noch lange nicht für die Einzelteile. Wenn man sich über die Einzelteile einig ist, gilt das noch lange nicht für das Ganze. Manche verkaufen sich unter Wert, weil sie glauben, daß ihre Integrität bei jedem einzelnen Punkt auf dem Spiele steht. Wenn sie sich einmal bei einem Punkt gebunden haben, schämen sie sich, davon wieder abzurücken. *Bei Verhandlungen ist die Summe der Einzelteile nicht unbedingt auch das Ganze.* Der Abschluß ist perfekt, wenn wir uns die Hände schütteln. Nicht vorher.

Dokumente und verlorengegangene Schriftstücke

Manchmal läßt sich eine Position am besten enthüllen — ohne daß man die Verantwortung dafür übernimmt — indem man Aktennotizen ohne Unterschrift auf dem Gang verliert oder sie in einen Papierkorb wirft, in dem ein Gegner sie leicht finden kann. In der Diplomatie werden Noten ausgetauscht, indem Aktentaschen wie zufällig verlorengehen. Militärische Pläne von scheinbar geheimer Art finden sich manchmal bei einem Offizier auf dem Schlachtfeld.

Informationen aus indirekten Quellen sind glaubwürdiger als offene zugängliche Informationen.

Verlorengegangene Aktennotizen oder Schriftstücke und gestohlene Dokumente werden vom Gegner Zeile für Zeile durchleuchtet, während er dieselben Informationen, die er am Tisch erhält, nicht einmal ansehen würde. Filmproduzenten hoffen, daß sich die Freiwillige Selbstkontrolle gegen ihren Film ausspricht, weil er zuviel Sex enthalte. Damit wird einem schlechten Film gute Kasse garantiert.

Ich kenne einen Mann in der Metallindustrie, der viel Geld damit gemacht hat, Informationen so auszulegen, daß sie von anderen gefunden werden mußten. Er erhielt Aufträge von großen Luftfahrtkonzernen, die er sofort zu niedrigeren Preisen an Untervertragsnehmer weitergab. Ein potentieller Untervertragsnehmer kam zu ihm und unterbreitete ihm sein Angebot. ,,Zufällig'' konnte er in eine angebliche Liste über die Angebote der Konkurrenten Einblick nehmen. Der potentielle Lieferant brauchte in seinem Angebot also nur unter diesen Summen zu bleiben, und er erhielt den Zuschlag.

Schlimm war nur, daß die Liste fingiert war.

Der potentielle Lieferant *sollte sie sehen*, während der Einkäufer das Zimmer unter irgendeinem Vorwand für kurze Zeit verließ. Der Einkäufer wußte, daß es nur wenige Lieferanten gibt, die der Versuchung widerstehen können, klüger zu sein als die Konkurrenz. Die Lieferanten haben immer ein niedrigeres Angebot abgegeben als das angeblich niedrigste auf der Liste.

Eine andere Version derselben Taktik habe ich einmal selbst erlebt. Mein Gegner ließ mir wie unabsichtlich Informationen zukommen, indem er mit so großen Buchstaben schrieb, daß ich die Worte, obwohl sie auf dem Kopf standen, mühelos entziffern konnte. Ich war ziemlich stolz auf mich, bis mir der Verdacht kam, daß er wohl einen Grund für sein Tun gehabt hatte. Ich kenne viele Einkäufer, die nichts dagegen haben, Verkäufer ihre Notizen aus einiger Entfernung lesen zu lassen, wenn es ihren Zwecken dient.

Trauen Sie nie Informationen, an die Sie ganz leicht herankommen. Manche Informationen sollen Sie in die Irre führen. Manche werden absichtlich fingiert, um festzustellen, was ein Verkäufer nehmen wird oder was ein Einkäufer zu zahlen bereit ist. Seien Sie auf der Hut, wenn Ihr Gegner seinen Aktenkoffer mit all seinen wichtigen Papieren bei Ihnen vergißt. Im Leben gibt es nur wenig umsonst. Gute Informationen zählen sicherlich nicht dazu.

Doof und schlau

Im Film *Catch-22* geht der Bomberpilot Yossarina zu einem Psychiater und versucht, aus den Streitkräften entlassen zu werden, weil er verrückt sei. Der Psychiater aber sagt: ,,Wenn Sie wirklich verrückt wären, würden Sie in der Luftwaffe bleiben wollen. Da Sie herauswollen, können Sie nicht verrückt sein. Deshalb kann ich Sie nicht entlassen''.

Auf Verhandlungen übertragen bedeutet das: ,,Doof ist schlau und schlau ist doof''. Es ist nicht schlau, entschlossen, intelligent, schnell, informiert oder völlig rational zu handeln. Sie werden wahrscheinlich *mehr Zugeständnisse* erreichen und bessere Antworten erhalten, wenn Sie *langsam von Begriff* sind und sich unentschlossen, ein wenig irrational geben. Das Dumme ist nur, daß wir meistens gut dastehen wollen. Es fällt uns schwer zu sagen: ,,Ich weiß nicht'' oder ,,Das müssen Sie mir noch einmal erklären''.

Drohungen

Wie man mit ihnen fertig wird — eine Drohung ist eine Form des Zugeständnisses

Wer droht, sagt eigentlich: ,,Wenn Sie mit dem, was Sie tun, aufhören, werde ich auf mein Privileg verzichten, Sie zu bestrafen.'' Mit einer Drohung schiebt man dem anderen die Verantwortung für die richtigen Maßnahmen zu. Der andere ist, in perversem Sinne, ,,seines Glückes Schmied''.

Verhandlungen sind so angelegt, daß es ohne einen bestimmten Grad von ,,Drohungen'' nicht geht. Die Tatsache, daß man Belohnungen zurückhalten oder Bestrafung durch ein Platzenlassen der Verhandlungen üben kann, stellt schon an sich eine allgegenwärtige Bedrohung dar. Der Verhandlungsführer muß sich mit der Frage auseinandersetzen, ob eine offene Drohung ihm Nutzen bringt. Die Antwort hängt von *fünf Faktoren* ab, die wir uns näher ansehen wollen:

1. Eine Drohung bei Verhandlungen ist eine Taktik, keine Strategie. Ein Verkäufer wird einem Käufer schnell ein Zugeständnis machen, wenn man ihm droht, gar nichts mehr bei ihm zu bestellen. Wenn die Konjunktur wieder besser wird und die Ware knapp, wird der Käufer feststellen, daß seine Bedürfnisse beim Verkäufer an letzter Stelle rangieren. Drohungen sind im Grunde genommen nur kurzfristig wirksam. Mit ihnen kann man wichtige Beziehungen zerstören.

2. Eine offene Drohung kann angebracht sein, wenn beide Parteien wissen, daß eine die Macht hat zu bestrafen, ohne Vergeltung von der anderen Seite fürchten zu müssen. Schwierig ist nur, daß auf solche Weise Bedrohte sehr subtile Möglichkeiten finden, sich zu rächen. Ich habe schon Verkäufer erlebt, die sich mit der Lieferung minderwertiger Ware gerächt haben, ohne daß man die Qualitätsminderung hätte messen können. Schlimmer noch war die Schadenfreude darüber, daß es ihnen gelungen war, den Einkäufer hereinzulegen.

3. Durch Eskalation kann man Drohungen noch glaubwürdiger machen. Wer erlebt, daß kleine Drohungen verwirklicht werden, wird davon ausgehen, daß auch ernsthaftere Drohungen ausgeführt werden.

Es hat nur Sinn zu drohen, wenn man sich absolut sicher ist, daß der andere einem diese Drohung auch abnimmt. Das ist nicht immer so leicht, wie es aussieht.

4. Der Umfang einer Drohung muß auf die Größe des Problems abgestimmt sein. Die Drohung von *General LeMay*, Nordvietnam mit Atombomben auszuradieren, war für die meisten Amerikaner unvereinbar mit ihren Zielen. Ein Einkäufer, der droht, einem wichtigen Zulieferanten nichts mehr abzunehmen und ihn wegen einer rückständigen Lieferung auf die schwarze Liste zu setzen, schießt eindeutig über das Ziel hinaus. Er schafft sich nicht nur unnötig Feinde, sondern steht auch noch dumm da.
5. Unkontrollierte Drohungen sind eine gefährliche, aber wirksame Waffe. Es mag durchaus sein, daß *John Foster Dulles'* Konzept der massiven Vergeltung die Russen auf Vordermann gebracht hat. Wenn dieses Konzept versagt hätte, sähe die Erde wohl heute wie eine Mondlandschaft aus. Die Welt kann sich die simple, aber törichte Logik eines Dr. Seltsam nicht leisten. Und doch hängt an Drohungen eine schreckliche Macht, die ihren Weg gehen muß, die Macht, eine Untersuchung einzuleiten oder einen Prozeß anzustrengen. Die Mühlen beginnen zu mahlen und lassen sich nur noch schwer anhalten.

Vom Standpunkt der Gegenmaßnahmen her ist es leichter, etwas aufzuhalten, bevor es überhaupt begonnen hat, als die Räder zurückzudrehen, wenn sich die Mühle einmal in Bewegung gesetzt hat. Wer das Gefühl hat, daß der andere drohen wird, einen von etwas abzuhalten, was man unbedingt tun muß, sollte diese Dinge besser sofort durchführen. ,,Fait accompli'' oder ,,Den anderen vor vollendete Tatsachen stellen'' lautet die *Gegenmaßnahme* gegen mögliche Drohungen. Maßnahmen durchführen, dann darüber reden. Außerdem kann sich ein Verhandlungsführer bei Drohungen *folgender Gegenmaßnahmen* bedienen:

1. An höchster Stelle protestieren. Die Unternehmensleitung wird meistens bekennen, daß ihr Drohungen als Taktik nicht passen.
2. Sagen Sie, daß und wie Sie handeln werden. Der Drohende wird Möglichkeiten finden, von seiner Drohung zurückzutreten oder seine Drohung auf andere Weise rückgängig zu machen, wenn er das Gefühl hat, daß Sie sowieso handeln werden.
3. Für den Drohenden teurer werden, indem Sie sich mit anderen zusammentun, um den Schlag abzuschwächen, sollte die Drohung wahrgemacht werden. Die Fluggesellschaften haben beispielsweise ein Abkommen, daß die Erträge unter allen aufgeteilt werden, wenn eine Gesellschaft betroffen ist.
4. Beweisen, daß Ihnen die Drohung nichts ausmacht.

5. Störrisch oder irrational sein. Beweisen, daß Sie alles in Kauf nehmen werden, egal um welchen Preis. Die Nordvietnamesen haben die Wirksamkeit unserer Bombardierungsdrohungen abgeschwächt, als sie ihre Bereitschaft zeigten, alles, was ihnen angedroht wurde, auf sich zu nehmen.
6. Die Karte „ich weiß von nichts" spielen. Kommunikation abbrechen, so daß der Drohende nicht weiß, ob seine Drohung angekommen ist oder nicht.
7. Dem Drohenden zeigen, daß er mehr zu verlieren hat, als er glaubt.

Aus den neuesten Forschungen geht hervor, daß die einer Drohung innewohnenden Gefahren vermindert werden können, wenn es sich um eine implizite, nicht direkt ausgesprochene, milde und nicht massive oder rationale und nicht emotionale Drohung handelt. Wer Drohmittel besitzt, wird sie auch einsetzen. In Versuchen hat sich gezeigt, daß zwei Parteien, die sich gegenseitig drohen, schneller zur Zusammenarbeit kommen. Aus weiteren kompetenten Untersuchungen ging hervor, daß zwei Parteien, die eine Drohung wahrmachen, sich wahrscheinlich gegenseitig zerreißen werden.

Ich bin gegen Drohungen. Sie können eine Situation schnell *außer Kontrolle* geraten lassen. Drohungen hinterlassen eine Reihe von Feindschaften, die sich nicht leicht aus der Welt schaffen lassen. Eine Drohung mag zwar erfolgreich sein, aber der Preis ist zu hoch. Es gibt bessere Möglichkeiten, den eigenen Standpunkt durchzusetzen.

Durchschnittswerte

Über Durchschnittswerte läßt sich immer verhandeln

Ich habe einmal eine sehr erstaunliche statistische Aussage gelesen:

„Der Durchschnittsamerikaner hat einen Hoden und eine Brust".

Das ließ mich nachdenken. Wie bei allen statistischen Durchschnittswerten stimmte dieser Ausspruch, und gleichzeitig stimmte er nicht.

Wir lassen uns oft von sinnlosen Zahlen, die richtig aussehen, hypnotisieren. Kein Buchhaltungssystem ist perfekt. Kostenrechnungen, Ge-

meinkosten, Verwaltungsausgaben, Gewinnmargen, Rücklagen für un-
einbringliche Forderungen, Abschreibungssätze, Kapitalrenditezahlen
— sie alle fallen in dieselbe Kategorie wie der Spruch von dem „einen
Hoden". Die Zahlen sind vielleicht komplizierter, aber nicht genauer.

Seien Sie skeptisch, wenn Ihnen jemand von 120% Gemeinkosten oder
von einem Standardzinssatz erzählt. Fragen Sie ihn, ob wirklich der
Druchschnitt (denn um nichts anderes geht es) auf Ihre Transaktion angewandt werden soll.

Trifft der genannte Abschreibungssatz auf Ihre Situation zu, oder sind
darin die Kosten für Gebäude und Ausrüstung am Nordpol enthalten?
Vielleicht schließt der hohe Zinssatz, der von Ihnen verlangt wird, auch
die Beträge ein, bei denen man von vornherein nicht mit Rückzahlung
rechnet. Sollen Sie etwa auch dafür aufkommen, obwohl Sie sehr kre-
ditwürdig sind? Warum soll man sich an den Kosten für eine Ingenieurs-
abteilung beteiligen, wenn man nur Schrauben und Muttern kaufen
will? Sie müssen *aufpassen*, wenn jemand zu Ihnen sagt: „*Ich mache
Ihnen einen Selbstkostenpreis*". In diese Preiskalkulation wird wahrscheinlich ein Riesengehalt für den schon lange pensionierten Großvater
des Händlers mit eingehen.

Über Listenpreise, Standardprodukte und Rabattstaffeln kann man verhandeln. Warum? Weil sie Durchschnittswerte darstellen. Sie sind für
den Durchschnittskunden zum Durchschnittszeitpunkt gedacht. Sie sind
Sie. Sie sind nicht Durchschnitt. Gehen Sie davon aus. Über Durchschnittswerte läßt sich immer verhandeln.

Einblick für Dritte

Nehmen wir einmal an, ich bin der Verkäufer und Sie sind der Kunde.
Es kann für mich wichtig sein, Ihnen zu beweisen, daß ich Ihnen denselben Preis abverlange wie allen anderen Kunden auch. Wie kann ich
Ihnen das beweisen, ohne die Namen meiner sonstigen Kunden preiszu-
geben? Wenn wir uns auf einen uninteressierten Dritten einigen könnten, würde ich ihm gern Einblick in meine Unterlagen gewähren und
Ihnen von seinen Ergebnissen berichten lassen. Darum geht es, wenn
man einem Dritten Einblick gewährt.

Das Recht, Informationen nachzuprüfen, ist immer im Preis inbegriffen. Es ist jedoch meistens töricht, einem anderen freien Zugang zu den eigenen Geschäftsgeheimnissen zu gewähren. Vier Mächte wurden beauftragt, in Vietnam zu überwachen, ob die Pariser Vereinbarungen auch eingehalten wurden. Da sie sich untereinander nicht trauten, bestellten sie einen Dritten zum Friedensinspektor.

Regierungsrevisoren agieren als Vermittler, wenn zwei Raumfahrtgiganten miteinander Geschäfte machen. Wenn *Boeing* einen Auftrag an *Lockheed* vergibt, hat Boeing das gesetzlich verbriefte Recht zu erfahren, ob Lockheeds Kostenvoranschläge und Gemeinkostensätze genehmigt sind. Lockheed, direkter Konkurrent von Boeing, will natürlich nicht, daß die Boeing-Leute selbst das Werk besichtigen. Die *Informationslücke* wird von *Regierungsbeamten* gefüllt. Sie führen die Prüfungen durch und berichten Lockheed über ihre Ergebnisse. Auf diese Weise sind beide Parteien zufrieden.

Einsichtnahme durch Dritte ist allerdings keine Garantie für Genauigkeit oder Neutralität. Beobachtergruppen der Vereinten Nationen sind oft ineffektiv, weil sie nicht das sehen dürfen, was sie eigentlich sehen müssen. In manchen Fällen fehlt dem Dritten auch der Überblick, die Erfahrung oder die Intelligenz, um das Gesehene deuten zu können. So mancher Dritte trägt Scheuklappen aus eigenen Vorurteilen.

Dem Einschalten Dritter sind also gewisse Grenzen gesetzt. Trotzdem kann man sie einsetzen, um Vertrauen aufzubauen. Sie sind mir und ich bin Ihnen gegenüber skeptisch.

Einem uninteressierten Dritten werden wir wahrscheinlich mehr glauben, als Sie mir und ich Ihnen.

„Einen draufgeben"

Ich hasse Einkäufer, die eine Verhandlung mit folgenden Aussprüchen beginnen:

1. Sind Sie aber dick geworden.
2. Ihre Qualität letztes Mal war aber sehr schlecht.
3. Letztes Mal haben Sie aber spät geliefert.

4. Letztes Mal haben Sie sich aber nicht an die Abmachung gehalten.
5. Ich habe es Ihnen ja letztes Jahr gesagt (schadenfreudig).
6. Was Sie vorschlagen, kann doch nicht funktionieren.
7. Ihrer Konkurrenz geht es sehr gut.
8. Was Sie tun, ist doch unwichtig.

Diese Bemerkungen, mit denen man mir „einen draufgeben" will, sollen mich aus dem Gleichgewicht bringen. Das tun sie auch.

Einsichtnahme

Begrenzte Einsichtnahme gewähren

Ein Verkäufer, der Glaubwürdigkeit aufbauen will, wird vorsichtig vorgehen und dem Käufer „begrenzte Einsicht" gewähren. Der Käufer erhält nur die seinen *Mindestbedürfnissen* entsprechenden Informationen. Über die Richtlinien dazu verhandelt man im voraus. Was der Käufer ansehen und mit wem er Kontakt aufnehmen darf, wird eingegrenzt. Die Kontaktleute werden vom Verkäufer angewiesen, so wenig wie möglich zu sagen und nur das zu zeigen, wonach gefragt wird. Dem Käufer wird das Privileg zugestanden, zu schauen und zu fragen, aber er muß für das, was er bekommt, arbeiten.

Zu dieser Taktik — nur begrenzte Einsichtnahme gewähren — braucht man *Mut.* Der Verkäufer muß bereit sein, auf einige Forderungen mit nein zu reagieren und das *Risiko* eventueller *Vergeltungsmaßnahmen* einzugehen. Solange die Kontaktleute über ein gesundes Urteilsvermögen verfügen, kann alles gut gehen. Fehlt es, wird der Kunde vielleicht mißtrauischer denn je und wendet sich mit seinen Kaufbedürfnissen an andere. Wenn die Taktik — begrenzte Einsichtnahme gewähren — richtig funktionieren soll, müssen vor allen Dingen die Kontaktleute gesunden Menschenverstand walten lassen.

Die Taktik der begrenzten Einsichtnahme funktioniert, weil die meisten Menschen ihre Nasen nicht gerne in anderer Leute Angelegenheiten stecken. Mit dieser Abneigung kommen sie auch an den Verhandlungstisch. In unserer freien Marktwirtschaft wird stillschweigend anerkannt, daß ein Verkäufer (selbstverständlich innerhalb bestimmter Grenzen) das Recht hat, seine Geschäfte so zu führen, wie er es für richtig hält und seine Geschäftsgeheimnisse vor der Konkurrenz zu schützen.

Diese Taktik funktioniert außerdem, weil es schwer ist, gute Fragen zu stellen. Manche Fragesteller wollen sich die Mühe nicht machen, andere haben für gute Fragen keine Zeit. Man braucht schon mehr, als das Recht, sich etwas anzusehen, um wirklich gute Antworten zu bekommen.

Der Käufer, dem das Recht zu begrenzter Einsichtnahme gewährt wird, sollte keine Angst haben, mehr zu verlangen. Je mehr er verlangt, desto mehr wird er auch bekommen. Wird er abgewiesen, kann er an höherer Stelle protestieren und weitergehende Offenlegung verlangen. Wenn nötig, sollten weitere Personen zusätzliche Informationen verlangen. Wenn ein Rad quietscht, muß etwas getan werden. Wenn viele Räder quietschen, muß noch mehr getan werden.

Käufer, die den Mut haben, ihre *Skepsis* zu *zeigen* und *Beweise* zu *verlangen*, erhalten mehr Informationen. Sie werden meistens auch Erfolg haben, denn es fällt einem Verkäufer schwer, seinen Kunden voll anzusehen und ,,nein'' zu sagen. *Versuchen Sie's doch! Sie werden sehen!*

Einwände

Wie man sie meistert

Die Grundlagen für die Meisterung von Einwänden sind die gleichen für Käufer und Verkäufer. Wir stellen sie hier aus der Sicht des Verkäufers dar. Der Verkäufer steht im Grunde genommen vor einem schwierigeren Problem, weil er die Einwände meistern muß, ohne den Käufer zu beleidigen. Der Käufer hat eigentlich mehr Spielraum.

Man kann Einwände effektiv meistern, wenn man die Grundzüge einmal begriffen hat. Die *folgenden Übungsschritte* sind vom gesunden Menschenverstand diktiert. *Üben Sie.* Sie werden sehen, wie schnell Sie bei der Meisterung von Einwänden besser werden.

Schritt 1:   Schreiben Sie die Vorzüge und Nachteile Ihres Produktes und der Konkurrenzprodukte nieder, ehe Sie mit dem Käufer zusammentreffen.

Schritt 2: Schreiben Sie alle möglichen Einwände auf, die der Kunde gegen Ihr Produkt oder gegen Ihre Dienstleistung äußern könnte.

Schritt 3: Lassen Sie Mitarbeiter der eigenen Organisation in einer Brainstorming-Sitzung Einwände sammeln. Üben Sie die Antworten auf diese Einwände, als ob sie vom Kunden kämen.

Schritt 4: Versichern Sie sich, daß Sie den Einwand eines Kunden genau verstanden haben, ehe Sie antworten.

Schritt 5: Sie haben den Einwand verstanden. Nun müssen Sie bestimmen, ob der Einwand leicht oder schwer zu meistern ist. Leicht zu meisternde Einwände kann man leicht mit Beweisen, die man sofort zur Hand hat, entkräften.

Schritt 6: Den Einwand des Käufers mit eigenen Worten wiederholen, so daß der Käufer ihn mit ,,ja'' bestätigt. Zum Beispiel: ,,Habe ich Sie richtig verstanden, daß Sie auf die hohen Betriebskosten bei diesem Auto hinauswollen?'' Auf diese Frage würde ein potentieller Cadillac-Käufer, der von hohen Benzin- und Reparaturkosten gesprochen hat, mit ,,ja'' antworten.

Schritt 7: Sie dürfen den Einwand nicht bejahend beantworten. Damit verstärken Sie ihn nur. Der oben genannte Verkäufer wäre unklug, wenn er sagte: ,,Ja, die Cadillac-Betriebskosten sind hoch, aber ...''

Schritt 8: Wenn der Einwand leicht zu widerlegen ist, legen Sie Beweise vor und stellen schließlich eine Frage, die eine *positive* Reaktion herausfordert. Der Verkäufer sagt beispielsweise: ,,Sie gehen davon aus, daß die Betriebskosten bei einigen Luxusautos hoch sind. Das ist aber bei diesem Auto nicht der Fall. Die Zeitschrift X hat den Verbrauch des Autos getestet und festgestellt, daß dieses Auto auf 100 km X l verbraucht. Ist das nicht gut?''

Schritt 9: Wenn der Einwand schwer zu meistern ist, sollten Sie ihn mit eigenen Worten in eine ,,bejahbare'' Frage umwandeln. Gehen Sie dann auf den Einwand ein, indem Sie andere Vorteile nennen, die für den Kunden wichtiger sind.

Ein Beispiel: Der Cadillac-Käufer hat Einwände gegen den hohen Preis. Der Verkäufer sagt: ,,Ich gehe also davon aus, daß Ihnen das Auto gefällt, aber Sie haben Einwände gegen den Preis. Stimmt das so?

Nun, Sie finden einfach kein besseres Auto auf unseren Straßen. Das Auto hat eine hohe PS-Zahl, es ist absolut sicher, behält seinen Wiederverkaufswert und ist alles in allem gesehen wirklich wirtschaftlich. Ein Auto haben kann jeder, aber es kann noch lange nicht jeder ein so gutes Auto haben. Es hat schon seinen Grund, wenn bemittelte Menschen Cadillac fahren. Sie wissen, daß Sie für Ihr Geld ein Spitzenprodukt bekommen."

Der Schlüssel zur Meisterung von Einwänden liegt darin, dem Kunden das Gefühl und das Wissen zu geben, daß *seine Ansichten verstanden* werden. Durch die Neuformulierung der Einwände in Frageform können Sie dem Kunden signalisieren, daß Sie ihn verstanden haben und ihn gleichzeitig zu einer *,,bejahenden" Denkweise* führen. Je schwieriger die Einwände sind, desto schwerer wird es auch, den Käufer zu einer positiven Denkweise zu veranlassen. Der Verkäufer ist natürlicherweise immer geneigt, die Einwände des Kunden zu bestätigen. Diesen Drang sollte er aber unterdrücken, weil es im allgemeinen unklug ist, negative Reaktionen zu verstärken.

Nur positive Reaktionen sind es wert, verstärkt zu werden.

Bei einem starken und schwer widerlegbaren Einwand sollte der Verkäufer mit der Betonung der Produktvorteile reagieren, die für den Kunden am wichtigsten sind. Harte Einwände gegen den Preis lassen sich so immer am besten meistern.

Die hier vorgestellten Prinzipien sind nicht nur in der Geschäftswelt anwendbar, sondern auch im gesellschaftlichen Umgang mit Mitmenschen. Einwänden wird man überall im Leben begegnen. Es zahlt sich aus zu wissen, wie sie sich meistern lassen.

Eisbergtheorie

Wenn wenig viel bedeutet

Wir lernen im Leben nur wenige Menschen *gut* kennen. Die meisten Geschäftstransaktionen finden zwischen Menschen statt, die keine engen persönlichen Bindungen besitzen. Aufgrund der Natur der Sache sind wir aber dazu gezwungen, mit relativ wenigen Informationen über unser Gegenüber wichtige Entscheidungen zu treffen.

Ted Kotsovolos hat die ,,Eisbergtheorie" entwickelt. Ted ist Einkaufsdirektor eines Unternehmens, das jährlich Einkäufe von Gütern und Dienstleistungen für fast eine Milliarde Dollar tätigt. Er glaubt, daß die meisten Menschen sich bemühen, so attraktiv wie möglich zu erscheinen. Wir möchten, daß sich andere mit uns verbinden, damit wir gesellschaftlich und geschäftlich mehr Erfolg haben.

Die Menschen agieren wie bei einem Bühnenauftritt.

Nach außen hin wirken Szenerie, Kleidung, Gesten und Worte. Sie sind wie die Spitze eines Eisbergs. Die Masse liegt tiefer. Wenn trotz all unserer Anstrengungen, einen guten Eindruck zu machen, die Spitze des Eisbergs Mängel zeigt, kann man daraus nur schließen, daß das, was tiefer unten liegt, noch schlimmer ist. Wenn sich schon früh zeigt, daß Versprechen gebrochen werden, daß die Integrität fragwürdig, daß die Einsatzbereitschaft nicht ehrlich gemeint ist, daß Tatsachen übertrieben werden oder nicht stimmen, oder daß die Planung Mängel aufweist, dürfen Sie die Zukunft nicht optimistisch sehen. Die Lage ist schlimmer, als man denkt.

Emotionen

Wie man mit Gefühlsausbrüchen fertig wird

Wer *Nikita Chruschtschows* Auftritt vor den Vereinten Nationen erlebt hat, wird ihn wohl nie vergessen. Der führende Politiker dieses mächtigen Landes zog seinen Schuh aus und schlug damit wie ein Kind auf den Tisch. Bei Verhandlungen mit Sowjets sind solche Gefühlsausbrüche durchaus nicht selten. In einem 1969 vom amerikanischen Unterausschuß für Nationale Sicherheit veröffentlichten Bericht über den sowjetischen Verhandlungsansatz steht, daß Russen ihren Gefühlen am Verhandlungstisch freien Lauf lassen. *Gefühlsausbrüche* gehören zu ihren *Verhandlungsinstrumenten.*

Gefühle spielen in Verhandlungen eine mächtige Rolle, weil es den Menschen schwerfällt, unerwartete Gefühlsausbrüche zu tolerieren. Wir geben uns alle die größte Mühe, Zorn, Angst, Apathie oder Depression zu verbergen. Wenn der andere seinen Gefühlen freien Lauf läßt, wissen wir nicht, wie wir uns verhalten sollen.

Aus Emotionen läßt sich eine ganze Menge ablesen. Mit Zorn und Wut will man eine bestimmte Position untermauern. Unter Tränen bittet man um Erbarmen. Man zeigt Angst, um die eigenen Leute enger an sich zu binden. Man bleibt apathisch, um seine Gleichgültigkeit zu dokumentieren. Gefühle sind wie ein Tele-Objektiv. Worte und Ideen, die sonst vielleicht unbemerkt oder ungehört geblieben wären, werden auf einmal ganz scharf in den Mittelpunkt gerückt.

Bei Gefühlsausbrüchen bleibt man selbst am besten kühl.

Wenn Sie sich auch emotional engagieren, wird die Verhandlung auf das Niveau eines Zankes absinken. Man wird zu dem Mann aufschauen, der seine Haltung auch unter Stress bewahren kann. Solche Menschen gebieten *Achtung*.

In einer gefühlsgeladenen Atmosphäre müssen Sie versuchen, sich auf die *tatsächlichen Probleme zu konzentrieren* und in der Diskussion wieder zur Sache zu kommen, anstatt auf Gefühlen herumzureiten. Wiederholen Sie die Bemerkungen des Gegenübers mit Ihren eigenen Worten und zeigen Sie ihm, daß Sie seinen Standpunkt verstanden haben. Verlangen Sie, daß die Sitzung unterbrochen wird. Je sachlicher Sie bleiben, desto schwieriger wird es für ihn, sich aufzuregen.

Die Strafe, wenn Sie die Ruhe verlieren

Wer sich in seine Gefühle verstrickt, kann nicht mehr klar denken. In unseren Versuchen hat sich bestätigt, daß man im Augenblick der Gefühlsbetonung die Wirklichkeit verzerrt, nicht mehr richtig zuhört und nur noch die Dinge begreift, die den eigenen gefühlsmäßigen Wünschen entgegenkommen. Ein Mensch, der Angst hat, meint, daß sich auch der andere fürchtet. Er ist traurig, und auch die anderen erscheinen traurig. Er ist wütend, und auch die anderen scheinen wütend zu sein.

Der gefühlsbetonte Mensch verliert die Bindung an die Wirklichkeit.

Aristoteles hat vor zweitausend Jahren über die Verzerrung der Wirklichkeit und Gefühle gesagt:

,,Unter dem Einfluß starker Gefühle lassen wir uns leicht täuschen. Der Feigling unter dem Einfluß von Furcht und der Liebende unter dem Einfluß von Liebe hat solche Illusionen, daß der Feigling aufgrund einer winzigen Ähnlichkeit glaubt, er sehe einen Feind und der Liebende, er sehe einen geliebten Menschen. Je eindrucksvoller der Mensch, desto geringer ist die notwendige Ähnlichkeit. Ähnlich lassen sich alle leicht täuschen, wenn sie wütend sind oder von einem starken Wunsch beeinflußt werden.''

Je mehr man diesen Gefühlen unterliegt, desto mehr wird man getäuscht.

Gefühle sind ein zweischneidiges Schwert. Sie können zeigen, daß einem wirklich etwas an der Sache liegt, oder sie können einen so sehr verdrehen, daß selbst ein guter Verhandlungsabschluß niederdrückend erscheint. Ich habe erlebt, wie Menschen in eine ausweglose Verhandlungssituation hineinschlittern — aus gefühlsmäßigen Gründen, Gründen, die nicht mehr stichhaltig waren, nachdem sich der Aufruhr der Gefühle gelegt hatte. Aber es war zu spät. Das zerbrochene Geschirr ließ sich nicht mehr kitten.

Wir zahlen unseren Preis, wenn wir die Ruhe verlieren.

Entgegenkommen auf halbem Wege

Eine Einigung läßt sich schnell erzielen, wenn jeder dem anderen auf halbem Wege entgegenkommt. Schließlich sind wir alle daran gewöhnt, zu Hause, im Restaurant und bei Geburtstagsfeiern gerecht zu teilen. Wenn man nicht genau in der Mitte teilt, hat man Probleme. Eine schwierige Frage stellt sich: ,,Wenn nicht in der Mitte, wo dann?''

Die Frage ,,Wo dann?'' ist interessant. Wenn das Gesetz nicht anerkennen würde, daß Ehemann und Ehefrau Anrecht auf gleiche Teile haben, wäre eine Scheidung viel schwieriger. Aber es hat nicht jeder das Gleiche in die Ehe eingebracht. Dinge, die zu gleichen Teilen aufgeteilt werden, sind nicht notwendigerweise auch gerecht aufgeteilt. Sich in der Mitte entgegenkommen ist gleich, aber vielleicht nicht gerecht oder fair.

Ich kenne einen Käufer, der mit diesem ,,teilen wir''-Ansatz sehr gut zurecht kommt. Er fängt mit einem niedrigen Angebot an, geht dann etwas höher und sagt: ,,Okay, kommen wir uns auf halbem Wege entgegen." Der Käufer weiß, daß es einem Verkäufer schwer fällt, auf solch einen vernünftigen Vorschlag mit „nein" zu antworten. Der Verkäufer, der sich auf eine solche Abmachung einläßt, muß meistens feststellen, daß er um zu viel nachgegeben hat. Ist der Unterschied nur gering, hat der Verkäufer natürlich allen Grund, sich einverstanden zu erklären.

Versuchen Sie, „nein" zu sagen, wenn wieder einmal jemand mit dem Vorschlag kommt, die Differenz zu teilen. Sie werden überrascht feststellen, *daß Sie oft mehr bekommen können als die Hälfte.*

Entweder – Oder

Wann ist die Anwendung dieser Taktik vernünftig?

„Entweder – Oder" kommt öfters in Verhandlungssituationen vor. Diese Taktik hat durchaus ihren *legitimen Platz* am Verhandlungstisch.

Bei langfristigen Tarifverhandlungen denkt man meistens nicht an die „Entweder – Oder"-Taktik. Es hat aber ein großes Unternehmen gegeben, das sie zwanzig Jahre lang angewendet hat. *General Electric* hat seine Tarifverhandlungen immer mit einem endgültigen Angebot eingeleitet. Immer hat G. E. sorgfältig darauf geachtet, das Angebot mit einer Menge detaillierter Aufschlüsselungen, Tatsachen und Statistiken zu untermauern. Die Taktik funktionierte von 1947 bis 1969. Dann nicht mehr. Die Arbeiter in der Elektrobranche hatten endlich beschlossen, sich für das Oder zu entscheiden. Der *kostspieligste Streik* in der Geschichte von General Electric war die *Folge*.

Wer daran denkt, diese Taktik „Alles oder nichts", „Sie sagen zu oder Sie lassen es ganz bleiben" anzuwenden, kann aus den General Electric-Erfahrungen lernen. Aus dieser Taktik entstanden riesige Feindschaften. Die Verhandlungsführer der Gegenseite verloren ihr Gesicht. Sie zwangen ihre Mitglieder in eine „Entweder – Oder"-Position und *beraubten* sie so ihrer *Freiheit* und *Selbstachtung*. Die Gewerkschaften waren durch dieses frustrierende Ereignis so mitgenommen, daß es im Jahre 1969 nicht nur einen Streik gab. Sie führten einen *heiligen Krieg*.

Im amerikanischen Wirtschaftsleben ist das „Entweder – Oder" gang und gäbe, auch wenn es oft unter anderem Namen läuft. In den Geschäften sind die Waren mit Preisen ausgezeichnet. Manche Güter haben einen marktgerechten Preis, während bei anderen Gütern und Dienstleistungen, wie z. B. beim Telefon, der Preis von einem Monopol festgesetzt wird. Viele Investitionsgüter und -dienstleistungen werden jedem Kunden zum selben Preis verkauft. „Sie können's nehmen, Sie können's aber auch lassen" ist nicht so ominös wie es klingt. Oft zeigt sich darin eine gute Preispolitik des Verkäufers und bessere Einkaufsmöglichkeiten beim Einkäufer.

Unter *folgenden Umständen* ist die „Entweder – Oder"-Taktik sinnvoll:

1. Wenn Sie weiteres Feilschen unterbinden wollen.
2. Wenn ein Preisnachlaß für einen Kunden auch zu Preisnachlässen für alle anderen Kunden führen muß.
3. Wenn sich die andere Partei nicht leisten kann, das Angebot auszuschlagen.
4. Wenn alle Kunden daran gewöhnt sind, den angegebenen Preis zu zahlen.
5. Wenn Sie es sich nicht leisten können, einen Verlust zu machen, weil sie sowieso schon an der untersten Preisgrenze operieren.

Wer einen anderen mit einem „Entweder – Oder" konfrontiert, wird auch darauf achten müssen, feindselige Gefühle so gering wie möglich zu halten. Sprechen Sie das „Entweder – Oder" nie direkt aus. Die Worte allein lassen auch einen Heiligen aus der Haut fahren. Wenn es gute Gründe für die „Entweder – Oder"-Position gibt, wirkt sie weniger beleidigend. Ein Festpreis wird eher akzeptiert, wenn er durch Preisbindung, Preislisten, deutlich erkennbare Preisetiketten oder durch Handelsgepflogenheiten untermauert ist. Dasselbe gilt, wenn man den Festpreis erklärt und positive Beweise vorlegt. Gegen Ende einer Verhandlung wird ein „Entweder – Oder" eher akzeptiert als zu Anfang. Das richtige Timing ist wichtig, wenn man Feindseligkeiten so gering wie möglich halten will.

„Entweder – Oder" ist eine legitime Verhandlungstaktik. Erstaunlich viele Menschen sind über diese Taktik froh, weil sie ihnen das lästige Feilschen erspart. Sie müssen *zweierlei tun*, wenn Sie diese Taktik anwenden wollen:

1. Lassen Sie der anderen Partei zur Erörterung der Sache so viel Zeit, wie sie nur will.

2. Teilen Sie Ihrem Chef auf jeden Fall vorher mit, daß Sie diese Taktik anwenden wollen. Wer das vergißt, kommt nämlich in große Schwierigkeiten.

Gegenmaßnahmen

Was tun Sie, wenn die andere Seite Sie vor die Alternative stellt: Entweder – Oder, entweder so oder gar nicht? Nun, es gibt verschiedene Möglichkeiten. Ich rate jedem, diesen Spruch genau auf die Probe zu stellen. Der Preis ist vielleicht doch nicht so endgültig wie er aussieht.

Man stellt diese Taktik am besten auf die Probe, indem man auf einen andersgearteten Abschluß hinarbeitet. Sie müssen das Problem anders umreißen, von größeren oder kleineren Mengen ausgehen, nach verschiedenen Qualitäten fragen, mehr oder weniger Kundendienst verlangen, Lieferfristen verlängern oder verkürzen. Sie müssen den Produkt-Mix ändern, neue Produkte oder Ersatzteile oder zusätzliche Schulung verlangen. Mischen Sie Dinge, bei denen es „Entweder – Oder" hieß, mit anderen, für die ein solcher Ausspruch noch nicht getan wurde, und verhandeln Sie dann über einen Mindestpreis.

Zusätzlich können Sie die *folgenden Gegenmaßnahmen* anwenden, um die Entschlossenheit des Mannes auf die Probe zu stellen, der Sie vor die Entweder – Oder-Alternative gestellt hat:

1. Den Raum verlassen.
2. An höherer Stelle protestieren.
3. Den Chef des anderen dazu veranlassen, sein letztes und endgültiges Angebot schriftlich zu fixieren.
4. Weiterreden, als ob Sie die Bemerkung gar nicht gehört haben.
5. Überlegen, ob Sie einiges selbst machen und dadurch den Preis reduzieren können.

Versuchen Sie zu verhandeln, wenn Sie das nächste Mal einen Kühlschrank kaufen. Ich kenne einige, die bei *Sears* (einem großen Versandhandel und Warenhaus) Preisnachlässe erreicht haben. So haben sie es gemacht: Angeboten, gleichzeitig mit dem Kühlschrank auch eine Waschmaschine zu kaufen. Sie haben nach dem Preis ohne Anschluß und Transport gefragt. Sie haben die Preise lokaler Konkurrenten genannt, darauf hingewiesen, daß der Katalogpreis niedriger war, gefragt, wann und ob dieses Gerät in den Schlußverkauf kommt und über das

Modell verhandelt, das schon einige Kratzer hatte. Auch die Preise in einem Warenhaus sind nicht so fest, wie sie aussehen.

Wer die Entweder – Oder-Taktik auf die Probe stellen will, muß dem anderen unbedingt einen Ausweg lassen, bei dem er sich, ohne Gesicht zu verlieren, von seiner Position zurückziehen kann. Wem dies gelingt, hat die Chance, daß sich das Problem in Luft auflösen wird.

Meistens hat man nichts zu verlieren, wenn man das Entweder – Oder auf die Probe stellt.

Man sollte es jedenfalls versuchen.

Ermüdung

Menschen, denen es an Schlaf, Essen oder Trinken mangelt, sind erwiesenermaßen *nicht mehr voll funktionsfähig.* Wer müde ist, läßt sich leicht beeinflussen und macht schnell dumme Fehler. Wer schon einmal eine Nachtsitzung mitgemacht hat, weiß, daß um 3 Uhr morgens Abschlüsse jeglicher Art nicht mehr gut aussehen können.

Schon so manche Sitzung wurde für den ganzen Tag und die darauffolgende Nacht geplant, oder man tagt solange, daß einem nur die Nacht für Neuplanung und Neueinschätzungen bleibt. Die Ersteller solcher Zeitpläne wissen, daß diese Unterhändler dadurch nach einer gewissen Zeit unvernünftig, deprimiert und fehleranfällig werden. Auch ihre Frauen werden verdammt wütend sein.

Verhandeln ist eine körperlich äußerst anstrengende Sache.

Man braucht einen klaren Verstand und große Energiereserven. Nicht alle können unter Druck gut arbeiten. Anstrengende lange Flugreisen, knappe Termine und die neue Umgebung verlangen einiges von einem Menschen, der seine gute Urteilskraft nicht verlieren will.

Der Leiter eines Teams ist dafür verantwortlich, daß die Verhandlungen zu normalen Zeiten stattfinden. Er muß dafür sorgen, daß seine Leute zu normalen Zeiten essen und genügend Ruhezeit haben. Bei langen Reisen sollte man die Ehefrau auf Firmenkosten mitnehmen. Es steht zuviel auf dem Spiel. Man kann es sich nicht leisten, bei Tagegeldern und Unterbringung kleinlich zu sein.

Eskalation

Stufenweise Verschärfung

Die Eskalation gehört zu den wirkungsvollsten Verhandlungstaktiken. In der Wirtschaftsgeschichte gibt es viele Beispiele für erfolgreiche Eskalationen. Ob man diese Taktik auch als *ethisch* bezeichnen kann oder nicht, hängt davon ab, wo, wann und warum sie ausgespielt wird.

Eskalation in unethischer Form funktioniert so: Verkäufer und Käufer *einigen* sich auf einen Preis. Am nächsten Tag erhöht der Verkäufer seinen Preis. Der Käufer ist wütend, tritt aber wieder in die Verhandlungen ein. Sie kommen schließlich zu einem Kompromiß, wobei der neue Preis höher liegt, als der ursprünglich ausgehandelte. Diese Taktik kann und wird häufig sowohl vom Verkäufer als auch vom Käufer angewandt.

Schauen wir uns *ein Beispiel* an. Sie wollen Ihr Auto verkaufen. Verhandlungsbasis: DM 2400. Auf die Anzeige meldet sich ein potentieller Käufer. Nach längerer Verhandlung willigen Sie schließlich zögernd ein, sich mit DM 2000 zufriedenzugeben. Der Käufer macht eine Anzahlung von DM 50. Am nächsten Tag kommt der Käufer mit einem Scheck über DM 1850, anstatt DM 1950. Er weint Ihnen vor, daß er wirklich nicht mehr Geld aufbringen kann. Frage: *Akzeptieren Sie oder nicht?*

Ich glaube, die meisten werden akzeptieren.

Solche Entscheidungen werden nicht leicht gefällt. Sobald die Entscheidung aber gefallen ist, findet man Gründe, sich selbst davon zu überzeugen, daß die Entscheidung richtig war. Sie haben verhandelt, haben sich schließlich entschlossen, haben sich selbst bewiesen, daß die Entscheidung vernünftig ist und wollen dann das Ganze nicht noch einmal von vorn aufrollen. Wenn man während des Entscheidungsprozesses auch noch anderen in der Organisation erzählt hat, daß das Geschäft vernünftig sei, wird es noch schwieriger, sich einer Eskalation zu widersetzen. Der Unterschied zwischen dem, was man zu erhalten glaubte und dem, was man dann wirklich erhält, wird verhältnismäßig unwichtig.

Mit Hilfe einer Eskalation kann ein Verkäufer beweisen, daß der ursprünglich vorgeschlagene Preis fair war. Als Einkäufer bei einem großen Unternehmen erhielt ich vor mehreren Jahren ein 500 000 $ Angebot von einem Verkäufer. Die Kostenanalytiker und ich selbst waren überzeugt, dieselben Dienstleistungen für 440 000 $ bekommen zu können.

Etwa einen Monat später begannen die Verhandlungen. Sie fingen mit Schwierigkeiten an. Der Verkäufer teilte uns mit, er habe sich mit seinem Angebot vertan und müsse 600 000 $ haben. Bis heute weiß ich nicht, ob er in seiner ursprünglichen Kalkulation wirklich Fehler gemacht hatte oder nicht. Ich weiß nur, daß ich heilfroh war, die Dienstleistung für ,,nur" 500 000 $ zu bekommen, als die Verhandlungen vorüber waren. Eine solche Eskalation wird von manchen Verkäufern eingesetzt, um einen Käufer davon zu überzeugen, daß sie sehr knapp kalkuliert haben. Auf diese Weise wird die Beweisführung leichter.

In einer Verhandlung weiß keine Partei, wie weit sie gehen kann. Eines aber ist sicher: Je länger sich die Verhandlungen hinziehen, desto besser werden sie in der Regel für einen von beiden ausgehen. Mit einer Eskalation deutet man dem anderen an, daß er nicht mehr weitergehen kann.

Wer dem anderen — ob als Käufer oder Verkäufer — seine Entschlossenheit zeigen und signalisieren will, daß er nicht mehr weiter gehen kann, hat die Eskalationstaktik als ethische Alternative. Die Botschaft kommt bei dem anderen eindeutig an, ob es um die Grenze zwischen Nord- und Südvietnam, einen Millionenvertrag oder um eine kleine Inklusiv- oder Exklusivleistung geht. Die Eskalation funktioniert besser, als sie verdient hat. Es gibt Menschen im Geschäftsleben, die sich auch nach einer Vertragsunterzeichnung nicht davor scheuen. Der erste Schritt zur Abwehr einer Eskalation besteht darin, zu begreifen, wie und warum sie funktioniert. Als nächstes bringen wir einige *Vorschläge für Gegenmaßnahmen*.

Gegenmaßnahmen

Wie kann man einer Eskalation *vorbeugen*?

1. Den Bluff des anderen beim Namen nennen. Vielleicht ist er genauso wenig bereit wie Sie, noch einmal von vorn zu beginnen.
2. Hohe Anzahlung (Kaution) verlangen. Beim Verkauf eines Hauses oder eines Autos müssen Sie dafür sorgen, eine möglichst hohe Anzahlung zu bekommen.
3. Dafür sorgen, daß möglichst viele Mitarbeiter in hohen Positionen eine Vertragsvereinbarung unterzeichnen. Es gibt unethische Menschen, die auch noch nach Unterzeichnung eines Vertrages eskalieren. Je mehr Unterschriften auf dem Vertrag stehen, desto schwieriger wird es sein, eine Eskalation einzuleiten.

4. Gegeneskalation: Das eigene Angebot oder die eigene Forderung erhöhen.
5. Sich zur Beratung mit dem eigenen Team zurückziehen. Sich Zeit zum Nachdenken lassen.
6. Nicht schüchtern sein. Den anderen vor Vertragsunterzeichnung fragen, welche Garantien er gegen eine Eskalation gibt. Ihnen werden vielleicht gute Sicherheiten geboten, wenn Sie nur danach fragen.
7. Ernsthaft überlegen, ob Sie das Geschäft nicht ganz ablehnen wollen.

Diese Gegenmaßnahmen sind natürlich *nicht narrensicher*. Man kann allerdings davon ausgehen, daß der Gegner, der die Eskalation betreibt, weiß, was er tut. Er ist zu dem Schluß gekommen, daß seine Gewinnchancen gut stehen. Prüfen Sie die Eskalation nach allen Seiten. Vielleicht stellen Sie fest, daß der andere mehr zu verlieren hat als Sie. Der Partner, der mit seinem Preis hochgeht, ist bestimmt kein Narr. Er ist einfach ein ausgefuchster Spieler, der sicher keinen leichten Sieg verdient.

Essen und kleine Gefälligkeiten

Während eines *Essens* oder danach lassen sich Käufer besser von einem Verkäufer *beeinflussen*. Was jeder gute Verkäufer weiß, hat sich auch in unseren *Versuchen bestätigt*. Ein Verkäufer, der seinen potentiellen Kunden zum Mittagessen einlädt, tut genau das Richtige.

Kleine *Gefälligkeiten* können wichtige Entscheidungen *beeinflussen*. Eine Firma, die Wüstengrundstücke verkaufen will, weiß, daß sie ein Geschäft machen kann, wenn sie in Las Vegas 10 $-Scheine verschenkt. Der „Beschenkte" braucht sich für diese 10 $ nur eine einstündige Präsentation anzuhören.

Ich habe den Grundstücksmakler gefragt, warum er Geld verschenkt. Er sagte, er habe vier Prinzipien auf seiner Seite: Jeder freut sich, wenn er etwas umsonst bekommt. In Las Vegas wird geschenktes Geld gern verspielt. Die „Beschenkten" wollen sich nicht „schäbig" verhalten. Sie hören sich den Vortrag sehr aufmerksam an, weil sie die Annahme des Geldes vor sich selbst rechtfertigen wollen. Er meinte: „Das Erstaunliche ist, daß sie sich und dem Grundstücksverkäufer vormachen, sie seien tatsächlich am Landkauf interessiert. Ein *skeptisches* Publikum verwandelt sich wegen lumpiger 10 $ in ein sehr *aufnahmebereites*.

Gutes Essen, ein schöner Abend und kleine Gefälligkeiten sind *nicht* als *Bestechung* zu bezeichnen. Von Korruption kann bei diesen üblichen Artigkeiten keine Rede sein. Der Verkäufer hat den Nutzen, daß der Kunde für seine Verkaufsbotschaft empfänglicher wird. Ein Unternehmen, das die Abrechnung von Geschäftsessen nicht gerne sieht, macht es seinen Verkäufern schwer, ihre Aufgabe zu erfüllen. Genauso ist auch der Verkäufer ein Narr, der sich das Geld, das ihm für Essenseinladungen zur Verfügung steht, in die eigene Tasche steckt.

Experten

Einsatz und Mißbrauch

Was ist ein Experte? Ich habe viele Definitionen gehört. Manche waren nicht allzu positiv. Das ist gut, weil sich darin *gesunde Skepsis* gegenüber Sachverständigengutachten zeigt. Wie viele Dinge im Leben, darf man auch solche Gutachten nicht immer als ,,bare Münze'' nehmen.

Experten sind nicht immer das, wozu man sie hochstilisiert. Es gibt richtige und Schein-Experten. Manche gehen wissenschaftlich an eine Sache heran, manche erfinden einfach etwas. Manche sind sich ihres Wissens sicher, während andere Angst vor Widerspruch haben.

Experten spielen in Verhandlungen eine wichtige Rolle. Wer als Autorität auf einem bestimmten Fachgebiet gilt, kann mehr Einfluß geltend machen als Laien. Die meisten lassen sich von Experten schnell einschüchtern. Sie haben Angst, ihre eigene Meinung noch auszudrücken. Die Zuhörer haben Bedenken, die Behauptungen einer anerkannten Autorität anzugreifen. Bei der Förderung von Ideen haben die Experten die Initiative.

Es sind auch nicht alle Experten gleich glaubwürdig. Die höchste Glaubwürdigkeit genießen die, die originäre und kontrollierte Versuche durchführen. Zu dieser Gruppe gehören selbständige Analytiker. Am untersten Ende der Experten-Rangleiter stehen die, die Informationen kategorisieren und mit Semantik herumspielen. Forschungsergebnisse zeigen außerdem, daß Experten, die auf andere nicht bedrohlich wirken und ihren Standpunkt selbstbewußt vertreten, größeren Einfluß ausüben.

Wissen allein aber genügt nicht. Die Psychologen haben entdeckt, daß es noch viele andere Faktoren gibt, die die Glaubwürdigkeit eines Sachverständigen mitbestimmen. Gutaussehende ältere Männer mit hohen akademischen Titeln, deren Meinung veröffentlicht wird und die national bekannt sind, kommen mit ihren Ansichten besser durch. Selbst Kleinigkeiten können wichtig sein, z. B. wie ein Experte vorgestellt wird. Psychologen haben folgendes festgestellt: Experten, die mit positiven Worten und mit einigen Sätzen über ihre bisherigen Leistungen vorgestellt werden, haben bei ihren Zuhörern größeres Gewicht als Menschen mit denselben Qualifikationen, die nicht so eingeführt werden.

Bleiben Sie kühl, wenn Sie mit einem Experten zu tun haben. Lassen Sie sich nicht in die Defensive drängen. Auch Experten haben ihre Grenzen.

Vorschläge zum Umgang mit Experten:

1. Den Experten prüfen. Ob Experte oder nicht, vielleicht weiß er über ein bestimmtes Thema weniger als Sie.
2. Reichtum, Position oder Ruhm nicht mit Sachverstand verwechseln.
3. Sachverstand ist nicht übertragbar. Ein Experte auf einem Gebiet wird nicht auch gleichermaßen Experte auf einem anderen Gebiet sein.
4. Das Thema erweitern. Vielleicht weiß er mehr und mehr über weniger und weniger.
5. Skeptisch sein. Sein Gutachten überprüfen.

Wenn alles nichts nützt, können Sie sich immer noch auf das *eigene Nichtwissen zurückziehen.* Nichtwissen und Irrationalität und Unvernunft sind gewichtige Verhandlungsinstrumente. Es gibt wohl nichts Frustrierenderes als eine Verhandlung mit einem Menschen, der nicht verstehen kann oder nicht verstehen will. Scheuen Sie sich nicht, dieselbe Frage zehnmal auf zehn verschiedene Weisen zu stellen. Bohren Sie nach der Antwort, die Sie haben wollen.

Experten haben nicht immer gesunden Menschenverstand.

Wie wir reden auch sie manchmal zu viel. Die beste Verteidigung gegen einen Sachverständigen der Gegenpartei ist, selbst einen Sachverständigen anzuheuern. Denken Sie immer an unser ,,Gesetz der Experten'':

Für jeden Experten gibt es einen gleich guten, der das Gegenteil beweist.

Fairness und Vernunft

Eine verlockende Falle

Kaum einer will seinen Verhandlungspartner *ausbeuten*. Jeder will lieber *fair* und *vernünftig* sein. Fair und vernünftig zu sein ist aber mit großen Schwierigkeiten verbunden. Die Idee als solche sieht *verführerisch einfach* aus. Unter der Oberfläche aber lauern die Probleme für Käufer und Verkäufer gleichermaßen. Beide Seiten wollen fair und vernünftig sein, aber beide Seiten haben Schwierigkeiten bei der Ausführung dieses Vorsatzes. Mit *ein paar Beispielen* wollen wir die Sache erhellen.

Sie sind Preisrichter bei einem Kinderwettbewerb. Zwei Kinder teilen sich in den ersten Platz. Also sollen beide Kinder ein Mokkaeis bekommen. Was aber, wenn einer der beiden Sieger Mokkaeis nicht mag? Würden Sie Ihr Konzept des Fairseins abändern?

Ein weiteres Beispiel.

Howard Hughes und ich gewinnen einen Wettbewerb. Jeder von uns soll 1000 $ bekommen. Wäre das fair? Mit Geld ist es nicht so wie mit Eis. Jeder mag Geld. Hier stellt sich aber in Wirklichkeit die Frage, *wie glücklich Howard Hughes* über weitere 1000 $ und wie glücklich *ich* darüber wäre. Ich habe gute Gründe zu glauben, daß wir beide nicht gleichermaßen zufrieden wären. Hat dieser Aspekt Einfluß auf die Idee „fair und vernünftig"? Ich glaube ja!

Letzten Endes geht es bei einer Verhandlung um Zufriedenheit auf beiden Seiten und nicht so sehr um Güter, Geld oder Dienstleistungen.

Zufriedenheit ist das Endprodukt.

Was den einen zufriedenstellt, stellt den anderen noch lange nicht zufrieden. Das Fairness-Konzept ist subjektiv. Es läßt sich nicht qualifizieren.

Die Worte „fair und vernünftig" unterliegen allen möglichen Interpretationen. Sie bedeuten immer das, was Sie wollen. Ich würde lieber realistisch sein und mich an Shakespeares Worte halten: „Der ist gut bedient, der wohl zufrieden ist."

Fait Accompli

Vor vollendete Tatsachen stellen

Die Taktik ,,vor vollendete Tatsachen stellen'' wird mit der Welt der Diplomaten assoziiert. Sie funktioniert aber auch im Geschäftsleben. Das Prinzip ist einfach. Jemand führt eine überraschende Maßnahme durch, die ihm eine günstige Verhandlungsposition einbringen soll. Die ,,vollendete Tatsache'' muß das Endergebnis beeinflussen. Indien dringt weit nach Pakistan ein und setzt sich dann an den Verhandlungstisch. Hätten die Verhandlungen schon an der indisch-pakistanischen Grenze stattgefunden, hätten die Ergebnisse wahrscheinlich anders ausgesehen.

Ich habe einmal für einen Kunststoffhersteller gearbeitet. Meine Firma erfuhr von ihrem Rechtsanwalt in Washington, daß Preiskontrollen sehr bald in Kraft treten würden. Der Hersteller teilte daraufhin allen Kunden per Telegramm eine sofortige Preiserhöhung um 50% mit. Kurz danach trat der Preisstopp in Kraft. Der Unternehmenseigner trat daraufhin in Verhandlungen mit jedem einzelnen Kunden ein. Die meisten Kunden waren heilfroh, ihn noch ein wenig herunterhandeln zu können. Die Taktik ,,vor vollendete Tatsachen stellen'' hatte funktioniert.

Irgendwie ändert sich das Gleichgewicht der Macht, wenn man handelt. Die Taktik hat so viel Gewicht, weil sich das, was einmal getan ist, kaum wieder rückgängig machen läßt. Der Angreifer sagt: ,,Das habe ich getan. Jetzt können wir reden''.

Die *folgenden Beispiele* zeigen, wie häufig diese Taktik tatsächlich vorkommt:

Art der Maßnahme	Anwender		
	Käufer	Verkäufer	Beide
1. Maschine wird repariert, bevor man sich über den Preis geeinigt hat.		x	
2. Änderung wird durchgeführt, dann setzt man sich an den Verhandlungstisch.		x	
3. Käufer gibt dem Verkäufer einen Scheck, der nicht auf die			

Art der Maßnahme	Anwender		
	Käufer	Verkäufer	Beide
volle Rechnungssumme ausgestellt ist und läßt sich quittieren, daß alle Forderungen abgegolten sind.	x		
4. Teile mit kleinen Fehlern werden so spät geliefert, daß dem Käufer nichts anderes übrig bleibt, als sie zu verwenden.		x	
5. Den Verkäufer in Erwartung des Auftrages schon mit der Arbeit beginnen lassen, dann den Auftrag zurückziehen.	x		
6. Klage erheben, dann miteinander reden.	x	x	x
7. Arbeiten abbrechen, dann über einen neuen Preis verhandeln.		x	
8. Patentrecht verletzen, dann außergerichtlichen Vergleich schließen.	x	x	x
9. Sich mit einer Reihe von Bedingungen einverstanden erklären, den Auftrag oder die Auftragsbestätigung jedoch mit anderen Bedingungen versehen.	x	x	x
10. Maschine aufstellen oder liefern lassen, dann zurückweisen und um Kredit nachsuchen.	x		
11. Ein Gesetz übertreten, dann verhandeln.	x	x	x
12. Qualitätsklasse A verkaufen, aber Qualitätsklasse B liefern.		x	
13. Qualitätsklasse B kaufen, die Güteüberprüfung aber so streng durchführen, daß nur Qualitätsklasse B + durchgeht.	x		

Art der Maßnahme	Anwender		
	Käufer	Verkäufer	Beide
14. Einen Untersuchungs- oder Revisionsbericht verfassen, bekannt machen und dann über die einzelnen Punkte verhandeln.	x	x	x
15. Die normalen Kanäle umgehen.	x	x	x
16. „Ich habe das Geschäft abgeschlossen. Sie müssen mitteilen, daß es null und nichtig ist".	x	x	x
17. „*Ich* bin erwischt worden. *Wir* werden das vertuschen müssen".	x	x	x
18. Regel übertreten, dann verhandeln.	x	x	x
19. „Der Stoff ist ganz zerschnitten. Ich kann ihn nicht zurückschicken und kann nicht zahlen."	x	x	x
20. „Ich habe das Geld für etwas anderes ausgegeben. Ich brauche mehr Ware, um weiter arbeiten zu können."	x	x	x
21. „Ich ziehe nicht aus. Sie müssen mich schon zwingen."	x	x	x
22. „*Ich* habe alle Formulare schon ausgefüllt. *Wir* können jetzt nicht mehr zurück".	x	x	x
23. „Tut mir leid, die Sache mit dem geplatzten Scheck, aber ich kann nicht zahlen."	x		
24. „Ja, ich war's. Was wollen Sie tun?"	x	x	x
25. „Ich bin bankrott. Sind Sie mit zehn Prozent der ausstehenden Summe einverstanden?"	x		

Das Wort „*Wer Besitz hat, hat das Recht zu 90% auf seiner Seite*" ist sicher bekannt. Ähnlich verhält es sich mit dem allgemeinen Konzept, das den vollendeten Tatsachen zugrunde liegt. Gegen diese eigentlich *unethische* Taktik gibt es *eine Reihe von Gegenmaßnahmen:*

1. Die Taktik vorausahnen. Sich davor schützen, indem man Strafklauseln in den Vertrag einarbeitet.
2. Auf hoher Ebene protestieren.
3. Vor Gericht gehen.
4. Selbst eine aggressive Maßnahme ergreifen. Dann die eine gegen die andere aufwiegen.
5. Die öffentliche Meinung auf die eigene Seite bringen.
6. Eine hohe Anzahlung verlangen.
7. Nie ohne gute Sicherheit im voraus zahlen.

Es ist nicht leicht, mit einem Partner zu verhandeln, der einen vor vollendete Tatsachen stellen will. Am besten ist es, die *Folgen* einer solchen Taktik so *teuer zu machen*, daß der Angreifer sie entweder gar nicht erst versucht, oder, wenn er sie versucht, gezwungen ist, sich wieder zurückzuziehen.

Fallstricke

Bluffs, Lügen und Poker

Inwieweit trifft die *Moral des Pokerspielers* auf Verhandlungssituationen zu? Beim Pokern gibt es bestimmte Spielregeln. *Bluffen ist erlaubt.* Beim Pokern wird wie in Verhandlungen nicht erwartet, daß ein Spieler seine wahren Stärken oder seine Absichten von vornherein bekanntgibt. *Bestimmte Bluffs sind jedoch verboten.* Mit weniger als zwei Buben reizen, ist beispielsweise tabu. Tabu ist es beispielsweise auch, ein As im Ärmel verschwinden zu lassen oder gemeinsame Sache mit einem anderen zu machen, d. h. Bandenspiel zu betreiben.

Falsche Angaben sind ein heikles Thema für Verhandlungen unter Diplomaten oder auch Geschäftspartnern. Für britische Beamte gibt es interessante Richtlinien:

Für Aussagen in der Öffentlichkeit gilt eine einfache Regel: Es darf nichts gesagt werden, was nicht wahr ist. Es ist jedoch genauso unnötig wie manchmal auch unerwünscht — selbst im öffentlichen Interesse — alle sachdienlichen wahren Angaben zu machen. Die Reihenfolge der Tatsachennennung bleibt jedem selbst überlassen. Was ein talentierter Autor innerhalb dieser Grenzen tun kann, ist phantastisch. Zynisch, aber durchaus der Wahrheit entsprechend, könnte man sagen, daß die perfekte Antwort auf eine peinliche Frage im Unterhaus folgendermaßen aussieht: Die Antwort ist kurz, scheint die Frage völlig zu beantworten, kann Wort für Wort bewiesen werden, wenn sie angefochten wird, läßt keinen Raum für seltsame „Ergänzungen" und enthüllt im Grunde genommen nichts.

Ich neige dazu, die Sache genauso zu sehen wie die Briten. Diskretion bei Behauptungen und Aussagen sollte nicht mit falschen Angaben verwechselt werden. Bluffs gehören zu Verhandlungen. Es gibt jedoch Dinge, die verboten sind und auch bestraft werden sollten: Lügen, falsche Behauptungen, Bestechung eines Verhandlungspartners, Lauschangriffe auf seine Geschäftsgeheimnisse mittels elektronischer Mittel, Drohungen gegen Leib und Leben des Gegners und seiner Familie. Verhandlungspartner auf höchster Ebene müssen diese feinen Grenzen zwischen legitimen und illegitimen Praktiken bei der Tatsachensondierung und Tatsachenmitteilung ziehen.

An die *folgenden Richtlinien* sollten sich Geschäftsleute in einer Wettbewerbsgesellschaft halten:

1. Gesetzesübertretungen, Lügen, Vertrauensmißbrauch oder falsche Angaben nie verzeihen.
2. Dafür sorgen, daß das Verhandlungsteam weiß, wie wichtig es ist, vorsätzliche Falschangaben oder Übertreibungen zu vermeiden.
3. Aufrichtige, geradlinige Mitarbeiter als Teammitglieder aussuchen.
4. Nicht am Rande arglistiger Täuschungen lavieren.
5. Der goldenen Regel folgen: Was Du nicht willst, das man Dir tu, das füg auch keinem anderen zu.
6. Sachliche Wahrheit bevorzugen.
7. Dafür sorgen, daß gerichtlich einklagbare Konventionalstrafen Bestandteil des Vertrages sind. Die Konventionalstrafen müssen so schwer sein, daß es kein Unternehmen aus Angst vor Bloßstellung wagen würde, die Regeln zu verletzen.

8. „Overkill" bei der Tatsachensondierung vermeiden. Übereifer schadet.

Ein Unterhändler sollte aufpassen, ob *vorsätzlich gelogen* wird. Ich kenne einen Mann, der seinen Gegner erst einmal mit ein paar Fangfragen auf die Probe stellt. Aus der Reaktion des Gegners auf diese Sondierungsfragen und aus der Genauigkeit seiner Antworten erfährt er so manches.

Bluffen ist zwar *erlaubt*, bringt aber *Risiken* mit sich. Wer bei einem Bluff erwischt wird, verliert an Glaubwürdigkeit. Bluffs gleiten einem auch allzu rasch aus der Hand. Sie gehen leicht zu weit in die Richtung von Übertreibungen. Ich habe es im allgemeinen lieber, wenn meine Mitarbeiter mehr in die andere Richtung gehen, d. h. in Richtung Untertreibung. An der Aussage „weniger ist mehr" ist schon etwas dran.

Fehlender Mann

Bei diesem Manöver *verschwindet* der Mann mit den notwendigen Entscheidungsbefugnissen gerade in dem Augenblick ins Ausland, in dem die Parteien Einigung erzielen. Bis er zurückkommt, läßt sich nichts machen, und niemand weiß genau, wann das sein wird. Ich bin vor einigen Jahren in diese *Falle* gelaufen und habe sie bis heute nicht vergessen:

Mein Freund, ein Schauspieler, bat mich, ihn bei einer Verhandlung über eine Rolle in einer Fernsehdokumentation zu vertreten. Es handelte sich um ein kleines Fernsehstudio und ging nur um 10 000 Dollar. Die Verhandlungen zogen sich über drei Wochen hin. Ich verhandelte geduldig, zuerst mit dem Abteilungsleiter, dann mit dem Vorstandsmitglied und schließlich mit dem Vorstandsvorsitzer. Schließlich erzielten wir Einigung. Allerdings bestehe ein kleines Problem, sagte er, als wir uns die Hände schüttelten. Die Firma war vor kurzer Zeit von einem großen kalifornischen Unternehmen aufgekauft worden, das darauf bestand, Verträge mit Schauspielern zu genehmigen. Das sei aber reine Routine. Wir riefen also die Zentrale in Beverly Hills an und mußten erfahren, daß der zuständige Mann gerade nach Europa abgereist war. Er sei in den nächsten drei Wochen nicht zu erreichen. Wir warteten, aber es geschah nichts. Der Abschluß kam nie zustande. Ich habe später entdeckt, daß ein anderer Schauspieler zum halben Honorar engagiert worden war, während wir wie die dummen Jungs darauf warteten, daß der fehlende Mann zurückkam. Unsere Wut nützte uns gar nichts. Seitdem bin ich nie mehr in eine solche Falle gelaufen. Das war aber sicherlich größtenteils Glück.

Für das Manöver ,,Fehlender Mann'' gibt es *vier Gründe*.

1. Man will den anderen mit dem Abschluß hinhalten, um die Erwartungshaltung des Gegners zu drücken.
2. Man will die Verhandlungen definitiv abbrechen.
3. Man möchte bei einem anderen bessere Bedingungen erreichen und benutzt den gegenwärtigen Stand der Verhandlungen als Grundlage.
4. Man möchte mehr über die Sache erfahren und hält sich gleichzeitig die Möglichkeit offen, den Abschluß zu machen, wann man selbst es will.

Auf das Opfer wirkt dieses Manöver wie ein *Schock*. Ein Vertrag, den man schon in der Tasche glaubte, ist plötzlich in unerreichbare Ferne gerückt. Während der Wartezeit redet man sich immer wieder ein, daß das Ganze doch vernünftig war. Wenn dann der fehlende Mann auftaucht und weitere Zugeständnisse verlangt, fallen ihm der Verhandlungsführer und sein Team wie reife Früchte in die Hände. Meistens wollen sie dann lieber zu einem niedrigeren Preis abschließen, als das ganze Geschäft in den Wind zu schreiben.

Gegen diese *unethische Taktik* läßt sich *folgendes unternehmen*:

1. Testen, feststellen, ob der fehlende Mann nicht im Nebenzimmer sitzt oder ob man auch ohne ihn zu einer Einigung gelangen kann.
2. Überlegen, ob man die Verhandlungen nicht ganz abbrechen will.
3. Angebot zeitlich befristen.
4. Sich in der Organisation des ,,fehlenden Mannes'' an eine höhere Ebene wenden.
5. Erkennen, daß man an einen Abschluß erst glauben darf, wenn man ihn wirklich in der Tasche hat. Das muß man auch in der eigenen Organisation klarmachen.

Vor der Taktik des ,,fehlenden Mannes'' schützt man sich am besten, wenn man von vornherein auf diese Möglichkeit achtet.

Versuchen Sie, schon vor Beginn der Verhandlung festzustellen, wer welche Befugnisse hat.

Fehler

Absichtliche Fehler

Es gibt Menschen, die absichtlich Fehler machen. Sie addieren oder multiplizieren falsch, ändern die Bedeutung, lassen Worte aus oder machen unrichtige Aussagen. Wer solche Fehler absichtlich macht, hat etwas damit im Sinn.

Solche Menschen wollen in die falsche Richtung lenken oder betrügen.

Den schlimmsten Fall eines absichtlichen Fehlers habe ich mit einem Filmproduzenten erlebt, der die Kühnheit besaß, eine Klausel zu ändern, nachdem wir eine Vereinbarung geschlossen hatten. Die Klausel war wichtig. Der Schauspieler sollte an den Bruttoeinnahmen beteiligt werden. Der Produzent änderte brutto in netto um. In der Filmindustrie schaut man im Rechnungswesen darauf, daß die Nettoeinkünfte möglichst gleich Null oder sogar noch darunter sind. Das gilt sogar auch für erfolgreiche Projekte. Der Vertrag wurde dem Schauspieler und mir gleichzeitig zugeschickt. Ich kann nur annehmen, daß der Produzent hoffte, der Schauspieler, der ja auf den Vertrag wartete, werde sofort unterschreiben und ihn zurückschicken. Als ich den Produzenten auf den Fehler aufmerksam machte, sagte er einfach, daß er mit den ursprünglich geschlossenen Abmachungen nicht leben könne und sich deshalb entschlossen habe, die Version hinzuschreiben, die ihm besser gefalle. Was für Nerven!

Fehler können immer vorkommen. In *Krisenzeiten* allerdings *häufen* sie sich. Zahlen werden falsch addiert, mit den falschen Faktoren multipliziert, ausgelassen oder geändert, selbst wenn die Absichten völlig ehrenhaft sind. Der Gegner hofft, daß der Fehler unbemerkt durchgeht. Wird er erst später entdeckt, muß der Vertragsunterzeichner den Mut haben, seinen Vorgesetzten zu erklären, wieso er unter Druck stand und das Ganze nicht noch einmal überprüft hat. Dazu braucht man natürlich eine *gehörige Portion Mut* — der vielen fehlt.

Vom Standpunkt eines unehrlichen Menschen ist die Strafe gering, der Lohn hoch. Fehler macht schließlich jeder. Jedem kann es passieren, daß aus 5% brutto 5% netto wird. Jedem kann es passieren, daß er sich beim Addieren einer langen Zahlenreihe vertut. Wird der Fehler entdeckt, kann man sich entschuldigen und die Diskussion wieder eröffnen. Ich habe schon zwielichtige Figuren erlebt, die bei den Preisverein-

barungen keinen Fehler machten, wohl aber auf Seite 10 einer 15-seiti-
gen Spezifikation Änderungen zugunsten ihrer Ziele einfügten.

Bei solchen Vorkommnissen sollte ein Verhandlungsführer wütend werden und laut und deutlich sagen, daß man ihn hinters Licht geführt hat.
Man muß auf höchster Ebene protestieren. Es hat keinen Zweck, sich
durch Verschleierung des Irrtums zum stillschweigenden Komplizen zu
machen.

Vor absichtlichen Fehlern soll man sich hüten. Hier sind *vier besonders
beliebte Formen:*

1. Lockangebot: Eine Ware wird zu einem sehr niedrigen Preis angeboten. Ein Käufer zeigt Interesse und erfährt, daß der falsche Preis an-
   gegeben worden sei. Manchmal macht auch ein Käufer dem Verkäufer ein besonders hohes Angebot, weil er die Käuferkonkurrenz aus-
   schalten will. Später sagt der Käufer, daß er sich mit seinem Angebot
   vertan habe (Siehe auch: *Scheinangebote,* S. 159).
2. Das ,,Entzücken des Autoverkäufers''. Man macht einen Fehler und
   lenkt dadurch den Käufer ab (Siehe auch *,,Autoverkäufer und Buchhalter''* S. 29).
3. Spezifikationsfehler. Spezifikationen weichen von den ursprünglich
   vereinbarten ab, so daß sie entweder schwerer oder auch leichter zu
   erfüllen sind. Das Schwierige dabei ist, daß es sich um sehr feine Änderungen handelt. Sie werden im ,,Kleingedruckten'' versteckt.

*Man darf nie davon ausgehen, daß alles in Ordnung ist. Skeptisch sein
und nachprüfen heißt die Devise.*

Zwingen Sie sich dazu, das Kleingedruckte zu lesen, die Zahlen zu überprüfen und nachzurechnen.

Dumme Fehler, die ich mindestens einmal gemacht habe

Die in diesem Abschnitt besprochenen Fehler sind tatsächlich vorge-
kommen. Ich habe sie selbst mehr als einmal gemacht. In den meisten
Fällen hat das niemand erkannt, auch nicht mein Chef, wohl aber ich.
Vielleicht werden die folgenden ,,Nein-Neins'' Ihnen helfen, effektivere
Verhandlungen zu führen. Ich widme sie meiner Frau (mit ihrer Erlaub-
nis natürlich). Ich frage mich allerdings, ob das fair ist. Aber sie hat das
Buch ja gelesen. Wenn ich so zurückblicke, habe ich eine ganze Menge

Fehler gemacht und mache immer noch welche, obwohl ich schon fast 50 Jahre alt bin. Fehler werden mir wohl auch weiterhin nicht erspart bleiben.

Dumme Machtfehler

Die schlimmsten Fehler, die ich je gemacht habe, liegen im Bereich der Wahrnehmung von Macht. Diese Fehler wiegen schwer, weil sie immer wieder vorkommen, auch wenn man sich noch so sehr vorgenommen hat, daß einem so etwas nicht mehr passiert. Durch diese Fehler habe ich auch oft meine gute Verhandlungsposition eingebüßt, die doch so notwendig für effektive Verhandlungsführung ist.

Unten folgen einige dumme Fehler, die mir passiert sind, die Sie aber hoffentlich vermeiden können:

1. Die eigene Macht nicht unterschätzen. Die meisten haben mehr Macht, als sie glauben. Nur durch eine systematische Analyse der Macht kann man die eigene Stärke begreifen. Die Grundlage der Macht hängt von anderen Dingen ab als vom Wettbewerb oder der Fähigkeit, finanzielle Belohnungen oder Strafen auszuteilen. Engagement, Wissen, Risikobereitschaft, hartes Arbeiten und Verhandlungsgeschick zählen auch zu den realen Quellen von Macht.
2. Nicht davon ausgehen, daß der Gegner Ihre Schwächen kennt. Gehen Sie davon aus, daß er sie nicht kennt und überprüfen Sie diese Annahme. Vielleicht sind Sie in einer besseren Position, als Sie glauben.
3. Sich nicht durch Status einschüchtern lassen. Wir sind so daran gewöhnt, uns Rang- und Klassenunterschieden unterzuordnen, daß wir diese Haltung auch am Konferenztisch nicht ablegen. Man sollte sich aber vor Augen führen, daß man bei einigen Experten die Oberfläche nicht ankratzen darf, daß manche Mitmenschen mit Doktortitel sich schon seit Jahren nicht mehr weitergebildet haben, daß es auch in den höchsten Stellen inkompetente Mitarbeiter gibt, daß ein Fachmann auf seinem Gebiet Hervorragendes leistet, aber von anderen Gebieten überhaupt keine Ahnung hat, daß gebildete Menschen mehr und mehr über weniger und weniger wissen und daß manche Menschen trotz hoher Position oder Macht nicht den Mut haben, für ihre Überzeugungen einzutreten oder gar keine Überzeugungen ha-

ben. Ein Minderwertigkeitsgefühl ist genauso gefährlich wie ein Überlegenheitsgefühl.

4. Sich nicht durch Statistiken, Präzedenzfälle, Prinzipien oder Verordnungen einschüchtern lassen. Manche Entscheidungen werden aufgrund von Vorurteilen und lang totgesagten oder irrelevanten Prinzipien getroffen. Seien Sie skeptisch. Stellen Sie sie in Frage!

5. Sich nicht durch irrationales oder flegelhaftes Verhalten einschüchtern lassen. Wenn Sie sich Beschimpfungen oder persönliche Verunglimpfungen vom Gegner gefallen lassen, bestärken Sie ihn nur in seinem Verhalten. Man kann sicherlich meistens davon ausgehen, daß das irrationale Verhalten des Gegners von einer Taktik bestimmt wird. Er ist wahrscheinlich wie ein ,,tollwütiger Fuchs". Nennen Sie sein irrationales Verhalten beim Namen. In der Organisation des Gegners wird es sicherlich Menschen geben, die sich von seinem Verhalten genauso gestört fühlen wie Sie.

6. Nicht die eigenen Probleme oder Verluste betonen, wenn sich eine Verhandlung festfährt. Der Gegner steht mit seiner Handlungsweise wahrscheinlich unter genauso schweren Zwängen wie Sie selbst. Konzentrieren Sie sich auf seine Probleme. Sie sind Ihre Chance.

7. Nicht vergessen, daß der Gegner am Verhandlungstisch sitzt, weil er glaubt, durch sein Da-Sein etwas gewinnen zu können. Vielleicht müssen Sie feststellen, daß die Verhandlung, an der Sie teilnehmen, und sei sie auch noch so geringfügig, in einen weitgespannten Zielrahmen des Gegners eingebettet ist. Dies allein kann Ihnen schon zu einer besseren Verhandlungsposition verhelfen, als man der Situation nach für möglich hält. Seien Sie positiv in Ihrem Verhandlungsansatz. Gehen Sie davon aus, daß der Gegner genauso sehr zu einer Einigung kommen will wie Sie. Ist das nicht der Fall, müssen Sie festzustellen versuchen, warum.

Dumme Fehler bei Zugeständnissen

Diese Fehler macht fast jeder — aus vielerlei Gründen. Fehler bei Zugeständnissen entstehen hauptsächlich, weil die Menschen vergessen, was sie tun. Es tut mir leid, das sagen zu müssen, aber mir ist jeder einzelne hier genannte Fehler selbst schon einmal unterlaufen, und ich werde solche Fehler sicherlich wieder begehen, wenn ich keine Selbstdisziplin halte. Die Fehler waren ziemlich teuer.

1. Die Anfangsforderung nicht zu nahe bei der wirklichen Zielforderung ansetzen. *Gordon W. Rule* hat das — vielleicht zu nachdrücklich — unterstrichen:
„Bei jeder Verhandlung muß man davon ausgehen — es sei denn, man hat mit Jugendlichen zu tun — daß die Gegenpartei zuerst immer die Maximalforderung nennt. Gleichzeitig muß man davon ausgehen — und das ist noch wichtiger — es sei denn, man hat mit Narren zu tun —, daß die Gegenpartei ihre Minimumforderung nicht offengelegt hat."
Es gibt genügend Anhaltspunkte dafür, daß es sich auszahlt, wenn man mit einer hohen Forderung einsteigt. Genieren Sie sich nicht, alles, was Sie wollen, und noch mehr zu verlangen.

2. Gehen Sie nicht davon aus, daß Sie wissen, was der Gegner will. Es ist viel klüger, davon auszugehen, daß man nicht weiß, was der Gegner will, und sich dann durch geduldiges Sondieren um die Realitäten der Situation zu bemühen. Wenn Sie auf der Basis der eigenen ungeprüften Abschätzungen weiter verhandeln, machen Sie einen schweren Fehler.

3. Gehen Sie nicht davon aus, daß Ihre Erwartungshaltung hoch genug ist. Vielleicht sind Ihre Forderungen zu bescheiden oder zu leicht zu erfüllen. Unter Umständen weiß der Gegner gar nicht, was er will, oder hat ganz andere Wertvorstellungen als Sie.

4. Akzeptieren Sie nie das erste Angebot! Viele akzeptieren das erste Angebot, wenn es so hoch wie erwartet oder erhofft ausfällt. Zwei gute Gründe sprechen dagegen: Erstens ist der Gegner wahrscheinlich bereit, Zugeständnisse zu machen. Zweitens wird der Gegner ein ungutes Gefühl haben, weil er sich für einen Narren hält, mit einer so hohen Summe angefangen zu haben. In beiden Fällen macht der Verhandlungsführer einen Fehler, wenn er das erste Angebot zu schnell annimmt.

5. Nie ein Zugeständnis ohne Gegenleistung machen. Sie dürfen nie ein Zugeständnis machen, ohne selbst eine Gegenleistung zu verlangen oder ohne ernsthaft darüber zu verhandeln. Ein leicht gewährtes Zugeständnis erhöht die Zufriedenheit des Gegners nicht annähernd so sehr wie ein Zugeständnis, um das er hat ringen müssen.

6. Stimmen Sie nie zu, wenn ein Gegner behauptet, daß bei einer bestimmten Sache aufgrund von Prinzipien oder irgendwelcher anderer Kriterien keine Kompromisse möglich sind. Man kann über alles reden oder verhandeln. *Joe Namath*, ein bekannter amerikanischer Sportler, soll einmal auf die Frage nach seinem Konflikt zwischen

anderen Interessen und dem Sport geantwortet haben: ,,Ich gebe den Sport auf aus Prinzip.'' *O. J. Simpson*, Ex-Starsportler, der sich für einige Zeit vom Sport zurückgezogen hatte, meinte: ,,Daß ich dabeibleibe und aushalte, hat nichts mit Prinzipien zu tun, sondern nur mit Geld.''

7. Machen Sie bei einem wichtigen Thema nicht das erste Zugeständnis! Meiner Erfahrung nach machen immer die Verlierer die ersten Zugeständnisse bei wichtigen Themen.

8. Schlecht gemachte Zugeständnisse können die Parteien eher weiter voneinander trennen als zusammenbringen. Mit einem Zugeständnis kann sich der Erwartungshorizont des Gegners erhöhen, wenn das Zugeständnis als Signal für Erfolg und Stärke interpretiert wird. Die Form des Zugeständnisses ist genauso wichtig wie der Inhalt.

9. Genieren Sie sich nicht, das Zugeständnis eines Gegners anzunehmen, und entwickeln Sie keine Schuldgefühle. Sie müssen der ersten Regung widerstehen, dem Gegner mitzuteilen, wie klug er mit seinem Zugeständnis gehandelt habe. Sie müssen seine Entscheidung ganz sachlich sehen.

10. Sie dürfen nie den Überblick über die selbst gemachten Zugeständnisse verlieren. Die Summe aller Zugeständnisse ist wichtig, weil sie Ihnen weitere Ansatzpunkte für die Verhandlung gibt. Führen Sie Buch!

11. Nie in eine Verhandlung hineingehen, ohne sich vorher mit allen Fragen befaßt zu haben. Für jeden Punkt einen Erwartungshorizont, einen Mindest- und einen Eröffnungspreis definieren. *Gordon Rule* meint, daß man die Einzelpunkte nach ,,Muß'' und ,,Nachgeben'' einteilen sollte. Weiterhin empfiehlt er, ,,Muß''- mit ,,Kann''-Forderungen zu koppeln, um jederzeit den Eindruck von Flexibilität zu vermitteln. Seine Vorschläge erscheinen mir sehr vernünftig.

12. Sie dürfen Ihr Flexibilitätskonto nicht überziehen. Mit der Flexibilität ist es wie mit dem Geld auf dem Bankkonto. Jedes Zugeständnis sollte Sie einem Ziel näherbringen. Wenn alle Zugeständnismöglichkeiten ausgeschöpft sind, wird es schwerer, ein Festfahren der Verhandlung zu vermeiden.

13. Lassen Sie Ihre Zugeständnismarschroute nicht zu deutlich werden. Jedes Zugeständnis sollte den Weg zu einer Einigung weisen. Ein Gegner sollte aber nie sicher sein, wann oder an welchem Punkt es zur Einigung kommt.

14. Der Käufer sollte eine hohe Forderung nicht mit einem Gegenangebot erwidern. Er sollte darauf bestehen, daß der Gegner seine Anfangsforderung senkt, ehe ein Gegenangebot gemacht wird. Wenn das dem Käufer unmöglich ist, sollte er mit einem angemessenen, aber niedrigen Angebot kontern.
15. Keine Zugeständnisse machen, solange Sie nicht alle Forderungen kennen.
16. Fühlen Sie sich nicht gezwungen, bei einem Zugeständnis zu einem bestimmten Punkt bleiben zu müssen. Die Gesamtvereinbarung ist wichtiger als Einzelpunkte. Machen Sie dem Gegner klar, daß alle Konzessionen zu Einzelpunkten lediglich Vorschlagscharakter haben und von einer zufriedenstellenden Gesamtvereinbarung abhängen. Es gibt Leute, die bei zwischenzeitlich gemachten Zugeständnissen auch dann noch bleiben, wenn sie es eigentlich nicht sollten. Sie fürchten, man könne ihre Integrität in Frage stellen, wenn sie sich aus einer vorläufigen Vereinbarung wieder zurückziehen. Solche Starrheit kann sehr kostspielig werden, ganz besonders, wenn der Gegner solche Skrupel nicht hat.
17. Keine Zugeständnisse auf der Grundlage ,,Gibst Du mir — geb ich Dir'' machen. Zugeständnisse müssen nicht mit gleichartigen Zugeständnissen aufgewogen werden... Sie können wenig gegen viel, später gegen jetzt, kleine Probleme gegen große, unklare gegen klare und nicht meßbare gegen meßbare Probleme austauschen.

Fehler in Krisen und beim Abschluß

Fehler am Ende einer Verhandlung passieren so schnell, daß man sie meistens erst erkennt, wenn alles vorbei ist. Ein bedeutender amerikanischer Verhandlungsführer, ein Mann, der es gewöhnt ist, um Millionenbeträge zu verhandeln, erzählte mir vor kurzem von einer Verhandlung, bei der die Spannung so groß wurde, daß sich die Verhandlungspartner in ihren gleichzeitig vorgebrachten Zugeständnissen gegenseitig übertrafen. Beide konzentrierten sich so sehr auf das, was sie sagen wollten, daß sie dem anderen überhaupt nicht mehr zuhörten. Mein Freund wies darauf hin, daß keiner der Anwesenden, abgesehen von den beiden Betroffenen, bemerkte, daß beide Seiten mehr zugestanden hatten, als nötig gewesen wäre. Sie sind sich schließlich schnell auf halbem Weg entgegen gekommen und haben das Unerklärliche mit Rechenfehlern erklärt.

Die *folgenden Fehler* können jedem geschehen, der *unter Druck* steht:

1. Nie den Fehler machen zu glauben, daß durch Uneinigkeit bei einem Punkt gleich die ganze Verhandlung platzen muß. Wenn die Verhandlungen bei einem Punkt ins Stocken geraten, zum nächsten Punkt übergehen!

2. Sich durch das letzte und endgültige Angebot eines Gegners nicht einschüchtern lassen. Er wird wahrscheinlich wiederkommen (vielleicht mit dem Hute in der Hand). Sorgen Sie dafür, daß er sein Gesicht wahren kann, wenn er zurückkommt.

3. Eine geplatzte Verhandlung ist für beide Seiten unerfreulich, nicht nur für einen selbst.

4. Keine Angst haben zuzugeben, daß man einen Fehler gemacht hat, als man sich mit einem Geschäft einverstanden erklärte. Wenn man sich in bezug auf Tatsachen, Urteil oder Statistiken so geirrt hat, daß der Abschluß dadurch beeinträchtigt wird, sollte man sich sofort melden. Um solche Fehler zuzugeben, braucht man Mut. Es gibt Menschen, die solche Fehler lieber im Verborgenen lassen, weil sie von außenstehenden Beobachtern meistens nicht erkannt werden können.

5. Ein letztes und endgültiges Angebot erst abgeben, wenn man genau weiß, wie man es formulieren will und wie die Gespräche fortgeführt werden, wenn es nicht angenommen wird. Bluffen darf man nur, wenn man genau weiß, was man tun wird, wenn der Bluff entlarvt wird.

6. Nicht vergessen, die Mitarbeiter der eigenen Organisation auf die Möglichkeit eines Verhandlungsstillstandes oder auf Drohtaktiken des Gegners vorzubereiten. Wenn ein Verhandlungsstillstand eintritt oder wenn Drohungen wahrgemacht werden, ohne daß die eigene Organisation darauf vorbereitet ist, hat die andere Partei den psychologischen Vorteil auf ihrer Seite.

7. Sich nie aufgrund von Terminpanik in eine Vereinbarung drängen lassen. In eine Zeitfalle hineinzustolpern, ist nicht schwer. Skeptisch sein, wenn es um Termine oder Fristen geht! Über die meisten Termine und Fristen läßt sich verhandeln.

8. Eine endgültige Vereinbarung ist nicht unbedingt auch fair oder vernünftig. Eine solche Vereinbarung kommt zustande, wenn eine oder beide Parteien glauben, weitere Zugeständnisse seien unwichtig, nicht erzielbar oder nur bei großem Verlustrisiko möglich. Es ist sinnlos, sich darum zu sorgen, ob die Vereinbarung für den Gegner fair ist. Man hat schon genug damit zu tun festzustellen, ob das Ergebnis für einen selbst fair ist. Beide Parteien glauben, daß sie durch

das Verhandlungsergebnis zufriedengestellt sind, sonst hätten sie die Vereinbarung ja nicht unterzeichnet. Oder?

9. Keine Angst haben, einen drohenden Verhandlungsstillstand abzuwenden, indem man die Zeit-Kosten-Relationen ändert. Auf diese Weise kann man hervorragend weiter verhandeln und sicher sein, daß der andere auch zuhört. Geld und Zufriedenheit haben heute einen anderen Wert als in der Zukunft. Finanzleute wissen das ganz besonders.

10. Ein Mensch wird seine Ziele nicht durchsetzen können, wenn er in der letzten Phase einer Verhandlung Wert darauf legt, geliebt zu werden. Im Krisenstadium werden die Absichten und Motive beider Parteien auf eine harte Probe gestellt. Eine Verhandlung ist kein Kaffeeklatsch, und Spaß macht sie auch nicht. Ein Mensch, der geliebt werden will, muß dafür eine ganze Menge aufgeben.

Es kommt vor, daß die beiden gegnerischen Parteien in ihren Positionen so weit voneinander entfernt sind, daß *Verhandlungen sinnlos* erscheinen. Beispiele dafür gibt es in der internationalen Politik. Der Standpunkt der Araber beispielsweise ist auf den ersten Blick unvereinbar mit dem der Israelis. Im Vietnamkrieg gab es lange Zeit kaum Aussichten auf eine zufriedenstellende Verhandlung, schließlich hat man sich doch geeinigt. Käufer verhandeln nur ungern mit einem Verkäufer, der einen hohen Preis verlangt. Verkäufer hegen ähnliche Gefühle. Diesen Fehler machen wohl die meisten unter uns. Eigentlich spielt es keine Rolle, wie weit die Meinungen auseinanderliegen: Man kann und sollte verhandeln, wenn es um etwas Wichtiges geht.

Die folgenden *zehn Fehler* sind allgemeiner Art. Sie kommen häufiger vor, als wir zugeben wollen.

1. Eine Verhandlung ist kein Wettbewerb, in dem es um Sieg oder Niederlage geht. Mit ein wenig Mühe läßt sich für beide Seiten ein besserer Abschluß erzielen.

2. Nicht schon vor Zorn geladen in eine Verhandlung hineingehen und nicht gleich mit Unhöflichkeiten anfangen. Präsident *John F. Kennedy* hat einmal gesagt: ,,Höflichkeit ist kein Zeichen der Schwäche.'' Es hat keinen Sinn, einen Gegner zu verunglimpfen. Wer das Selbstwertgefühl eines Menschen angreift, wird nur seinen Widerstand verstärken. Er wird alle seine Energien sammeln, um nicht nur seinen Besitz, seine Rechte und Privilegien, sondern auch seine

Selbstbedeutung zu verteidigen. Ein Verhandlungsführer gefährdet seine eigenen Ziele, wenn er die Würde oder die Selbstachtung eines Gegners verunglimpft. Schreiben Sie Ihrem Gegner einen langen Brief, wenn Sie wütend sind, und zerreißen Sie ihn dann. Je länger der Brief, desto besser werden Sie sich fühlen.

3. Sich nie auf die Diskussion eines Themas einlassen, auf das man nicht vorbereitet ist. Sie müssen der Versuchung zum Improvisieren unbedingt widerstehen. Niemand ist klug genug, ohne Nachdenken zu wissen, was zu tun ist.

4. Niemals vor Verhandlungen Angst haben — und seien die Differenzen noch so groß. Es ist beiden Parteien unmöglich zu erkennen, wo und wie man ein Geschäft machen kann. Das endgültige Ergebnis beginnt sich erst nach langen Diskussionen herauszuschälen. *Präsident Kennedy* sagte: ,,Wir wollen nie aus Angst heraus verhandeln. Aber wir wollen nie Angst vor Verhandlungen haben." Eine Vereinbarung, eine Einigung ist möglich, auch wenn sich noch gar keine Möglichkeit abzeichnet.

5. Nicht mit einem Team von Zweitbesten in Verhandlungen hineingehen. Es steht zu viel auf dem Spiel, so daß man sich mittelmäßige Helfer nicht leisten kann. Ein Teamleiter muß sich Mitarbeiter auswählen, die er respektiert. Es ist wichtiger, hart verhandelnde Fachleute als nette Jungs zur Seite zu haben.

6. Sich durch Beschwerden über die Teammitglieder nicht zu übermäßigen Reaktionen hinreißen lassen. Beschwerden des Gegners sind meistens ein Zeichen dafür, daß die Sache für die eigene Seite gut läuft.

7. Nie in eine wichtige Verhandlung hineingehen, ohne das eigene Team zu impfen. Ein Plan ist nicht vollständig, wenn man nicht auch überlegt hat, wie man sich gegen die Argumente der Gegenseite verteidigt. Man kann das eigene Team auf verschiedene Weise impfen, z. B. indem man den advocatus diaboli spielt. Es ist sehr wichtig, die Argumente des Gegners im Vorhinein durchzuspielen. Trotzdem habe ich das nur selten erlebt. Zwingen Sie sich dazu, das zu tun. Sie werden im Nachhinein froh darüber sein.

8. Sich nicht ausschließlich auf die Kostenanalyse konzentrieren. Die Wertanalyse ist wichtiger. Je mehr Sie von Ihren Leuten in bezug auf gute Analysen und Vorbereitung verlangen, desto mehr werden sie leisten.

9. Nicht davon ausgehen, daß der Gegner weiß, was er von einer Einigung hat. Nehmen Sie sich die Zeit, ihm jeden einzelnen kurz- und

langfristigen Nutzen genau zu erklären. Damit machen Sie es ihm leichter, den Abschluß gegenüber seinen eigenen Leuten zu vertreten.

10. Nicht reden, zuhören!

Schlußfolgerung

Dumme Fehler beim anderen erkennt man leichter als die eigenen. Hinterher erkennt man sie leichter als vorher. Wissen verbessert die Verhandlungsmöglichkeiten. Wissen allein aber genügt nicht. Sein Wissen kann man am besten erweitern, wenn man jede Verhandlung ,,nachkartet". Man sollte die eigenen und die Fehler der anderen auf Karteikarten vermerken und diese Kartei von Zeit zu Zeit durchgehen, besonders vor großen Verhandlungen. Sie werden feststellen, daß es sich lohnt.

Übrigens — diese Kartei nie dem Chef zeigen.

Das wäre ein dummer Fehler.

Flexibilität

Die Chinesen haben ein Sprichwort: *,,Es ist gut, so flexibel zu sein wie Wasser."* Wenn Wasser Druck aushalten oder in unbekannte Kanäle fließen soll, gibt es nach. Nach einer gewissen Zeit wird es durchsickern und sich wieder seinen Weg suchen. Langsam, aber mit allmählich immer größerer Wucht bahnt es sich seinen Weg, bis es wieder seinen *ursprünglichen Stand* hat.

Gegenüber einem starken Einkäufer sollte sich ein Verkäufer so flexibel wie Wasser verhalten: nachgeben, zuhören, nachdenken und langsam wieder vorwärtskämpfen.

Fehlende Flexibilität — Was bei dem einen funktioniert, muß nicht auch beim anderen funktionieren

Taktiken allein sind nicht genug. Wenn Strategie oder Politik falsch sind, kann es auch keine richtige Taktik geben. Strategische Ziele und Prioritäten sind wichtiger als Taktiken. Die Geschichte ist voll von großen Strategien, die aufgrund schlechter Taktiken gescheitert sind. Strategie und Taktik gehören zusammen, sind aber nicht dasselbe.

In der Wahl der Taktiken flexibel sein, heißt das Gebot.

Die für den einen richtige Taktik ist für den anderen noch lange nicht richtig. Taktiken, die zu Beginn einer Verhandlung geeignet erscheinen, können sich im Verlauf als unpassend herausstellen. Taktiken, die gestern gut funktioniert haben, werden bei demselben Mann morgen nicht mehr so gut funktionieren. Für einen Käufermarkt geeignete Taktiken kann man nicht auch bei knapper Angebotslage anwenden.

Ständige Neubewertung ist der Schlüssel zu guter taktischer Planung. Ich selbst stelle mir bei jeder Verhandlung die *folgenden Fragen* immer wieder:

1. Kann ich Taktiken miteinander kombinieren und so bessere Wirkung erzielen?
2. Eignet sich dieser Zeitpunkt für eine Änderung der Taktiken?
3. Sollten unethische Taktiken bestraft werden?
4. Wie wird die andere Partei reagieren? Wie wird sie meine Taktik interpretieren?
5. Wird der Schuß nach hinten losgehen?
6. Werde ich mein Gesicht verlieren oder meine Verhandlungsposition einbüßen, wenn ich mit meiner Taktik abblitze? Wie kann ich den Verlust so gering wie möglich halten?

Bei der Auswahl der Taktiken geht es auch um Fragen der Moral. In Wirtschaft und Politik heiligt der Zweck nicht die Mittel. Jeder Geschäftsmann ist auch ein Philosoph, wenn es um die Auswahl von Taktiken geht, ob ihm das nun paßt oder nicht.

Eine Regel darf man nicht vergessen, wenn man sich für eine bestimmte Taktik entscheidet:

Niemals eine Taktik anwenden, ohne überlegt zu haben, welche Gegenmaßnahmen der andere wahrscheinlich ergreifen wird.

Wer das vergißt, wird schnell so dastehen wie der Einkäufer im nächsten Beispiel: Er sagte zum Verkäufer: ,,Entweder Sie sagen zu oder Sie lassen es" und wurde deshalb gefeuert. Der Verkäufer verkaufte den gesamten Lagerbestand an jemand anders.

Der Schlüssel zur Anwendung richtiger Taktiken liegt in der Flexibilität und in gesundem Geschäftsgespür.

Forderungen und Angebote

Wer sich selbst *Verhandlungsspielraum* läßt, wird mehr Erfolg haben. Meine Versuche mit mehr als 2000 Managern in den letzten vier Jahren bestätigen, was gute Verhandlungsführer sowieso wissen:

1. Einkäufer haben Erfolg, wenn sie niedrige Angebote machen.
2. Verkäufer haben Erfolg, wenn sie hohe Summen fordern.
3. Verkäufer, die unerwartet hohe Summen fordern, haben meistens großen Erfolg, wenn sie hartnäckig sind und sich in eine Sackgasse locken lassen.

Hohe Preisforderungen führen, wie sich in meinen Versuchen erwiesen hat, außerdem dazu, daß der Käufer ein höheres Angebot macht als ursprünglich beabsichtigt.

Zum *Beispiel*: Ein Käufer und sein Partner wollen DM 20 für eine Uhr bieten. Der Verkäufer fordert DM 200. Käufer und Partner kommen sich dumm vor, wenn sie nur DM 20 bieten, also fangen sie mit einem Angebot von 40 oder 50 DM an und reagieren so auf die hohe Preisforderung des Verkäufers. Diesen Mechanismus habe ich in meinen Versuchen sehr häufig erlebt.

Gewerkschaftsführer haben dem Grundsatz ,,hohe Forderungen stellen'' noch eine weitere Dimension hinzugefügt. Sie gehen mit einem ganzen Arsenal von Forderungen in Verhandlungen hinein. Die große Anzahl der Forderungen entspricht nicht nur den Wünschen der Gewerkschaftsmitglieder, sondern läßt ihnen außerdem die Möglichkeit, auf so manche Forderung zu verzichten. Die Gewerkschaften wissen, daß sie durch ihre Vielzahl von Forderungen Verhandlungsspielraum haben.

Hohe Forderungen und schrittweise Zugeständnisse, die vom Käufer hart erkämpft werden müssen, haben viel für sich. So kann man den Erwartungshorizont des Gegners verkleinern. Der Verhandlungsführer kann die Stärke des Gegners prüfen und feststellen, wie fest er zu seinem Angebot steht.

Mein Rat: Wenn Sie kaufen, fangen Sie mit einem niedrigen Angebot an. Wenn Sie verkaufen: Fangen Sie mit einer hohen Preisforderung an. Sie müssen aber einen guten Grund für Ihre Anfangsforderung oder Ihr Anfangsgebot haben, damit Sie nicht den Eindruck von Leichtfertigkeit erwecken. Lassen Sie sich Verhandlungsspielraum, und Sie werden wahrscheinlich entdecken, daß Sie bessere Ergebnisse erzielen als erwartet.

Kann man bei unmöglichen Forderungen doch noch verhandeln?

Kann man über unmögliche Forderungen doch noch verhandeln? Wird damit am Verhandlungstisch nur eine Rolle gespielt? *Die Antwort auf beide Fragen lautet ja.*

Unmögliche Forderungen sind so extrem, daß ein Kompromiß praktisch unmöglich erscheint. Es stehen tiefverwurzelte moralische, religiöse, berufliche oder wirtschaftliche Wertvorstellungen auf dem Spiel. Solche Forderungen erzeugen eine feindselige Atmosphäre, weil wichtige Überzeugungen bedroht sind.

Das Seltsame an diesen scheinbar unmöglichen Forderungen ist, daß der Verhandlungsführer dadurch *seine Leute wie ein Mann hinter sich stehen hat*, während er gleichzeitig dafür sorgt, daß sich die *Opposition verzettelt*. Durch extreme Forderungen kann ein Unterhändler seine Überzeugungen demonstrieren. Durch Mischung von unmöglichen mit gemäßigteren Forderungen kann der Unterhändler dafür sorgen, daß vielen Mitarbeitern mit unterschiedlichen Interessen gleichermaßen an einem guten Ergebnis liegt.

Unmögliche Forderungen senken die Erwartungen des Gegners.

Der Gegner ist eher bereit, irgendwo einen Kompromiß zu erzielen als sich auf eine ernste Konfrontation der Wertvorstellungen einzulassen. In der Organisation des Gegners wird es meistens einige Mitarbeiter geben, die davon überzeugt sind, daß extreme Forderungen teilweise auch ihr Gutes haben. Als militante Negergruppen Reparationszahlungen für dreihundert Jahre Sklaverei forderten, hielten die meisten dieses Ansinnen für verrückt. Später meinten einige Kirchengruppen, daß es richtig sei, auf diese Forderung einzugehen. Unmögliche Forderungen werden nicht von jedem als unmöglich angesehen.

Unmögliche Forderungen gehören zum Handeln und Verhandeln. An sich sind sie weder gut noch schlecht. Wer eine solche unmögliche Forderung hört, ist zunächst einmal wütend und will zurückschlagen. Mit den *folgenden Gegenmaßnahmen* kann man, selbst wenn tiefverwurzelte Wertvorstellungen bedroht sind, seine Gefühle unter Kontrolle halten:

1. Gespräche führen, die nicht protokolliert werden.
2. Keine weiteren Feindseligkeiten provozieren.
3. Erklären, warum man über solche Forderungen nicht verhandeln kann.
4. Die Entschlossenheit der eigenen Leute stärken, indem man sie mit hineinzieht.
5. Der Öffentlichkeit begreiflich machen, wie vernünftig Sie sind.
6. Bereit sein, die Themen zu diskutieren, bei denen Verhandlungsspielraum vorhanden ist.
7. Keine Angst haben, die eigene Stärke mit Diskretion auszuspielen.
8. Nicht in Panik ausbrechen.

Unmögliche Forderungen, über die sich nicht verhandeln läßt, sind gefährlich für diejenigen, die sie aufstellen. Sie können den anderen so in Wut bringen, daß es auch über andere Dinge zu keiner Einigung mehr kommt. Und doch hat sich meiner Erfahrung nach herausgestellt, daß sich über die meisten solcher Forderungen irgendwo doch verhandeln läßt, wenn gute Gründe dafür vorgebracht werden, und wenn man *genügend Zeit* hat, die ,,unmögliche'' Idee zu *verdauen*.

Fragen

Was hindert uns, gute Fragen zu stellen?

1. Wir vermeiden Fragen, die dem Verhandlungspartner oder den eigenen Leuten unsere Unwissenheit enthüllen.
2. Wir haben Angst zuzugeben, daß wir nicht aufgepaßt haben.
3. Wir haben etwas dagegen, unsere Nasen in anderer Leute Angelegenheiten zu stecken.
4. Uns fallen zwar einige gute Fragen ein, wir vergessen sie aber in der Hitze des Gefechts.
5. Es ist schon schwer genug, den Argumentationsweg des anderen zu verfolgen, geschweige denn gleichzeitig auch noch an gute Fragen zu denken.

6. Manche Fragen werden nicht gestellt, weil wir sie nicht richtig formulieren können.
7. Fragen, die das Gegenüber in Verlegenheit bringen könnten, stellen wir nur ungern.
8. Manche Menschen hören lieber zu als selbst zu reden. Fragen sollen zum Zuhören zwingen, nicht zum Reden.
9. Den Menschen fehlt die Hartnäckigkeit, bei schlecht beantworteten Fragen nachzuhaken. Sie geben zu schnell auf.
10. Meistens bleibt nicht genug Zeit, sich gute Fragen auszudenken. Wir denken nicht im voraus darüber nach.

Beurteilen Sie selbst, in welchem Ausmaß Sie durch die hier genannten Punkte daran gehindert wurden, gute Fragen zu stellen.

Diese Hindernisse lassen sich überwinden.

Was man zur Verbesserung der Fragefähigkeiten tun und lassen sollte:

Mit Fragen versucht man, sein Gegenüber ,,aufzuschließen''. Fragen lassen Käufer und Verkäufer aktiver miteinander umgehen.

Der direkteste Weg zum Begreifen ist eine gute Frage.

Schlimm ist nur, daß uns die besten Fragen meistens erst nach der Verhandlung einfallen — im Auto, auf dem Weg nach Hause.

Wir dürfen aber hoffen. Wir können unsere Fragefähigkeiten verbessern, wenn wir uns an eine Reihe relativ leichter Dinge halten, Dinge, die man tun, und Dinge, die man lieber lassen sollte.

Lassen

1. Keine aggressiven Fragen stellen, es sei denn, Sie wollen Streit.
2. Keine Fragen stellen, mit denen Sie die Ehrlichkeit Ihres Gegenübers anzweifeln. Durch solche Fragen wird er bestimmt nicht ehrlicher werden.
3. Nicht aufhören zuzuhören, auch wenn Sie noch so sehr eine Frage stellen wollen. Schreiben Sie die Frage auf und warten Sie.
4. Halten Sie sich nicht für einen Perry Mason. Eine Verhandlung ist kein Plädoyer vor Gericht.

5. Fragen nicht irgendwann stellen. Warten Sie auf den richtigen Augenblick.
6. Keine Fragen stellen, mit denen Sie zeigen wollen, wie klug Sie sind.
7. Die gute Frage eines Kollegen nicht hinfällig werden lassen, indem Sie Ihre Frage stellen, ehe seine beantwortet worden ist.

Die Dinge, die zu lassen sind, haben alle eines gemeinsam: Sie wirken als Kommunikationsbarriere. Sie blockieren den Informationsfluß.

Tun

1. Fragen schon vor der Verhandlung vorbereiten. Die wenigsten von uns sind so intelligent, gute Fragen immer aus dem Ärmel schütteln zu können.
2. Benutzen Sie jeden Frühkontakt als Sondierungsgelegenheit. Die besten Antworten kommen schon Monate vor der eigentlichen Verhandlung, nicht am Verhandlungstisch selbst.
3. Eine Brainstorming-Sitzung mit dem eigenen Team zur Erstellung eines Fragenkatalogs veranstalten. Sie werden überrascht sein, wieviele interessante Fragen auftauchen.
4. Haben Sie den Mut, Fragen zu stellen, mit denen Sie sich in die Angelegenheiten des anderen mischen, auch wenn Sie das nicht gerne tun.
5. Haben Sie den Mut, scheinbar dumme Fragen zu stellen.
6. Stellen Sie Fragen wie ein ,,dummer Junge''. Auf diese Weise ermuntert man zu guten Antworten.
7. Stellen Sie Fragen an die jeweilige Sekretärin des Käufers, des Produktionsmannes oder des Technikers. Die Sekretärinnen werden bessere Antworten geben als der Käufer selbst.
8. Haben Sie den Mut, Fragen zu stellen, denen ausgewichen wird. Diese Tatsache ist an sich schon eine Information.
9. Legen Sie häufig Pausen ein, um über neue Fragen nachdenken zu können.
10. Halten Sie den Mund, nachdem Sie eine Frage gestellt haben.
11. Haken Sie hartnäckig nach, wenn man einer Antwort ausweicht oder nur unvollständig antwortet.
12. Stellen Sie auch Fragen, auf die Sie die Antwort schon wissen. Dadurch können Sie die Glaubwürdigkeit des anderen besser abschätzen.

Fragen und Antworten sind an sich schon eine Verhandlung. Jede Frage hat den Charakter einer *Forderung*. Jede Antwort ist ein Zugeständnis. *Wer auf die richtige Weise bessere Antworten fordert, wird sie auch eher bekommen.*

Verschiedene Fragen für verschiedene Zwecke

Fragen können vielerlei Zwecken dienen und auf vielerlei Art formuliert werden. Hier folgen nun *Fragen und Antworten über Fragen.* Wir geben viele Fragebeispiele, die in den meisten Fällen an Kauf und Verkauf orientiert sind.

F: Welche Fragen sollte ein Verkäufer einem uninteressierten, apathischen oder unentschlossenen Kunden stellen?

A: Bei einem uninteressierten, apathischen oder unentschlossenen Käufer wirken direkte Fragen am besten. Sie fragen den Käufer beispielsweise, ob er das rote oder das blaue Exemplar haben will. Er muß antworten: Rot, blau oder gar keins. Wenn er „gar keins" sagt, fragen Sie ihn warum? Er wird es erklären. Dann können Sie sich mit seinen Einwänden befassen.

Direkte Fragen sind spezifisch. Sie verlangen eine knappe Antwort auf eine bestimmte Sache.

Beispiele für *direkte Fragen:*

1. Was haben Sie bezahlt?
2. Welchen Preis muß ich einhalten?
3. Haben Sie Schwierigkeiten mit Rissen im Bremssystem gehabt?
4. Was wird mich diese Änderung kosten?
5. Sind Sie auf der Suche nach einem 5-Zimmer-Haus?
6. Wissen Sie, daß die Firma kurz vor dem Konkurs steht?
7. Was halten Sie von den Testergebnissen für unsere Ersatzteile?
8. Wann hat Sie dieser Fehler zum ersten Mal gestört?

F: Was sind Meinungsfragen, und wann sollte man sie verwenden?

A: Meinungsfragen sind Fragen allgemeiner Natur. Die Antwort kann sehr eng ausfallen, je nachdem, was der Antwortende will. Er nagelt sich mit seinen Antworten nicht fest. Die Antwort kann Tatsachen, Meinungen und Wertungen enthalten. Mit solchen Fragen arbeitet man am besten, wenn der andere reden will. Schwierig an solchen Meinungsfragen ist nur, daß die Antworten unkalkulierbar und nicht steuerbar sind.

Psychiater und Talk-Show-Journalisten sind der Meinung, daß auf indirekte Fragen, auf Meinungsfragen, vollständigere Antworten kommen. Vielleicht fühlt sich der Befragte bei indirekten Fragen wohler als bei direkten.

Beispiele für *indirekte Fragen:*

1. Wie kalkulieren Sie den Preis für Ersatzteile?
2. Können Sie mir erklären, wie Sie die künstlichen Christbäume herstellen?
3. Welche Anforderungen an Toilettenpapier halten Sie als Käufer für die wichtigsten?
4. Worauf legen Sie bei einer guten Gewährleistung Wert?
5. Was halten Sie vom Einsatz preiswerter Schalter?
6. Halten Sie die Wartung für sehr wichtig?
7. Haben wir Sie in der Vergangenheit nicht gut behandelt?

F: Stecken hinter Fragen noch andere Gründe als der Wunsch nach Information?

A: Ja. Die meisten glauben, daß Fragen nur gestellt werden, weil man Informationen will. Das stimmt nicht. Es wird vergessen, daß man mit Fragen selbst Informationen geben, die Gedanken des anderen anregen und ihm Hilfestellung beim Treffen einer Entscheidung geben kann. Die folgenden Beispiele werden das verdeutlichen.

Wir müssen verdeutlichen, daß jede Frage aus zwei Teilen besteht: Beschreibung des Umfangs, des Hintergrundes oder des Rahmens der Frage und die Frage selbst. Der Vorspann kann einem anderen Zweck dienen als die Frage selbst.

Beispiele für Fragen, mit denen man *Informationen bekommt:*

1. Welche Einwände haben Sie gegen unser Produkt?
2. Zeigen Sie mir doch bitte, wie Sie zu dieser Zahl gekommen sind.
3. Wollen Sie mir das bitte erklären?
4. Wie lauten die neuesten Steuersätze?
5. Wie hoch ist der Vakanzsatz?
6. Wer war der Vorbesitzer dieses Wagens?
7. Haben Sie Schwierigkeiten mit der Instandhaltung gehabt?

F: Mit welchen Fragen gibt man Informationen?

A: Bei den folgenden Fragen kann der Fragende weitere *Informationen geben*, die er gerne *loswerden* möchte.

1. Haben Sie schon Gelegenheit gehabt, sich unser neues Produkt anzusehen?
2. Gehe ich richtig in der Annahme, wenn ich sage, daß Sie der und der Meinung sind?
3. Wußten Sie, daß wir jedes Teil sechs verschiedenen Tests unterziehen?
4. Wußten Sie, daß unsere Firma von der Zeitschrift *Fortune* zu den zwanzig bestgeführten in den Vereinigten Staaten gezählt wird?
5. Haben Sie sich schon mit unserem Gewährleistungsumfang befaßt? Bitte, tun Sie das doch.
6. Unser niedriger Preis überrascht Sie, nicht wahr?
7. Wir haben eine Umfrage durchgeführt. Wissen Sie, was dabei herauskam?
8. Haben Sie die letzten Reifentests schon gelesen?
9. Wenn ich Sie richtig verstehe, haben Sie Angst, daß unsere Farbe abblättert, stimmt's?
10. Wußten Sie, daß wir unsere Konstruktionsspezialisten zur Zusammenarbeit mit Ihren Technikern abstellen?

F: Welche Fragen regen das Denken an?

A: Die untenstehenden Fragen haben eines gemeinsam. Sie veranlassen den anderen, *eine andere Denkrichtung einzuschlagen*.

1. Was halten Sie von einem Zwei-Jahres-Vertrag?
2. Was halten Sie von diesem Gedanken?
3. Sind Sie sicher?
4. Würde Sie ein solches Geschäft reizen?
5. Haben Sie schon daran gedacht, diese Palette zu erweitern?
6. Haben Sie jemals an einen Tausch von Immobilien gedacht?
7. Können Sie sich vorstellen, einen Rolls Royce zu fahren?
8. Die Inflation ist ein Problem, nicht wahr?
9. Was ist, wenn wir das Doppelte bestellen?

F: Mit welchen Fragen führt man Entscheidungen herbei?

A: Hier geht es um Fragen, die zu einem Abschluß führen. Sie veranlassen den anderen, seine Wahl zu treffen und das Geschäft abzuschließen.

Beispiele für *Abschlußfragen:*

1. Sagen Sie ja oder nein.
2. Welchen wollen Sie? Den roten oder den blauen?
3. Welche Menge wollen Sie bestellen?
4. Wissen Sie, ab Montag wird der Preis erhöht. Besser, Sie handeln jetzt.
5. Sollen wir mit den Reparaturarbeiten sofort anfangen?
6. Sind Sie bereit, uns den Gesamtauftrag zu geben, wenn wir Ihnen 10% Preisnachlaß gewähren?
7. Interessiert Sie dieses Modell? Warum nicht?
8. Was halten Sie von meinem Angebot?

F: Was ist eine ,,Falsch''frage?

A: Falschfragen enthalten eine für den Antwortenden geschmacklose oder vorurteilstriefende Annahme.

Beispiele:

1. Schlagen Sie Ihre Frau immer noch?
2. Haben sie immer noch eine schlechte Buchführung?
3. Stellen sie mir schon wieder ,,Falsch''fragen?
4. Wie geht es Ihrem uneinsichtigen Chef?
5. Warum sind Ihre Materialkosten so hoch?
6. Wann haben Sie das Problem erkannt?
7. Wer ist für dieses Durcheinander verantwortlich?

Gehen Sie einfach, wenn Sie eine solch unsaubere und hinterhältige Frage beantworten sollen. Lassen Sie die Frage genauer stellen und teilen Sie mit, daß Ihre Materialkosten nicht hoch sind und Ihr Chef nicht uneinsichtig ist.

F: Was ist eine zweideutige Frage?

A: Eine zweideutige Frage läßt sich auf mehr als eine Weise interpretieren. Wer eine solche Frage stellt, befindet sich wahrscheinlich auf Angeltour oder weiß selbst nicht, was er will.

Beispiele:

1. Wie haben Sie diese Preisangaben zusammengestellt?
2. Das sieht doch nicht richtig aus, oder?
3. Die Kosten scheinen hoch zu sein, nicht wahr?
4. Mit wieviel Ausschuß rechnen Sie dabei?
5. Sie können doch wohl mehr, oder?

Ehe Sie eine zweideutige Frage beantworten, müssen Sie für Klärung der Frage sorgen. Bitten Sie Ihr Gegenüber, sich genauer auszudrücken. Antworten Sie erst, wenn Sie die Frage genau verstanden haben.

F: Was ist eine Suggestivfrage?

A: Suggestivfragen sollen zu immer weiterführenden Antworten verleiten, bis der Fragende schließlich erreicht hat, daß seine Argumentationslogik bejaht wird. Eine Suggestivfrage kann auch in eine Falle führen, beispielsweise wenn sie nur gestellt wird, um herauszufinden, ob der andere die Wahrheit sagt.

Beispiele:

1. Bekomme ich den Meistbegünstigungspreis? Warum nicht? Wer bekommt ihn? Warum? Ihr Chef hat aber etwas anderes gesagt.
2. Sind Forschungsarbeiten in Ihre Kosten eingeschlossen? Wo? Wie werden sie aufgeteilt? Warum eigentlich wollen Sie uns mit diesen Kosten belasten, obwohl Sie doch gerade gesagt haben, daß Sie bei diesem Auftrag keine neuen Forschungen durchführen müssen?
3. Was schlagen Sie generell für Zinsforderungen und nichteintreibbare Beträge auf den Preis auf? Warum? Warum belasten Sie mich damit? Ich zahle meine Rechnungen.
4. Wieviel haben Sie ihm verkauft? Mir hat er aber etwas anderes gesagt.
5. Haben Sie ein kleineres Modell? Wieviel kostet es? Wenn ich mir den Preis des kleineren Modells ansehe, ist der Preis für das größere eigentlich nicht gerechtfertigt.
6. Welche Gewährleistung bieten Sie für den Trockner? Oh, das wußte ich nicht. Sind sonst noch Unterschiede vorhanden? Warum? Wieviel werden Sie mir zusätzlich für das, was die anderen liefern, abverlangen?

7. Sind Sie sich der Zahl sicher? Auf Seite 2 steht eine andere. Welche ist die richtige? Wie erklären Sie das? Schauen Sie sich jetzt Ihre Endsumme an. Auch sie ist wieder anders. In diesem Fall wollen wir doch von meinen Zahlen ausgehen.

F: Was ist eine rhetorische Frage?

A: Eine rhetorische Frage wird nicht um der Antwort, sondern um des Effektes willen gestellt. Eine Antwort wird nicht erwartet.

Beispiele:

1. Sie wollen, daß ich das wirklich glaube?
2. Kommen Sie immer so gut vorbereitet oder haben wir einfach Glück?
3. Werden Sie mich wohl in Ruhe lassen?
4. Würden Sie glauben, daß wir das zufällig mitgebracht haben?
5. Ist das nicht ein Zufall?
6. Nun, was glauben Sie, würde mein Chef dazu sagen?

F: Was ist eine Frage, die mit einer Frage beantwortet wird?

A: Wenn Sie eine Frage nicht ganz verstanden haben oder wenn Sie mehr Zeit zum Nachdenken brauchen, kann es gut sein, selbst eine Frage zu stellen. Bekannt ist die Geschichte vom jungen Ehemann, der zu seiner Frau sagte: ,,Ich liebe Dich, aber warum beantwortest Du meine Frage immer mit einer Frage?'' Sie knipste die Augen zusammen und sagte: ,,Tu ich das wirklich?''

F: Was ist eine offene Frage!

A: Eine offene Frage schafft ein Gefühl der Gemeinsamkeit.

Beispiele:

1. Was werden Sie mindestens nehmen? Sagen Sie!
2. Sie und ich, wir wissen beide, daß das richtig ist. Stimmt's?
3. Können Sie mir nicht vertrauen?
4. Sie können mir doch die Wahrheit sagen, nicht wahr?
5. Das ist vernünftig, nicht wahr?
6. Das ist schwer zu glauben, nicht wahr? Aber ich mache Verluste bei jedem verkauften Stück. Das mache ich mit der Menge wieder wett.

F: Was ist eine Abschlußfrage?

A: Eine Abschlußfrage schließt eine Diskussion zeitweise oder für immer ab, führt zu Verpflichtungen oder zur Einfrierung. Solche Fragen werden gestellt, um eine Entscheidung zu erzwingen oder die Gespräche abzubrechen.

Beispiele:

1. Können Sie das nicht einsehen? Das ist sicherlich besser für Sie.
2. Ist das Ihr endgültiges Angebot?
3. Sie können mir glauben! Hier ist Schluß.
4. Wissen Sie, welch gutes Angebot ich Ihnen gemacht habe?
5. Greifen Sie zu oder lassen Sie es bleiben.
6. Sie haben meine Kosten gesehen. Können Sie von mir verlangen, ein Verlustgeschäft zu machen? Das mache ich nicht.
7. Stop! Sehen Sie denn nicht, daß hier Schluß ist?

Fragen beantworten — Tips für bessere Antworten

Der englische Philosoph *Francis Bacon* meinte im siebzehnten Jahrhundert, eine Verhandlung sei ein *Entdeckungsvorgang.* Fragen und Behauptungen werden aufgestellt und widerlegt. Wir werden gedrängt, unsere Aussagen schnell zu machen und schwere Fragen vernünftig zu beantworten. Das Dumme ist, daß wir alle unsere Schwierigkeiten haben, Antworten aus dem Ärmel zu schütteln. Die richtige Antwort fällt uns meistens erst auf dem Nachhauseweg im Auto ein.

Es gibt bessere Antworten. Man braucht nur ein paar ganz einfache Regeln zu beachten, um bessere Antworten geben zu können. Das Wichtigste ist, im voraus über wahrscheinliche Fragen nachzudenken und sie aufzuschreiben. Ein Kollege kann die Rolle des *advocatus diaboli* übernehmen und schon vor der eigentlichen Verhandlung viele schwere Fragen stellen. Je mehr Zeit Sie haben, sich Ihre Antworten zu überlegen, desto besser werden sie ausfallen.

Unsere Vorschläge treffen auf alle Situationen zu, in denen es um Fragen und Antworten geht. Wer schon einmal im Kreuzfeuer von Fragen gestanden hat — Fragen von mißtrauischen Kunden, skeptischen Buchprüfern oder gar Steuerprüfern — wird unsere Anregungen zu schätzen wissen:

1. Sich Bedenkzeit lassen.
2. Erst antworten, wenn man die Frage genau verstanden hat.
3. Erkennen, daß manche Fragen keine Antwort verdienen.
4. Antworten müssen nicht immer vollständig sein, man kann auch lediglich auf einen Teil der Frage eingehen.
5. Man kann eine Beantwortung auf später verschieben, weil man nicht alle Informationen hat oder weil man sich nicht mehr erinnert.
6. Den Verhandlungspartner arbeiten lassen. Er soll seine Fragen präzise stellen.
7. Der Verhandlungspartner unterbricht Sie: Lassen Sie ihn.
8. Korrekte Antworten sind in Verhandlungen nicht unbedingt auch richtige Antworten. Korrekt zu antworten, ist vielleicht unklug. Nicht zu ausführlich werden!

Die Aussage eines Zeugen bei den *Watergate-Hearings* werde ich nie vergessen. Zwei Tage saß er im Zeugenstand. Die Senatoren feuerten Fragen auf ihn ab, daß es nur so hagelte. Er hat fast keine Frage beantwortet. Der Zeuge hatte keine Frage richtig verstanden. Er gab dauernd Antworten, nach denen überhaupt nicht gefragt war. Er machte immer ein freundliches Gesicht, wurde nie wütend und blieb bis zum Ende verwirrt. Es war der Ausschuß, der schließlich aufgab.

Die Kunst der Fragebeantwortung liegt darin, zu wissen, was man sagen soll und was man nicht sagen soll. Nach richtig oder falsch wird nicht gefragt. Eine Verhandlung ist schließlich keine Schulprüfung. Es gibt nur wenige Fragen, die sich klar mit ,,Ja'' oder ,,Nein'' beantworten lassen.

Freundlichkeit kann entwaffnen

Japanische Geschäftsleute sind hervorragende Gastgeber. Wer Japaner in ihrem eigenen Land besucht, wird buchstäblich ,,durch ihre Freundlichkeit entwaffnet''. Nach dreizehn langen Stunden in der Luft sehnt man sich nur noch nach einem Bett. Am Flughafen aber werden Sie von einem strahlenden jungen Mann in tadellos gebügeltem Anzug erwartet. Sofort erzählt er Ihnen, welche wunderbaren Vorkehrungen er für den Abend getroffen hat. Sie sagen zwar, daß Sie müde sind, kommen damit aber nicht durch. ,,Oh nein,'' sagt er, ,,wir haben schon alles reserviert. Wir werden einen herrlichen Abend verleben und viel Spaß haben''. Sie wollen ihn nicht verletzen, also machen Sie mit.

An diesem Abend werden Sie gut essen, zu viel trinken, zu spät ins Bett gehen und sich köstlich amüsieren. Am nächsten Morgen fangen die Verhandlungen an. Ihnen gegenüber sitzt ein anderer junger Mann, in einem gut gebügelten Anzug. Frisch, sauber und mit wachen, strahlenden Augen. Bereit! Es kann losgehen! Punkt für Punkt!

Reichliches Essen und Alkohol können auch den stärksten Mann psychisch und physisch erschöpfen. Die Kombination von gutem Leben und Mangel an Schlaf ist tödlich. Ein harter Unterhändler kann genauso schnell zu einem passiven Jasager werden wie man braucht, um ,,Chateaubriand und Sekt'' zu bestellen.

Ein Mensch, bei dem es auf Worte ankommt, wird schon nach dem ersten Cocktail untergehen.

Gaunertaktik

Die Umsonst-Falle

Das Manöver besteht aus einer Verhandlung, die nie ein Ende findet. Der Gauner lockt seinen Gegner an, indem er ihm ein besonders attraktives Angebot macht. Sobald der Gegner geistig bereit ist, eine Vereinbarung abzuschließen, fängt der Prozeß erst ernsthaft an.

Der Gauner macht mündliche Versprechungen und bricht sie ungestraft. Die Methoden variieren. Oft gehören dazu: Ablehnung durch höhere Instanz, Unfähigkeit, die Bedingungen abzuklären, Mißverständnisse, Übertragungsprobleme, Irrtümer mit Zahlen, legale Verzögerung und der Trick mit dem fehlenden Mann.

Der Gauner achtet darauf, herzliche Beziehungen bis zur Vertragsunterschrift aufrechtzuerhalten. Beim Aufsetzen des Vertrages werden Worte und Zahlen auf subtile Weise verwandelt. Der Gegner des Gauners atmet bei Unterzeichnung des Vertrages vor Erleichterung auf, obwohl er nicht nahezu so gut abgeschnitten hat wie erhofft. *Armer Narr!* Seine Schwierigkeiten haben damit erst begonnen. Denn jetzt stehen ihm Vertragsbruch, legale Verzögerungen, Beleidigungen, endlose Debatten, doppelte Buchführung und Kosten für Wechsel, die wahrscheinlich nie eintreibbar sind, erst noch bevor.

Die oben beschriebene Situation kommt jeden Tag bei Menschen vor, die närrisch sind, gierig sind oder Pech haben. Die Gaunertaktik funktioniert, weil man gerne ein gutes Geschäft macht und nicht allzu hart dafür arbeiten will. Man läuft in die ,,Umsonst''-Falle. Anstatt einen offensichtlich intelligenten Mann wie den Gauner zu fragen, warum er ein solch phantastisches Geschäft anbietet, werden seine Gründe einfach zum Nennwert akzeptiert.

Nur wenige sind reich und stark genug, gegen einen Gauner anzugehen. Am besten läuft man vor solchen Ausbeutern schon beim ersten Anzeichen von Mißtrauen davon. Wenn man nicht davonlaufen kann, bleibt einem nur, eine hohe Anzahlung zu verlangen und sich im übrigen auf die Hilfe des besten Rechtsanwaltes zu verlassen.

Geduld

Die Supertaktik

Amerikaner sehen Verhandlungen wie ein Ping-Pong-Spiel. Erst hat die eine Seite den Aufschlag, dann die andere. Ein paar schnelle Schläge — und Ende. Bei den Japanern ist es anders. Ein schneller Verhandlungsabschluß kann eine Führungskraft in Gefahr bringen, gekündigt zu werden.

Schnelligkeit ist ein Zeichen schlechten Urteilsvermögens.

Die Nordvietnamesen mieteten bei Beginn der Verhandlungen in Paris ein Haus — auf zwei Jahre. *Averell Harriman*, der Mann der Amerikaner, hat seinen Hotelaufenthalt im Ritz wahrscheinlich von Tag zu Tag verlängert. Die Amerikaner glaubten einfach nicht, daß sich die Verhandlungen lange hinziehen könnten. Selbst die Verhandlungen in Korea, die sich über drei Jahre hinwegzogen, hatten nicht bewirken können, daß sich die Amerikaner auf jahrelange Gespräche in Paris eingestellt hätten. Die Amerikaner sind sehr ungeduldige Leute.

Geduld ist die wirksamste Taktik bei Verhandlungen, wirksamer noch als Stillstand oder Drohungen. Geduld, Durchhaltevermögen und Entschlossenheit können unzulängliche Mittel ausgleichen. Die Geduld hat den Nordvietnamesen genützt. Ihr winziger Staat hat die USA acht Jahre lang hinhalten können. Als alles vorüber war, kontrollierten sie immer noch alles Land, das mehr als eine Stunde von Saigon entfernt war.

Geduld zahlt sich aus. Mit Geduld kann man vieles erreichen:

  1. In der Organisation des Gegners teilen sich die Meinungen.
  2. Die Erwartungen des anderen gehen zurück.
  3. Geduld führt zu einem Zugeständnis nach dem anderen.
  4. Geduld zwingt zu einer Neuüberprüfung der Prioritäten.
  5. Geduld scheidet Wünsche von der Wirklichkeit.
  6. Neue Probleme und Schwierigkeiten kommen an die Oberfläche.
  7. Andere schalten sich ein.
  8. Unter Umständen wird der Verhandlungsleiter ausgewechselt.
  9. Geduld kann sich für eine oder beide Seiten als kostspielig erweisen.
10. Dritte können als Vermittler eingeschaltet werden.
11. Geduld ermüdet und hält von anderer Arbeit ab.
12. Durch Geduld erhält man neue Informationen.

Mit *Geduld* erfüllt man den *Grundauftrag* bei einer Verhandlung. Man weiß, wie die Sache läuft, ehe man sich auf den Preis einigt. Man braucht Zeit, um die Probleme zu begreifen, Risiken abzuwägen, die Stärke des Gegners zu testen, seine Schwächen zu finden, herauszufinden, was er will und seine Erwartungen zu ändern. Man braucht Zeit, um festzustellen, was der Gegner unter Druck tun wird. Geduld gibt dem Gegner und seiner Organisation die Zeit, sich an den Gedanken zu gewöhnen, daß sie ihre Wünsche an die Realitäten anpassen müssen. Bei schnellen Verhandlungen hat man diese Vorteile nicht.

Mit *Geduld* erzielt man noch einen *weiteren Nutzen.* Einkäufer und Verkäufer können feststellen, wie sie dem anderen am besten nutzen können. Vor der Verhandlung kann keine Seite wissen, wie man Probleme, Schwierigkeiten und Risiken am besten löst. Wenn neue Informationen ans Licht kommen, kann man auch neue Alternativen entwickeln. Beide Seiten können von einer geduldigen Verhandlungsführung profitieren.

Ein weiser alter Mann hat einmal gesagt: ,,Wenn Sie den Standpunkt nicht begreifen, können Sie auch den Preis nicht begreifen.'' Der Spaß an Verhandlungen ist, den *Standpunkt zu begreifen.* Der gute Verhandlungsführer bereitet seine Organisation auf langdauernde Verhandlungen vor. Er weiß, daß man nur mit Geduld den Standpunkt des anderen begreifen kann. Dies ist die einzige Möglichkeit, auch den Preis zu begreifen.

Gegengeschäfte

Geschäfte auf Gegenseitigkeit sind immer gut. Partnerschaftliche Vereinbarungen können beiden Seiten Nutzen bringen. So manche gute Chance auf ein besseres Geschäft geht verloren, weil man es zu eilig hat, die Bestellung unter Dach und Fach zu bringen. Man vergißt die Möglichkeit des Gegengeschäftes.

Normalerweise hat ein einzelner Käufer mit bescheidenen Bedürfnissen nur *wenig Verhandlungsspielraum* gegenüber dem Verkäufer. Das muß aber nicht so sein. Ein Käufer kann seinen Einfluß vergrößern, wenn er nach Möglichkeiten sucht, das Gegengeschäft für den Verkäufer attraktiver zu machen. Man braucht sich nur vor Beginn der Kaufverhandlungen *einige Fragen* zu stellen:

1. Kann ich den Verkäufer zu einem Preisnachlaß bewegen, wenn ich ihm Folgeaufträge verspreche oder jetzt mehr bestelle?
2. Kann ich dem Verkäufer zu größeren Geschäften verhelfen, wenn ich ihm erlaube, meinen Namen als Referenz anzugeben?
3. Kann ich dem Verkäufer zu größeren Geschäften verhelfen, wenn ich aktiv Kunden für ihn werbe (ohne Interessenkonflikt)?
4. Kann ich mehrere Bestellungen zusammenziehen, so daß der Verkäufer mehr Interesse an einem Abschluß hat?
5. Kann ich eine schon aufgegebene Bestellung in einen größeren Auftrag umwandeln?
6. Kann ich das Gesamtvolumen erhöhen, indem ich einen weiteren Artikel bestelle?
7. Kann ich mir Optionen auf zukünftigen Bedarf offenhalten und damit einen Preisnachlaß oder besseren Kundendienst erreichen?

Ich kenne einen Mann, der beim Bau seines Schwimmbades 1000 $ gespart hat, weil er ein Gegengeschäft abgeschlossen hat. Er fand einen Bauunternehmer, der in einer neuen Wohnsiedlung gerne ins Geschäft kommen wollte. Der Unternehmer war bereit, meisterhafte Arbeit zu leisten und dem Hausbesitzer einen beträchtlichen Rabatt zu gewähren, wenn er das fertige Schwimmbad für weitere Interessenten zur Besichtigung zur Verfügung stelle. Nach Fertigstellung bat mein Freund den Unternehmer, als Teil des Geschäftes auch noch das Schwimmbad regelmäßig zu reinigen. Der Unternehmer protestierte, sah dann aber ein, daß es nur in seinem Interesse lag, das Schwimmbad immer strahlend sauber zu halten. Sie einigten sich schließlich darauf, daß jeder drei Jahre lang die Hälfte der Wartungskosten tragen solle. Das Gesamtgeschäft hat beiden Parteien genützt. Für meinen Freund aber war es besonders vorteilhaft.

Versuchen Sie, Gegengeschäfte zu vereinbaren!

Diese Taktik funktioniert bei Kauf und Verkauf.

Gegenseitigkeit

In Amerika gilt Gegenseitigkeit als Schimpfwort, nicht aber in der übrigen Welt. Dort gilt: *Eine Hand wäscht die andere.*

Ein Verkäufer sollte wissen, bei wem seine Firma einkauft. Ein Käufer sollte wissen, in welchem Ausmaß seine Firma ihre Produkte an die Organisation des Verkäufers verkauft. Sich dieser Dinge bewußt zu sein, heißt nicht, das Gesetz der Gegenseitigkeit zu verletzen. Wissen darum bedeutet, daß man mit Zurückhaltung, Takt, Angemessenheit und besserem Geschäftsverstand handeln kann. Es gibt auf der ganzen Welt kein Kartellgesetz, das Sie von solchem Handeln abhalten sollte.

Geiselnahme

Fast jede Woche lesen wir von einer *Entführung* irgendwo in der Welt. Ein Mann wird entführt und festgehalten, bis ein *Lösegeld* gezahlt wird. Der Preis ist sehr, sehr hoch, aber die Alternative ist noch schlimmer. Man braucht sich nur an das Thema Kriegsgefangene in Vietnam zu erinnern. Die Nordvietnamesen haben das Problem Mann für Mann aufgebaut. Sie wußten, daß diese Geiseln einmal zu einem wichtigen Verhandlungspunkt werden würden. Die Kommunisten hatten die Taktik richtig begriffen, wir nicht.

Auch in der Wirtschaft kommt die ,,Geiselnahme'' häufig vor, allerdings mit einem anderen Opfer. In der Wirtschaft ist die Geisel niemals eine Person, sondern immer eine Sache von Wert. Als Geiseln dienen beispielsweise Geld, Waren, Besitz oder der gute Ruf eines Menschen. Der industrielle Kidnapper sagt: ,,Wenn Sie meine Forderung nicht erfüllen, werden Sie das, was ich in der Hand habe, nicht zurückbekommen''.

Gestern bin ich auf dem Nachhauseweg in eine solche Situation geraten. Ich hatte mein Auto in die Werkstatt gebracht. Der Monteur nahm das Getriebe auseinander, um eine Dichtung zu reparieren. Schätzpreis der Reparatur: 35 $. Ich wollte meinen Wagen nach der Arbeit wieder abholen und erfuhr, daß das Getriebe generalüberholt werden müsse. Das Getriebe lag zur Hälfte auseinandergenommen auf dem Boden. Kleinteile lagen überall verstreut. Der Mechaniker ließ mir die Wahl. Ich könne für die Dichtung bezahlen oder für das Wiederzusammensetzen des Getriebes oder 300 Dollar für eine Generalüberholung. Ich entschied mich für das letztere, was die meisten wohl auch getan hätten. Der Mechaniker wußte, daß er in einer besseren Verhandlungsposition war, nachdem er das Getriebe in seiner Werkstatt schon auseinandergenommen hatte. Er hatte ja auch das ganze übrige Auto.

Einer meiner Freunde war einmal in ein Gerichtsverfahren verwickelt. Das Guthaben auf seinem Konto wurde gepfändet — einen Tag vor der Fälligkeit der Vermögenssteuer. Er war gezwungen, einem Vergleich zuzustimmen. Hätte er das nicht getan, wäre sein schon ausgestellter Steuerscheck geplatzt. Das wäre ihn sehr teuer zu stehen gekommen.

Ich kenne einen Mieter, der ein Haus ,,gekidnappt'' hat. Der Mieter wollte den Mietvertrag brechen. Er ließ alle Schlösser auswechseln und weigerte sich dann, Miete zu zahlen. Nachts spielte er zur Verzweiflung der Nachbarn auf seinen Bongo-Trommeln. Ihm wurde mit einer Zwangsräumung gedroht. Der Mieter sagte dem Hausbesitzer, daß er das Hausinnere nach einer Zwangsräumung nicht mehr wiedererkennen werde. Der Hausbesitzer kapitulierte.

Ein Lieferant hatte bei der Angebotsangabe falsch kalkuliert. Ihm drohte ein großer Verlust. Er wußte, daß der Käufer die Teile dringend brauchte. So hielt er die Lieferung als „Geisel" zurück und verlangte einen höheren Preis. Der Käufer zahlte und erhielt die Teile noch rechtzeitig.

Wir wissen, wie schwer es ist, mit einem „Kidnapper" fertig zu werden. Es ist nicht leicht, richtig zu reagieren. „Entführungen" in der Wirtschaft sind jedoch nicht ganz so schwierig, weil kein Leben auf dem Spiel steht. Die *folgenden Gegenmaßnahmen* beziehen sich auf „Geiselnahme" im *Wirtschaftsleben*. Bei menschlichen Geiseln sieht das Problem anders aus, weil die Risiken sehr viel höher sind.

1. Selber eine Geisel nehmen. Dann Tauschhandel vorschlagen.
2. Wer Lösegeld zahlen muß, sollte zahlen, anschließend aber vor Gericht ziehen und neu verhandeln.
3. Schreien, streiken und auf höchster Ebene protestieren.
4. Einen Schlichter suchen.
5. Schwere Konventionalstrafen in den Vertrag einbauen. Das strenge Gesetz, das nach der Entführung des Lindbergh-Babys verabschiedet wurde, hat die Fälle von Kindesentführung drastisch zurückgehen lassen.

Unglücklicherweise fördert die Zahlung von Lösegeld das Kidnapping. Skrupellose Geschäftsleute, die es damit versuchen und Erfolg haben, sehen sich nach weiteren Opfern um. Deswegen sollten wir, wenn wir so ausgenutzt werden, die Polizei benachrichtigen, an die Öffentlichkeit gehen, mit dem Gesetzgeber und Vertretern von Berufsorganisationen und Industrieverbänden sprechen.

Sie werden dazu beitragen, daß der Preis für den „Kidnapper" zu hoch wird.

Gesicht wahren

Die verborgene Kernfrage

Das Gesicht zu wahren soll für die östlichen Völker wichtiger sein als für die westlichen. Das ist *Unsinn*. Auch Amerikaner und Europäer wollen ihr Gesicht wahren wie die Menschen überall auf der Welt. Vielleicht verstehen wir es, diesen Wunsch gut zu verbergen, aber er ist da. *Averell Harriman* wurde einmal als hervorragender Unterhändler bezeichnet. Der ausländische Diplomat, der dieses Lob aussprach, beschrieb ihn als einen Mann, der es meisterhaft verstehe, Lösungen für internationale Probleme zu finden, die es jeder Partei ermöglichen, ihr Gesicht zu wahren. In allen Verhandlungen gehört das Problem „Gesicht wahren" zu den verborgenen Kernfragen.

Verhandlungen finden auf zwei Ebenen statt — auf einer persönlichen und einer geschäftlichen. Ein Mann führt Verhandlungen für seine Firma durch. Ein für die Firma ungünstiger Abschluß ist nicht unbedingt auch für ihn persönlich schlecht. Wenn er eine gute Erklärung zur Hand hat, kann er das Abkommen gegenüber dem eigenen Unternehmen *rechtfertigen*, so daß er *keinen Vertrauensentzug* erleidet. Wenn jedoch ein Mensch bei Verhandlungen mit einem anderen sein Gesicht verliert, wird selbst der beste Abschluß einen *bitteren Nachgeschmack* hinterlassen.

Alle haben das Bedürfnis, sich selbst zu bestätigen.

Andere sind der Spiegel, in dem sich der Eigenwert abbildet. Wenn andere unseren Wert erkennen, fällt es uns leichter, unseren Eigenwert selbst zu akzeptieren und zu sehen. Wenn sie unseren Wert nicht anerkennen, gibt es Schwierigkeiten.

Ein Mensch, dessen *Selbstbild* von anderen *bedroht* wird, wird sich *feindselig* verhalten. Das zeigt sich in verschiedenen Reaktionen. Der eine greift an, der andere läuft weg, der nächste verhält sich teilnahmslos, aber alle werden wütend. In Versuchen hat sich gezeigt, daß Menschen, deren Selbstwertgefühl angegriffen wird, sich am Angreifer *rächen*, wenn sie eine Möglichkeit dazu haben.

Wer sein Gesicht verloren hat, ist willens, noch mehr Verluste hinzunehmen, wenn er dadurch auch dem Verursacher Verluste beibringen kann.

Forschungsarbeiten auf diesem Gebiet haben ganz deutlich gezeigt, daß sich ein Mensch, dessen „Gesicht" bedroht ist, zurückzieht. Je kritischer der Angriff, desto weniger Informationen wird der Angreifer bekommen. Gesichtsverlust wird noch schlimmer, wenn man ihn vor Freunden oder Menschen hinnehmen muß, die einem wichtig sind.

Man kann kaum eine Verhandlung durchführen, ohne die Präsentation des anderen in Frage zu stellen. Man muß den Tatsachen und Annahmen des anderen auf den Grund gehen. Allerdings sollte man bei diesen

Sondierungen nicht persönlich werden. Man sollte sich auf die anstehenden Sachfragen konzentrieren und nicht auf die Kompetenz des Gegenübers. Wenn eine Position in Frage gestellt wird, läßt sich die Anspannung mit *folgenden Fragen* mindern:

1. Von Ihren Voraussetzungen her kann ich Ihre Schlußfolgerung verstehen, aber haben Sie auch bedacht...?
2. ,,Hier sind einige Informationen, die Sie vielleicht nicht haben..."
3. ,,Schauen wir uns die Sache einmal von dieser Seite an".
4. ,,Unsere Standpunkte sind gar nicht so sehr verschieden, aber..."
5. ,,Ich glaube, es könnte sein, daß Ihre Produktionsleute Sie in die falsche Richtung gelenkt haben".
6. ,,Vielleicht gibt es noch weitere Gründe, die ich nicht kenne".
7. ,,Sicherlich kann man die Sache auf verschiedene Weise auslegen, aber ich glaube, daß..."

Können wir die feindselige Stimmung, die entsteht, wenn unser Gegenüber in eine peinliche Lage kommt, auf ein Minimum reduzieren? Man kann Fehler und Unstimmigkeiten beispielsweise auf Dritte zurückführen, auf Buchhalter, Rechtsanwälte oder sonstige Mitarbeiter, die das Unternehmen schon verlassen haben. Man kann die Differenzen auch auf politische Richtlinien, Verfahren oder Datenverarbeitungssysteme zurückführen. Diese ,,Schuldigen" dienen als *Blitzableiter.* Man schiebt nicht dem Gegenüber die Verantwortung zu, sondern lenkt die Frage in nichtbedrohliche Kanäle.

Die feindselige Stimmung läßt sich auch mit positiven Mitteln auflösen, indem man so viele *Gemeinsamkeiten* wie nur möglich findet und aufzählt. Man betont das gemeinsame ,,für" und nicht das ,,dagegen".

Ich kenne Menschen, die immer noch glauben, daß sich ein heftiger persönlicher Angriff auf das Gegenüber lohnt. Ich bin davon nicht überzeugt. Es ist immer gefährlich, einen anderen zu verunglimpfen. Dabei spielt es keine Rolle, wie wütend man selbst ist und wie sehr man Recht hat. *Man muß dem anderen immer einen Ausweg lassen, der es ihm erlaubt, sein Gesicht zu wahren.*

Heiliger Krieg

Warum wir unsere „Feinde" brauchen

Man kann die gesamten Kräfte eines Unternehmens, einer politischen Partei oder eines ganzen Volkes mobilisieren, wenn man die Menschen davon überzeugt, daß ihre gemeinsame Sache keinen Kompromiß zuläßt. Die Taktik „Heiliger Krieg" wirkt, weil durch sie alle psychologischen und materiellen Stärken einer Organisation gegen den „Bösewicht" auf der anderen Seite des Tisches mobilisiert werden. Interne Streitereien verblassen. Es wird erwartet, daß alle ihre Eigeninteressen unterdrücken und sich nur auf das große gemeinsame Ziel, den Sieg über den anderen, konzentrieren.

Unsere „Feinde" dienen einem Zweck. Die selbstgefällige Aufmerksamkeit der eigenen Leute konzentriert sich auf die kleinlichen Maßnahmen der anderen Partei. Die Organisation des Käufers mobilisiert alle Kräfte gegen den Verkäufer und umgekehrt. In der Organisation des Käufers finden sich plötzlich Mitarbeiter zusammen, die sonst kaum ein Wort miteinander sprechen. Sie hecken gemeinsam Pläne aus, wie sie mit dieser Bedrohung von außen fertig werden wollen. Die Methode ist gut und schön. Sie birgt aber auch Gefahren.

Dummerweise wird man des Heiligen Krieges schnell müde.

Angesichts der alltäglichen Probleme fällt es schwer, das Feuer ständig zu schüren und die Flammen immer wieder auflodern zu lassen. Außerdem werden die Eigeninteressen unterschiedlich stark zurückgestellt. Der Heilige Krieg kann Rückschläge, Enttäuschungen oder Korruption bringen. Spätestens dann wird das Nörgeln einsetzen.

Bei Beginn eines solch allumfassenden Konfliktes ergibt sich eine weitere Schwierigkeit. Der Gegner wird dazu angestiftet, dasselbe zu tun. Die normalen Unterschiede in einer Organisation werden verwischt und verwachsen zu einer einheitlichen Front gegen den unvernünftigen „Feind". Die sich verteidigende Gruppe braucht keine Gründe für den Heiligen Krieg zu fabrizieren, da sie ja angegriffen worden ist. Paradoxerweise haben auch sie etwas davon, daß sie einem „Feind" gegenüberstehen.

Sie können in einer Verhandlungssituation mehr Macht ausspielen, wenn Sie in der Lage sind, die anderen hinter sich zu bringen. Wenn die Mitarbeiter „zu Hause" vereint hinter den Zielen des Unterhändlers stehen, wird das Verhandeln leichter. Mit der Taktik „Heiliger Krieg" kann man die Mitarbeiter für die Sache begeistern, kann man sie hinter sich ziehen. Aber diese Taktik gerät schnell außer Kontrolle. Watergate und die Mentalität der „Einbrecher" haben gezeigt, daß die Urteilskraft und die Wertvorstellungen von Eiferern und Fanatikern viel zu wünschen übrig lassen.

Hinhaltetaktik

Abschluß unerwünscht

Käufer und Verkäufer verhandeln nicht immer mit dem Ziel, Einigung zu erreichen. Es gibt auch Verhandlungen, die nur geführt werden, um Entscheidungen zu verhindern oder unerwünschte Maßnahmen der anderen Seite hinauszuzögern.

Ich kenne Einkäufer, die ihre Verhandlungen nur führen, damit der Verkäufer seinen Lagerbestand für sie blockiert, während sie sich gleichzeitig bei einem anderen um bessere Preise bemühen. Es gibt Verkäufer, die absichtlich eine Vereinbarung zum Festpreis hinauszögern, weil sie Zeit und Kosten einkalkulieren und glauben, zu einem späteren Zeitpunkt bessere Preise erzielen zu können. Zwischenstaatliche Verhandlungen werden oft nur geführt, um einen beabsichtigten Angriff zu verschleiern oder die Aufmerksamkeit von einer Aufrüstung abzulenken.

Auch die Taktik „Abschluß unerwünscht" ist eine Verhandlungtaktik. Sie kann unethisch sein, muß es aber nicht. *Folgende Absichten* können dahinterstecken:

1. Ansatzpunkt für Verhandlungen mit einem anderen Partner
2. Wegbereitung zu ernsthaften Gesprächen zu einem späteren Zeitpunkt
3. Für einen anderen den Weg bereiten
4. Produktion oder Lagerbestand blockieren
5. Nach Informationen „fischen"
6. Unerwünschte Entscheidungen oder Maßnahmen hinauszögern
7. Miteinander reden, während man nach anderen Alternativen sucht

8. Auf Zeitgewinn spielen, damit sich die Öffentlichkeit oder damit sich Dritte einschalten können
9. Kompromißbereitschaft zeigen (auch wenn sie in Wirklichkeit nicht vorhanden ist)
10. Dafür sorgen, daß ein Vermittler in den Konflikt eingeschaltet wird, nachdem man die absoluten Grenzen erkundet hat
11. Aufmerksamkeit ablenken

Wenn Sie in eine Verhandlung gehen, sollten Sie sich also fragen: ,,Handelt es sich hier um eine Verhandlung vom Typ ,,Abschluß unerwünscht"?" Ihr Grundsatz wird sicherlich anders sein, wenn Sie das Gefühl haben, *daß der andere eigentlich gar nicht zum Abschluß kommen will.*

Imaginationsfähigkeit ausnützen

Versetzen Sie sich in meine Lage!

Ich versuche gerne, meinen Gegner dazu zu bringen, sich in meine Lage zu versetzen. Er beschäftigt sich mehr mit der Sache. Allmählich erhält er ein Bild von meinen Alternativen und meinen Grenzen.

Wenn ich diskret vorgehe, kann er nicht mehr so sicher sein, daß er das Geschäft machen wird. Er wird mir wahrscheinlich einen besseren Preis vorschlagen. So kann ich ihm auf nette Weise beibringen, was ich ihm sagen will.

Versuchen Sie es doch einmal. Sagen Sie Ihrem Gegenüber einfach: ,,Versetzen Sie sich doch in meine Lage. Ziehen Sie doch einmal meine Schuhe an." Sie werden angenehm überrascht sein, wie oft ihm die Schuhe passen.

Information

Indirekte Informationskanäle

In jeder Verhandlung gibt es *zwei Kommunikationsebenen*, eine *direkte* und eine *indirekte*. Die Informationen, die direkt über den Tisch ausgetauscht werden, bilden die direkte Ebene. Auf der indirekten Ebene befinden sich die Informationen, die durch eine Reihe von Kanälen, die nicht für das Protokoll bestimmt sind, ausgetauscht werden.

Indirekte Kanäle gibt es, weil es sie geben muß.

Ein Unterhändler muß sich vielleicht hart geben, um die Erwartungen der Mitarbeiter zu Hause zu erfüllen. Auf der anderen Seite muß er sich dem Gegner gegenüber vernünftig verhalten, wenn auch er mit einer Vereinbarung zufrieden sein soll. Beim Käufer und Verkäufer stehen diese Motive miteinander in Konflikt. Dadurch wird eine unausgesprochene ,,Verwandtschaft" zwischen ihnen aufgebaut. Darin sind sie sich — unausgesprochen — einig.

Man kann auch nicht alles, was gesagt werden muß, am Tisch sagen. Durch indirekte Kommunikationskanäle läßt man die Informationen mit einem Minimum an Reibung hin- und herfließen. Einer informell vorgetragenen Position, die dann von beiden Parteien zurückgewiesen wird, sind sich die Verhandlungspartner zwar bewußt, aber sie brauchen *keinen Gesichtsverlust* zu befürchten. Wenn jedoch ein offizielles Angebot zurückgewiesen wird, sind Vorwürfe und verletzte Gefühle die wahrscheinliche Folge.

Bei der Benutzung informeller Kommunikationskanäle kann man die eigenen Ziele und die der Organisation stillschweigend abändern. Manche Ziele werden aufgegeben, andere werden *abgebogen*, und wiederum andere werden durch den Fluß der halboffiziellen und inoffiziellen Informationen *abgeändert*.

Die unten aufgeführten *indirekten Kanäle* sind als Ergänzung zur offenen Kommunikation notwendig. Sie vermitteln einen tieferen Einblick in die am Verhandlungstisch offiziell gesprochenen Worte:

1. Höfliches Umgehen des direkten Verhandlungspartners.
2. Nebengespräche oder heimlich geführte Gespräche.
3. Preisnachlässe, Versuchsballons und als Gerüchte verkleidete Informationen.

4. Aktennotizen gehen verloren, Notizen und Unterlagen bleiben absichtlich liegen, damit die Gegenpartei Einsicht nehmen kann.
5. Einführung eines Dritten als Vermittler.
6. Berichte und Analysen von Untersuchungsausschüssen.
7. Informationen durch Presse, sonstige Veröffentlichungen oder Radio und Fernsehen.

Integrität

Eine Verhandlung ist mehr als eine Erörterung von Fragen oder die Unterzeichnung eines Abkommens. Sie ist eine *ungeschriebene Beurteilung* der Qualität und des Charakters der Teilnehmer. Integrität ist das Schlüsselelement zur Abgabe dieses Urteils. Die Integrität läßt das Ganze funktionieren. Dafür gibt es keinen Ersatz.

Mangelnde Integrität kann nicht durch Intelligenz, Kompetenz oder juristischen Sachverstand ersetzt werden.

Ohne diese Eigenschaft kommt kein Geschäft von großem Wert zustande — gleich wie sorgfältig die schriftliche Fassung des Vertrages ausgearbeitet wurde. Bei allen Transaktionen muß man von bestimmten Vorstellungen beider Parteien ausgehen. Beide müssen bereit sein, Folgeschwierigkeiten kooperativ zu lösen, und beide müssen die feste Absicht haben, den Vertrag zu erfüllen. Integrität ist immer ein großer Teil des Preises.

Wo die Integrität fehlt, wird man übers Ohr gehauen.

Kampf- und Streikmaßnahmen

Ein alter Spruch lautet, *daß Menschen nicht kämpfen, solange sie miteinander reden.*

Der Spruch stimmt nicht.

Reden und Kämpfen geht auch zur gleichen Zeit. Es können durchaus Verhandlungen stattfinden, wenn draußen gleichzeitig Kampfmaßnahmen laufen.

Welchen Einfluß solche Kampfmaßnahmen und wilden Streiks haben können, sieht man ja an Tarifverhandlungen. Gespräche können sehr überzeugend wirken, wenn sie mit Kampfmaßnahmen der Arbeiter koordiniert werden. Ein wilder Streik in Los Angeles genügt vielleicht schon, die Arbeitgeber in Detroit davon zu überzeugen, daß den Arbeitern sehr viel an der Durchsetzung ihrer Forderung liegt. Eine Zeitungsnachricht über die Knappheit eine Chemikalie kann schon genügen, einen Einkäufer davon zu überzeugen, ein Geschäft so bald wie möglich abzuschließen. Die Entsendung der Marine an einen bestimmten Ort kann eine fremde Macht davon überzeugen, daß wir meinen, was wir sagen.

Eine Maßnahme außerhalb des Konferenzraumes unterstreicht die gesagten Worte. *Das Risiko wird größer.* Es gibt bestimmte Maßnahmen, bei denen Verkäufer sofort aufhorchen. Andere sollen den Einkäufer wieder auf den Boden der Tatsachen zurückbringen. Wir wollen uns zuerst die Maßnahmen von Einkäufern anschauen und dann die von Verkäufern.

Einkäufermaßnahmen, die Verkäufern Sorgen machen:

1. Gespräche mit der Konkurrenz.
2. Der Verkäufer muß zusammen mit Konkurrenten in einem Raum warten.
3. Neue Preisangebote werden angefordert.
4. Der Einkäufer macht deutlich, daß sich sein Chef über die langsame Entwicklung ärgert.
5. Der Einkäufer handelt über den Kopf des Verkäufers hinweg.
6. Der Einkäufer verweigert die Annahme einer Lieferung, während er über die Aufgabe einer neuen Bestellung verhandelt.
7. Er zeigt, daß ein neues Modell in der Produktion ist, wodurch die Bestellung vielleicht nicht mehr nötig wird.
8. Er zeigt dem Verkäufer, daß man das Produkt auch selbst herstellen kann und nicht unbedingt zu kaufen braucht.
9. Überraschungen aller Art.

Verkäufermaßnahmen, die Einkäufern Sorgen machen:

1. Pressemitteilung, daß die Preise bald erhöht werden.
2. Erleichterung der Zahlungsbedingungen.
3. Rationierung von Material.

4. Längere Lieferfristen.
5. Arbeitsstop, wenn die Zahlungen nicht eingehen.
6. Mitarbeiter des Verkäufers planen einen Streik.
7. Mehr und mehr Produkte sind nicht auf Lager.
8. Nachrichten, daß der Verkäufer mit einer anderen Firma über einen sehr viel größeren Auftrag verhandelt.
9. Gerücht, daß sich die Herstellung eines Produktes nicht mehr lohnt und daher aus der Palette gestrichen wird.
10. Eine Aktennotiz an die Verkäufer, daß Kleinkunden aufgegeben werden sollen.

Wir wissen, daß Urabstimmungen, Gerichtsverfahren, indirekte Streikmaßnahmen, wilde Streiks, Hungerstreiks und massive Demonstrationen tatsächlich die Fortschritte am Konferenztisch beeinflussen. Solche äußeren Maßnahmen beeinflussen die *Erwartungen* der Verhandlungsparteien und verändern das *Gleichgewicht der Macht*.

Kauf

Jetzt Kaufen — Später verhandeln

Käufer verhandeln lieber, bevor sie bestellen. Das ist vom Geschäftsstandpunkt her vernünftig. Es kann aber auch vorkommen, daß es besser ist, „jetzt zu kaufen" und erst später zu verhandeln. Wichtig ist, daß sich Käufer und Verkäufer *beide Ansätze offen halten*. Wer das nicht tut, muß unter Umständen teuer bezahlen.

„Jetzt kaufen — später verhandeln" funktioniert so:
Ein Käufer muß Auftragsarbeiten erledigen lassen. Er gibt dem Verkäufer den Auftrag, auf Vorvertragsbasis sofort mit den Arbeiten zu beginnen. Dem Verkäufer wird eine bestimmte Menge an Mitteln zur Verfügung gestellt, so daß er die Arbeiten auf jeden Fall ausführt. Beide Parteien einigen sich darauf, den *genauen Vertrag* zu einem *späteren Zeitpunkt* abzuschließen. Solche Vereinbarungen laufen unter dem Namen Vorabauftrag, Auftragsbestätigung per Brief oder Absichtserklärung.

In der Regel ziehe ich es vor, einen Vertrag in der Tasche zu haben, ehe ich mit meinen Arbeiten anfange. Es wird schwer, den Verkäufer zu wechseln, wenn man ihm einmal den Auftrag gegeben hat, mit den Arbeiten zu beginnen. Zeitpläne, finanzielle und psychologische Zwänge machen es schwer, die ursprüngliche Entscheidung rückgängig zu machen. Trotz der zeitlich begrenzten Verpflichtung hat der Käufer das Gefühl, in der Falle zu sitzen.

Einkaufsleiter sehen das Prinzip „jetzt kaufen — später verhandeln'' mit ein wenig Voreingenommenheit. Käufer, die solche Verträge abschließen, werden gedrängt, den endgültigen Vertrag bald unter Dach und Fach zu bringen. Ich meine aber, daß man sich die Argumente, die für diese Taktik sprechen, einmal näher ansehen sollte. Unter bestimmten Umständen kann sie auch für den Einkauf von *Vorteil* sein:

1. Wenn für Verhandlungen keine Zeit bleibt.
2. Wenn der Käufer glaubt, daß der Preis des Verkäufers mit Kosten ausgepolstert ist, die wahrscheinlich gar nicht anfallen werden.
3. Wenn der Käufer feststellen will, ob der Verkäufer weiß, was er tut.
4. Wenn der Verkäufer willens ist, sich auf ein Preismaximum, das nicht überschritten werden darf, zu verpflichten.
5. Wenn der Käufer mehr über die zu erledigenden Arbeiten erfährt.
6. Wenn die Verhandlungsposition des Verkäufers zu einem späteren Zeitpunkt schlechter sein wird, weil er seine Mittel schon eingesetzt hat und Angst hat, den Auftrag zu verlieren.
7. Wenn der Verkäufer den Ruf hat, den Käufer nicht auszubeuten.
8. Wenn Kosten erst nach Teilerledigung des Auftrages genau abzuschätzen sind.
9. Wenn sich später Konkurrenz ergeben hat.

Verkäufer gehen im allgemeinen gerne auf einen Auftrag ein, bei dem es heißt „jetzt kaufen — später verhandeln''. Ich schlage vor, daß Sie sich bei einem solchen Angebot Bedenkzeit lassen. Greifen Sie nicht sofort zu. Erst die Sache durchdenken. Vielleicht stellen Sie dann fest, daß Sie „jetzt'' einen viel besseren Preis erzielen können, als „später''.*

---

* Was einem Verkäufer passieren kann, der einen Auftrag ausführt, ehe er sich mit dem Käufer über den Preis geeinigt hat, siehe S. 36, *Call-Girl-Prinzip*.

Knabbern

Wenn schon kein Abendessen, dann wenigstens ein Butterbrot

Ich kenne einen Oberst, der sich niemals einen Anzug kauft, ohne zusätzlich um eine passende Krawatte zu verhandeln. Mit dieser Taktik ist er seit zwanzig Jahren überall in der Welt gut gefahren. Meistens bekommt er die *Krawatte umsonst* dazu. Auf Verhandlungen bezogen ist mein Freund also ein guter ,,Knabberer'' geworden.

Knabbern zahlt sich aus. Mir hat einmal jemand gesagt: ,,Wenn man schon kein Abendessen bekommen kann, soll es wenigstens ein Butterbrot sein''. Der Knabberer ist auf das Butterbrot aus. Seinem *Ego* wird das vielleicht nicht viel helfen, aber es macht sich in seiner *Brieftasche* bemerkbar.

Einkäufer knabbern an Verkäufern und Verkäufer an Einkäufern. Beide sollten wissen, wie und warum diese Taktik funktioniert. Im Geschäftsleben ist es im allgemeinen besser, der Knabberer zu sein als der Beknabberte.

Warum funktioniert die Knabbertaktik? Sie funktioniert, weil die meisten Menschen *ungeduldig* sind. Sie möchten mit einer Verhandlung zum Abschluß kommen, und sie möchten miteinander auskommen. Die Menschen möchten geliebt werden. Sie möchten zeigen, wie fair sie sind, und sie möchten gute Beziehungen für die Zukunft aufbauen. Geschäftsleute sind um dieser Ziele willen zu Zugeständnissen bereit.

Kann ein Verkäufer dieser Knabbertaktik wirksam begegnen? Ich glaube, daß er dieser Taktik jederzeit ein Ende machen kann, wenn er will. Die *folgenden Gegenmaßnahmen* sind dazu geeignet:

1. Dem Verkäufer keine Vollmachten für kleine Zugeständnisse geben.
2. Eine offizielle Preisliste und Richtlinie für Extras drucken lassen. Sie dem Käufer zeigen.
3. Der Neigung zum Nachgeben widerstehen. Wenn Sie Geduld haben, wird der Knabberer aufgeben.
4. Klarstellen, daß ein Anzug ein Anzug ist. Ein Hemd gehört nicht dazu.
5. Dem Knabberer sagen, daß er wohl Scherze macht. Er wird sich wahrscheinlich schämen und sein Knabbern aufgeben.
6. Den Knabberpreis in den Verkaufspreis einrechnen.

Die meisten Knabberer kommen sich bei ihrem Tun *„schäbig"* vor. Das muß man erkennen. Sie lassen von ihrer Nagerei ab, wenn ihnen *taktvoller* und *konsequenter Widerstand* geleistet wird. Ja, die Knabbertaktik funktioniert, aber mit ein wenig Festigkeit kann man den Knabberer, ob Käufer oder Verkäufer, stoppen. Die oben genannten Gegenmaßnahmen lassen sich immer anwenden, gleich welche Seite mit dem Nagen anfängt.

Knabbereien nach Unterschrift unter einen Vertrag sind die gefährlichsten. Wie eine Termite fressen sie die Gewinne auf. Noch schlimmer für den Verkäufer ist, daß der Käufer vergißt, sich erkenntlich zu zeigen. Wenn der Techniker des Verkäufers dem Techniker des Einkäufers freie Wartung verspricht, sollte er dadurch wenigstens den „Goodwill" des Einkäufers gewinnen. Noch besser aber ist es, die Kundendienstarbeiten in Rechnung zu stellen.

Kollegen, die man nicht braucht

In der Psychologie gibt es folgende Theorie:

Wenn zwei einen anderen mögen, werden beide wahrscheinlich auch noch andere Gemeinsamkeiten finden.

Das ist *„kognitive Harmonie"*. Das Prinzip bezieht sich auf die Einstellung eines Menschen zu Menschen, Objekten oder Ideen. Auch die umgekehrte Aussage stimmt: Ich mag Hans, Sie mögen ihn nicht. Wahrscheinlich werden wir dann auch bei anderen Dingen Schwierigkeiten haben, uns zu einigen. Ich werde entweder versuchen, Sie dazu zu überreden, Hans zu mögen, oder Sie werden allmählich von mir und meinen Ideen abrücken.

Die Taktiken der *Dissoziation* (Trennung, Lösung) sind genauso wichtig wie die der *Assoziation* (Zusammenschluß, Vereinigung). Gute Planung heißt auch, daß man sich die richtigen Partner sucht. Ein Verhandlungsführer muß sich also auch fragen: „Habe ich Kollegen, die es mir schwerer machen werden, eine günstige Vereinbarung mit meinem Verhandlungspartner zu erreichen?"

Wenn ja, müssen Sie etwas dagegen tun.

Kompetenz

Begrenzte Verhandlungsvollmachten

Begrenzte Befugnisse sind eine Machtquelle. Es ist meistens besser, wenn man keine Generalvollmachten hat. Ich kenne einen Junggesellen, der vor Entscheidungen immer behauptet, er müsse zuerst noch mit seiner Frau sprechen. Dieses Vorrecht ist ihm noch von niemandem verweigert worden. Dadurch gewinnt er die notwendige Zeit, um die Dinge zu durchdenken.

Ein Verhandlungspartner mit begrenzter Vollmacht kann sich als sehr zäh erweisen. Er kann ganz elegant „nein" sagen. Er sagt es ja nicht selbst, sondern es ist immer das Nein eines anderen. Dieser oder dieses andere kann sich als Verfahren, als politische Firmenrichtlinie, als technische Norm oder als behördliche Vorschrift erweisen, die sich nicht umgehen läßt. Der Verkäufer, der nicht befugt ist, Kredit zu gewähren, Preise zu ändern, Garantiebedingungen auszuweiten oder Rabatte zu gewähren, wird auf diesen Gebieten keine Zugeständnisse machen. Er kann es nicht. Der Einkäufer, der sein Budget nicht überschreiten oder eine Bestellung, die über eine bestimmte Summe hinausgeht, nicht genehmigen kann, oder der ein nicht ganz den Normen entsprechendes Produkt nicht akzeptieren kann, ist ein harter Verhandlungspartner.

Wer gegen die begrenzten Vollmachten eines anderen angeht, indem er mit dem Problem auf höhere Ebene vorprescht, handelt sich andere, neue Probleme ein. Jetzt muß er es mit dem Chef oder dem Chef des Chefs aufnehmen oder mit dem Rechtsberater. Die Beziehung zum Verhandlungspartner ändert sich. Er hat jetzt mit höherrangigen Verhandlungspartnern zu tun. Deshalb muß er sich sorgfältiger vorbereiten. Wer beschließt, auf die nächsthöhere Ebene zu gehen, geht außerdem das Risiko ein, daß der Verhandlungspartner wütend wird. Das stört ganz besonders die Verkäufer, die keine Lust haben, langjährige Kunden durch kühle Behandlung des Einkäufers womöglich zu verlieren. Manche werden sich lieber mit einem *niedrigeren Preis* zufriedengeben, als eine *Konfrontation auf höherer Ebene* zu riskieren.

Vollmachtsgrenzen, über die ich froh war

Begrenzte Vollmachten können sich auch zum eigenen Vorteil auswirken. Ich nenne *einige Grenzen*, über die ich froh war. Sie haben nämlich meinem Verhandlungspartner die Entscheidung leichter gemacht.

A. *Geldgrenzen*

1. Verhältnis Kapital zu Unkosten begrenzt
2. Einkäufe nur bis zu einer bestimmten Höhe
3. Portokasse begrenzt
4. Bestellung muß gegengezeichnet werden
5. Direktorengenehmigung erforderlich
6. Begrenztes Budget
7. Plankosten begrenzt
8. Behördliche Genehmigung erforderlich
9. Maximum-Minimum-Preisgrenzen

B. *Grenzen aufgrund von Lieferungs- und Zahlungsbedingungen*

1. Kreditsumme begrenzt
2. Kreditlaufzeit begrenzt
3. Vorauszahlungshöhe begrenzt
4. Abschlagszahlungen begrenzt
5. Tabellen für Mengenrabatte
6. FOB ist Bedingung
7. Produkthaftung begrenzt
8. Großhandels- und Barzahlungsrabatt begrenzt
9. Grenze bei Zinskosten

C. *Grenzen aufgrund von Verfahrensrichtlinien und Unternehmenspolitik in Bezug auf*

1. Art des Vertrages
2. Schätzung, Preiskalkulation und Revision
3. Arbeitsprojektionen
4. Gemeinkostensätze
5. Eventualverbindlichkeiten
6. Verfahren zur Genehmigung von Änderungen
7. Regeln gegen Kostenenthüllung

8. Interne Verrechnung
9. Enthüllung von Informationen
10. Abwicklung von Zahlungen und Rechnungslegung
11. Kündigungen
12. Nachweis von Arbeits- und Zahlungsweise
13. Honorarforderungen für Einweisung durch Fachkräfte

D. *Juristische und versicherungsmäßige Grenzen*

1. Standardbedingungen des Unternehmens
2. Datenrechte
3. Notwendiger Mindestversicherungsschutz, Versicherungsdeckungssummen
4. Behördliche Auflagen
5. Haftungsgrenzen
6. Haftung gegenüber Dritten
7. Zollverschlußvorschriften
8. Gesetze gegen unlauteren Wettbewerb

E. *Technische Grenzen*

1. Grenze bei Änderung der Spezifikationen
2. Änderungen des Gesamtauftragsvolumens
3. Grenze Einsatz — Ausstoß
4. Begrenzte Haltbarkeit
5. Aufdeckung von Produktionsgeheimnissen

F. *Nützliche Grenzen durch den Einsatz von Ausschüssen*

1. Einkaufsausschuß
2. Normenausschuß
3. Finanzausschuß
4. Ausschuß für technische Bewertung
5. Materialüberprüfungsgruppe
6. Ausschuß ,,selber machen oder kaufen''
7. Gehaltsüberprüfungsausschuß
8. Beschwerdestelle für Arbeitnehmer
9. Ausschuß für Auswahl von Finanzierungsquellen
10. Verhandlungsausschuß

G. Sonstige nützliche Grenzen

1. Preiserhöhungsmöglichkeiten begrenzt
2. Schadenersatzforderungen begrenzt
3. Gutschriftsgrenzen für fehlerhafte Teile, zuviel gelieferte Ware, verspätete Lieferung
4. Zeitgrenzen aller Art
5. Grenzen in Bezug auf Produktionspläne

Solche Grenzen haben mir einiges gebracht. Bei manchen gewann ich Bedenkzeit, konnte am Ball bleiben oder erhielt Informationen. Bei anderen hatte ich Gelegenheit, bessere Fragen zu stellen oder bessere Antworten zu geben. Sie alle aber haben mir, was vielleicht am allerwichtigsten ist, die Möglichkeit gegeben, die Entschlossenheit des Gegners auf die Probe zu stellen und ihm einen Ausweg zu lassen, ohne gleichzeitig einen Gesichtsverlust hinnehmen zu müssen. Es spricht also sehr vieles für begrenzte Vollmachten.

Umfassende Verhandlungsvollmachten — Der eingebaute Stolperdraht

Schon vor vierhundert Jahren erteilte *Francis Bacon* den Rat, daß Staatsoberhäupter *besser* über *Unterhändler* verhandeln als von Angesicht zu Angesicht. Man tut gut daran, seinen Rat zu befolgen. Die Geschichte der Gipfeltreffen ist mit groben Schnitzern gepflastert. Das hat seinen *guten Grund*.

Volle Kompetenz läßt andere Ungleichgewichte der Macht stärker in Erscheinung treten. Jeder kann zwar bindend für seine Organisation sprechen, aber vielleicht sind die Partner in wichtigeren Dingen nicht gleich. Dem einen geht es gesundheitlich nicht gut, wie beispielsweise Präsident *Franklin D. Roosevelt* in Jalta, während der andere in der Blüte seines Lebens steht. Der eine ist gründlich vorbereitet, während der andere nicht dazu gekommen ist. Der eine wird von dringenden anderen Problemen gequält, während ein anderer mit einem guten Mitarbeiterstab gekommen ist und sich um Kleinigkeiten nicht zu kümmern braucht. Der eine ist sich seiner selbst sicher, der andere hat Angst und ist stimmungsmäßigen Schwankungen unterworfen. Der eine ist finanziell gesund, der andere lebt wie ein Krösus — auf Pump. Der eine meint, er habe es nötig, „das große Tier" zu spielen, während dem anderen an

Imagemache nichts liegt. Der eine ist durch fleißige Arbeit und große Risikobereitschaft aufgestiegen, während sich der andere dem Müßiggang hingegeben hat. Solche Unterschiede können jede Verhandlung beeinflussen, selbst wenn die Kompetenzen begrenzt sind. Wenn aber die Verhandlungspartner alle Vollmachten haben, können solche Unterschiede zu einer Katastrophe führen.

Spitzenmanager haben in Verhandlungen ganz andere Probleme als Führungskräfte auf den unteren Stufen der Befugnispyramide. Die Chefs wissen im allgemeinen weniger und haben sich auch wahrscheinlich weniger gründlich vorbereitet. Bei der Koordinierung der eigenen Leute und bei den Verhandlungen mit den eigenen Leuten schneiden sie schlechter ab. Sie haben meistens das Gefühl, für die Bedürfnisse und Prioritäten der ihnen unterstellten Mitarbeiter sprechen zu können und zu müssen. Für alle komplizierten Organisationen gilt jedoch: *„Vater weiß es nicht am besten"*. *Er glaubt das nur.* Auf den oberen Unternehmensetagen und in der Politik haben wir mehr als genug Narren, mehr als genug Leute, die Böcke schießen und ideologisch nicht in ihre Umgebung passen. Der Spitzenmann leidet meistens an einer weiteren Krankheit, nämlich an dem Bedürfnis, die *Rolle des weisen Staats- oder Geschäftsmannes zu spielen.*

Wer sämtliche Verhandlungsvollmachten hat, muß besondere *Vorsichtsmaßnahmen* ergreifen. Sie dürfen sich nicht zu schnellen Entscheidungen drängen lassen. Bei der Zeitplanung müssen Sie auch an Pausen denken, an Pufferstunden, in denen man nachdenken, Tatsachen überprüfen und sich mit den eigenen Leuten in Verbindung setzen kann. Sie dürfen sich nicht genieren, dumme Fragen zu stellen und genauso oft und leicht wie andere auch *„Ich weiß nicht"* zu sagen. Wenn sich Hochgestellte treffen, geht es um mehr. *Verletztes Selbstgefühl und schlimme Fehler sind teuer.* Nehmen Sie sich bei Gipfeltreffen in acht. Oft ist es klüger, einem anderen mit begrenzten Vollmachten die Verhandlungen zu überlassen.

Verschiebung der Kompetenzebene

Vor Jahren habe ich in der *Zeitschrift Life* einen Artikel über die *Skouras-Brüder* gelesen. Sie haben in ihren Verhandlungen mit der Filmindustrie die Kompetenzebene zu ihrem eigenen Vorteil immer höher geschraubt. Agenten und Filmschauspieler mußten bei Verhandlungen mit der Skouras-Organisation immer bei dem jüngeren Bruder anfangen. Sie verhandelten eine Zeit lang miteinander und kamen schließlich zu einer vorläufigen Übereinkunft. Dann mußte die Übereinkunft dem älteren Bruder zur Genehmigung vorgelegt werden, die er natürlich nicht erteilte. Von nun an war der ältere Bruder für die Verhandlungen zuständig. Der Prozeß wiederholte sich noch einmal, und die Verhandlungen landeten schließlich bei *Spyros*, dem Ältesten. Nur wenige Agenten besaßen so viel Ausdauer und Durchhaltevermögen, daß sie bis zur höchsten Kompetenzebene vordrangen.

Bei der Verlagerung der Zuständigkeiten auf immer höhere Kompetenzebenen geht es darum, die Genehmigungsebene ständig höher anzusiedeln, so daß der Verhandlungspartner buchstäblich dazu gezwungen wird, jedesmal wieder neu zu verhandeln oder zumindest seine Argumente auf jeder Ebene zu wiederholen.

Diese Taktik ermüdet den Gegner physisch und psychisch.

Das Selbstvertrauen des Gegners steht auf dem Prüfstand. Sein Erwartungshorizont und seine Forderungen werden stückweise dezimiert.

Mit dieser Taktik treibt man außerdem einen Keil zwischen den Verhandlungspartner und seine Organisation. Bei der in *Life* abgedruckten Geschichte stand der unglückliche Agent zwischen dem Schauspieler und dem Leiter des Filmstudios. Er wurde in eine peinliche Lage gebracht. Seinem Kunden, dem Schauspieler, hatte er mitgeteilt, der Abschluß sei unter Dach und Fach. Dann mußte er erfahren, daß sich die Zuständigkeit auf die nächsthöhere Kompetenzebene verlagert hatte. Mit diesem Höherschrauben der Kompetenzebene unterzog man den Agenten einer harten Prüfung. Wie weit ging sein Engagement für die Erwartungen seines Kunden? Jeder Verkäufer, jeder Käufer kann bei einer solchen Taktik in eine ähnliche Situation kommen.

Bei dieser Taktik sind *harte Gegenmaßnahmen* erforderlich. Wenn ein solches Spiel gespielt wird, muß man den Bluff beim Namen nennen:

1. Auch die eigene Kompetenzebene höherschrauben. Wenn die Gegenpartei Vertreter einer höheren Ebene in die Verhandlung schickt, sollte man ebenso reagieren.
2. Einen Abbruch der Verhandlungen in Betracht ziehen.
3. Sich direkt an die Spitze des Unternehmens wenden. Protestieren!
4. Hoffnungen in der eigenen Organisation nicht zu früh wecken.

5. Die eigene Organisation darauf hinweisen, daß die Taktik „Höherschrauben der Kompetenzebene" vom anderen dazu benutzt werden kann, Abstriche vom eigenen Erwartungshorizont zu veranlassen.
6. Die eigenen Argumente nicht auf jeder Ebene wiederholen. Überlassen Sie das dem Gegner.

Die Taktik „Höherschrauben der Kompetenzebene" bleibt keineswegs nur auf die Filmindustrie beschränkt. Bei Autohändlern wird sie auch sehr gerne gespielt. Man muß schon Mut haben, gegen diese Taktik anzugehen. Man muß sich für seine Position einsetzen und den längeren Atem haben.

Leistung

Tatsächliche und erhoffte Leistung — Bekommen Sie, was Sie wollen?

Wir haben wohl alle unseren Kindern schon einmal gesagt: *„Ihr müßt nur hoch hinauswollen, dann werdet Ihr mehr erreichen!"* Auch in unserem Alltagsleben halten wir uns daran. Auf unser Thema angewandt lautet die Frage: „Erreicht man mehr, wenn man sich seine Ziele in Verhandlungen sehr hoch steckt?"

Zwei Professoren machten einen *Versuch.* Zwei Verhandlungsteams wurden durch eine Wand getrennt. Sie konnten einander weder sehen noch hören. Forderungen und Angebote wurden unter dem Tisch hin und her gereicht. Beide Gruppen erhielten dieselben Anweisungen — mit einer Ausnahme: Einer Gruppe wurde das Ziel gesetzt, sich auf einen Preis von $ 15 zu einigen, die Grenze für die andere Gruppe lag bei $ 5. Dieser Test wurde mehrere Male durchgeführt. Was geschah? Die Gruppe, von der man $ 15 erwartete, kam auch ungefähr bei $ 15 zu einem Abschluß, während die 5 $-Gruppe bei $ 5 landete.

Ich selbst habe einen ähnlichen Versuch, allerdings unter etwas anderen Bedingungen, durchgeführt. Die Professoren hatten ihren Versuch mit Studenten durchgeführt. Ich machte ihn mit professionellen Verkäufern. Sie hatten die Kommunikationsmöglichkeiten beschnitten. Ich ließ die beiden Parteien offen am Tisch miteinander verhandeln, von Mann zu Mann oder von Gruppe zu Gruppe. Die Professoren hatten einen *künstlichen Erwartungshorizont* geschaffen. Ich ließ jeden *selbst entscheiden.* Auch in meinem Versuch hat sich bestätigt, daß *Menschen mit höheren Erwartungen mehr erreichen.* Diejenigen, die ihre Erwartungen nicht so hoch geschraubt hatten, waren bereit, sich mit weniger zufriedenzugeben.

Der Erwartungshorizont eines Menschen zeigt sein *beabsichtigtes* Ziel. Er spiegelt wieder, wieviel er will, d. h. er setzt sich eine Leistungsnorm. *Es ist nicht ein Wunsch, sondern die feste Absicht, eine bestimmte Leistung zu erbringen.*

Davon hängt auch die Selbstachtung ab.

Fehlschläge führen zu einem Verlust an Selbstachtung. Wer jemanden fragt, ,,Wieviel Punkte möchten Sie nächstes Mal gern erzielen?'', wird unrealistischere Ziele erfahren, als wenn er fragt: ,,Mit wieviel Punkten *rechnen* sie beim nächsten Mal?'' Bei der letzten Frage geht es auch um die Selbstachtung, bei der ersten nicht. Die Eigenverpflichtung im ersten Fall ist kleiner als im zweiten.

Eine Verhandlung ist ein *geschlossener Regelkreis.* Käufer und Verkäufer setzen sich Ziele. Dann kommt die *Rückkoppelung.* Alle Forderungen, Zugeständnisse, Drohungen, Verzögerungen, Tatsachen, Termine und Befugnisgrenzen werden sich auf die Erwartungen der Verhandlungspartner auswirken. Mit jedem Wort, mit jeder Entwicklung geht der ,,Preis'' in Gedanken auf und ab.

Wer sich hohe Ziele setzt und sich ihnen verpflichtet fühlt, wird in einer Verhandlung mehr Erfolg haben als Menschen, die bereit sind, sich mit weniger zufriedenzugeben. Allerdings gibt es auch ein Risiko. Wer seine *Erwartungen hochschraubt*, wird *mehr bekommen*, wird aber auch häufiger an einem *toten Punkt* landen. Gutes Urteilsvermögen braucht man schon. Trotz des Risikos sagen wir:

,,Hoch mit dem Erwartungshorizont!''

Liebesbedürftigkeit

Gefühle, die ein guter Verhandlungsführer nicht haben sollte

Jeder will *Anerkennung* und *Zuwendung.* Aus Versuchen geht hervor, daß Menschen mit genügend Machteinfluß auf andere von denen, die sie beeinflussen, geliebt werden wollen. Sie sagen eigentlich: ,,Tue, was ich sage, aber du mußt mich gleichzeitig auch lieben." Menschen mit geringer Macht haben so auch eine Machtquelle — sie können ihre Liebe und Anerkennung zurückhalten.

Kann man ein guter Verhandlungsführer sein, wenn man ein starkes Bedürfnis hat, geliebt zu werden? Ich glaube nicht. Bei Verhandlungen besteht ein Interessenkonflikt zwischen den beiden Seiten. Man muß bereit sein, das Risiko einzugehen, einige Dinge zu tun, die dazu führen, daß man von der anderen Seite nicht gemocht wird. Es ist nicht leicht, zu einem Problem eine feste Position zu beziehen, eine Frage zu stellen oder ,,nein" zu sagen.

Wer Angst hat, sich diesem Konflikt zu stellen, wird wohl sein Geschäft verpatzen.

Limit

Mehr hab' ich nicht

Diese Taktik funktioniert. Sie ist einfach, wirkungsvoll und moralisch einwandfrei. Wird sie von einem geschickten Käufer gespielt, kann sie beiden Parteien nützen. Für den Verkäufer kann ein Limit auf Seiten des Einkäufers die Chance bedeuten, den Verkauf abzuschließen und seine Gewinnmarge zu erhöhen.

Ein Beispiel:

Ein Hausbesitzer möchte seinen Garten anlegen und einen Zaun errichten lassen. Es handelt sich um ein Hanggrundstück. Der Auftrag bringt also einige Probleme mit sich. Von einem ortsansässigen Unternehmen kommt ein Angebot: DM 6000,—. Dieses Angebot ist weder das billigste noch das teuerste, aber es sieht sehr ordentlich aus und entspricht der Ausschreibung des Auftraggebers. Nur — der Käufer will höchstens DM 4800,— ausgeben, nicht DM 6000,—.

,,Mir gefällt Ihr Angebot", sagt der Käufer, ,,aber ich kann nur DM 4800,— ausgeben." Er versucht, dem Verkäufer dieses Limit so glaubhaft wie möglich darzulegen. Meistens reagiert der Verkäufer auf ein solches Limit. Er ändert das Angebot oder zeigt mögliche Alternativen.

Der Käufer erfährt Dinge über Zaunarbeiten, Mauerbau, Plattenverlegung, Anpflanzung und Wasserfälle, von denen er keine Ahnung hatte. Dadurch kann er informierter kaufen.

Warum funktioniert diese Taktik? Wenn ein Käufer sagt: ,,Mir gefällt Ihr Produkt, aber ich habe nur soundsoviel Geld zur Verfügung'', wird der Verkäufer meistens positiv und freundlich reagieren. Wie kann ich meinem Gegenüber böse werden, wenn er mein Produkt und auch mich mag? Der Verkäufer engagiert sich für den Kunden und sein Problem. Zwischen ihm und dem Abschluß steht nur eine kleine Problemlösung.

Die Verhandlungen sind *kein Konkurrenzgeschehen mehr*, sondern sind zu einer Situation der *Zusammenarbeit* geworden. Der Verkäufer weiß, daß es überall Budgets mit bestimmten Grenzen gibt. Er hat ein wenig Mitleid mit dem Käufer. Seine Enttäuschung richet sich gegen das ,,System'', das dieses Hindernis errichtet hat. Der Verkäufer sieht die *wirklichen Bedürfnisse* des Käufers auf einmal mit anderen Augen. Es dauert nicht lange, bis er entdeckt, daß er im Preis ein wenig nachgeben und das ursprüngliche Angebot ein wenig ändern kann. Auch der Käufer kann sich ein wenig anpassen und doch noch im Rahmen seines Budgets bleiben. Jeder hilft dem anderen, sein Gesamtziel zu erreichen.

Sogenannte ,,*Tiger-Teams*'' wissen mit dieser *Limit-Taktik* außerordentlich gut umzugehen. Es kommt öfters vor, daß der Einkauf eine ganz besonders schwierige Aufgabe lösen muß. Er erhält den Auftrag, sämtliche Artikel für ein aufwendiges Programm zu einem Preis einzukaufen, der 20 – 50% unter den ursprünglich kalkulierten Kosten liegt. Solche Anweisungen kommen meistens, wenn ein Unternehmen merkt, daß es wahrscheinlich Verluste machen wird. Dann wird ein ,,Tiger-Team''aus Mitarbeitern des Einkaufs, der Technik und der Produktion mit dem Auftrag ausgesandt, dieses scheinbar unmögliche Limit einzuhalten.

Die Limit-Taktik funktioniert unter anderem so gut, weil die *Selbstachtung* des Verkäufers betroffen ist. Einem Menschen, der in Not ist, will jeder gerne helfen. Der Verkäufer hat die Chance zu zeigen, wie gut er sein Geschäft versteht und wie sehr es ihm um das Wohlergehen des Kunden geht. Die Limit-Taktik muß nicht unbedingt zu einem niedrigeren Preis für den Käufer führen, aber er wird auf jeden Fall einen Nutzen haben: *Er wird viel Neues über das Produkt erfahren.*

Limits, die der Verkäufer anwenden kann

Der Käufer, der ein Limit setzt, sagt zum Verkäufer: *,,Mir gefällt, was Sie zu verkaufen haben, aber ich habe nur soviel Geld. Bitte helfen Sie mir".*

Der Verkäufer, der ein Limit setzt, meint: *,,Ich würde diesen Verkauf gerne tätigen, kann es aber nicht, wenn wir nicht ein paar Probleme lösen".*

Zum Beispiel:

1. Mindestbestellwert DM 200.
2. Wenn Sie Größe 42 haben wollen, müssen Sie auch einige Stücke in Größe 48 abnehmen.
3. Bei Bestellung dieser Maschine muß gleichzeitig ein zweijähriger Wartungsvertrag abgeschlossen werden.
4. Zu diesem Preis können wir Ihnen erst in sechs Monaten liefern.
5. Wir können Ihre Bedingungen erfüllen, wenn Sie die ganze Partie bei uns fertigen lassen.
6. Das ist unser Standardmodell. Wenn Sie Ihre Spezifikationen diesem Modell anpassen können, werden wir auf den von Ihnen gewünschten Preis eingehen können.
7. Wir können den Auftrag erfüllen, aber Sie müssen Ihr Modell so und so ändern, damit es ohne weiteres in unsere Produktion paßt.
8. Geht in Ordnung, wenn Sie eine Anzahlung von DM 20000 leisten.

Limits haben ihre Vorteile für Käufer und Verkäufer.

Dem Verkäufer können sie dazu verhelfen, einen Abschluß unter Dach und Fach zu bringen, eine größere Bestellung zu notieren, ein besseres Produkt anzubieten oder das gesamte Budget des Käufers auszuschöpfen.

Limit-Taktik

Gegenmaßnahmen für den Verkäufer

Kann ein Verkäufer etwas gegen die Limit-Taktik tun und sie zu seinen Gunsten umkehren? Ja. Folgendes sollte der Verkäufer bedenken und tun, wenn er von einem Kunden vor ein Limit gestellt wird:

1. Das Limit testen. Die meisten Budgets können flexibel gehandhabt werden.
2. Schon vor dem tatsächlichen Verkaufsgespräch Alternativen bereit halten: verschiedene Modelle, Liefer- und Preisbedingungen.
3. Wer mit einem Limit nicht gerechnet hat, sollte um Zeit bitten, um sich mit dem Problem beschäftigen zu können.
4. Feststellen, wer die endgültige Entscheidung trifft, und feststellen, ob der Partner schon genau weiß, was er will. Vielleicht gefällt ihm Ihr Angebot und er will gar keine Änderung.
5. Flexibel sein in Bezug auf das Zahlungsziel. Wenn der Käufer auch im Moment nicht genug Geld hat, vielleicht hat er es später. Vielleicht will er in Raten zahlen oder erst nach Weihnachten.
6. Feststellen, wer das Geld hat und wer schließlich die Rechnung bezahlt.
7. Den Käufer selbst Vorschläge machen lassen, wie er sich die Verwirklichung seines Limits vorstellt.

Der Verkäufer, der auf solche Limits vorbereitet ist, kann sie in Chancen umwandeln. Er kann ein *Produkt präsentieren*, das den *Bedürfnissen* des Käufers *entspricht*, dem Verkäufer aber *mehr Gewinn* bringt als das ursprüngliche Angebot. Der Verkäufer wird bessere Ergebnisse erzielen, wenn er sich von vornherein fragt:

,,Was werde ich tun, wenn mich der Verkäufer mit einem Limit konfrontiert?".

Wer mit solchen Limits umzugehen weiß, hat den Abschluß schon in der Tasche, während andere sich immer noch ganz schön abstrampeln müssen.

Macht des Legitimen

Unterschrift unter den Mietvertrag — Eine Horrorgeschichte

Die meisten machen sich nicht die Mühe, einen Einheitsmietvertrag durchzulesen, ehe sie ihn unterschreiben. Vor der Menge des Kleingedruckten kommen sie sich irgendwie hilflos vor. Die meisten Amerikaner wissen einfach nicht, wie ungünstig der typische Standardmietvertrag für sie ist. Manche Paragraphen gehen noch auf das Mittelalter zurück, und bis jetzt hat sich niemand die Mühe gemacht, sie zu ändern. Die üblichen Worte und Bedingungen üben eine ganz bestimmte Macht aus, die ich die Macht des Legitimen nennen möchte.

Wer in Amerika seine Unterschrift unter einen Mietvertrag setzt, hat sich wahrscheinlich mit *folgenden Bedingungen* einverstanden erklärt:

1. Der Eigentümer darf die vermietete Wohnung jederzeit ohne vorherige Anmeldung betreten.
2. Die Miete muß bezahlt werden, auch wenn der Vermieter versprochene Arbeiten nicht durchführen läßt.
3. Der Vermieter kann jeden vom Mieter vorgeschlagenen Untermieter ohne Angabe von Gründen ablehnen.
4. Für den Fall, daß sich der Mieter durch Schuld des Vermieters verletzt, verzichtet der Mieter darauf — soweit im Rahmen der Gesetze möglich — den Vermieter haftpflichtig zu machen.
5. Wenn der Mieter ein Gerichtsverfahren gegen den Vermieter anstrengt, hat der Mieter auch die Anwalts- und Gerichtskosten des Vermieters zu tragen. Wenn aber der Mieter ein Gerichtsverfahren anstrengt, braucht der Vermieter nicht die Gerichts- und Anwaltskosten des Mieters zu übernehmen.

Wer um alles in der Welt unterschreibt solche Bedingungen? Nun, in Amerika kommt das Tag für Tag vor. Die oben genannten Standardbedingungen sind Mietern und Vermietern in ihren gegenseitigen Beziehungen so in Fleisch und Blut übergegangen, daß man einer Abänderung machtlos gegenübersteht. Das Machtgleichgewicht verlagert sich zu Gunsten des Vermieters, ohne daß überhaupt darüber verhandelt worden ist.

So also funktioniert die Macht des Legitimen. *Sie hypnotisiert einen zur Einwilligung.* Wer also allgemeine Bedingungen unterschreiben soll, wer sich mit den Bedingungen im Kleingedruckten des Vertrages einverstanden erklären, den Regeln oder Verfahrensrichtlinien folgen, den angegebenen Preis oder für zusätzliche Garantieleistungen zahlen soll, sollte aufpassen. Über solche Dinge läßt sich durchaus verhandeln, mehr als die meisten wahrhaben wollen.

Macht einfacher Lösungen

Einfache Lösungen haben eine ganz hintergründige Macht.

Der Mensch sehnt sich nach Einfachheit.

Ein Teil des versteckten Preises, den man bei einem Geschäft zahlt, steckt immer in der Leichtigkeit, mit der man eine Vereinbarung begreifen und erklären kann.

Bei einfachen Lösungen wird die Aufmerksamkeit auf Beziehungen und Zahlen gerichtet, die selbstverständlich scheinen. Sich die Differenz teilen oder einen Kuchen gleichmäßig unter vier Kindern aufteilen, läßt sich leicht verstehen. Wie soll man auch einen Kuchen unter vier Kindern anders als gleichmäßig verteilen?

Man kann sich bei Abmachungen darauf berufen, was in der Vergangenheit gemacht wurde. Veröffentlichte Normen, Durchschnitte und Veränderungen im Lebenshaltungsindex üben ihren Einfluß auf Abmachungen aus, auch wenn ihre Relevanz fraglich ist. Vergleiche zwischen eigentlich nur kaum vergleichbaren Dingen helfen manchmal den Parteien, eine Vereinbarung zur gegenseitigen Zufriedenheit abzuschließen. Wenn andere Kriterien fehlen, vergleichen wir den Preis eines 10 m langen Boots mit dem eines 12.50 m langen Boots. Wenn wir erfahren, daß ein 10 m langes Boot 15 000 Dollar und ein 12.50 m langes Boot 40 000 Dollar kostet, fällt es uns schwer, uns damit abzufinden. 20 000 Dollar und 25 000 Dollar würde plausibler klingen.

Ich habe gern mit glatten Zahlen zu tun. *Thomas Schelling* hat an der Harvard Universität das Problem der Zahlen erforscht. Seine Untersuchungen haben bestätigt, daß schöne runde Zahlen wie 1 $, 10 $, 100 $, 1000 $, 100 000 $ und 1 000 000 $ meistens anziehend wirken. Mit Preisen wie Stück 96 cents, 9.65 $ und 96,43 $ pro Einheit ist schlechter umzugehen. Ich bin im Multiplizieren mit anderen Zahlen als 10 immer schlecht gewesen.

Wenn ein Verkäufer das nächste Mal 102 400 $ verlangt, warum soll man ihm dann nicht vorschlagen, sich auf 100 000 $ zu einigen? Wahrscheinlich werden Sie durch einen Augenblick Arbeit über 2000 $ einsparen können. Runde Zahlen sind schöne Zahlen.

Einfache Lösungen senden ihre spezifischen Signale aus: ,,Auf eine schönere Zahl können wir uns doch gar nicht einigen.'' Darin liegt die Macht der Zahlen.

Macht für Käufer

Verhandlung mit einem Verkäufer, der keine Konkurrenz hat

Käufer sinken wie Zelte in sich zusammen, wenn sie mit einem konkurrenzlosen Verkäufer zu tun haben. Wenn es nur einen Verkäufer gibt, verschiebt sich das Machtgleichgewicht auf jeden Fall zu seinen Gunsten.

Wettbewerb zwischen Firmen ist nur eine Machtquelle. Ein konkurrenzloser Anbieter muß mit andersartiger Konkurrenz fertig werden. Ein Käufer kann manchmal Konkurrenz herstellen, indem er das, was er eigentlich kaufen will, selbst herstellt oder indem er ohne das Produkt auskommt. Er kann dem Verkäufer sagen, daß sein langfristiges Interesse an Kundenerhaltung wichtiger ist als alle kurzfristig zu erlangenden Preisvorteile. Der Verkäufer steht vielleicht in Konkurrenz mit sich selbst, weil er hin- und hergerissen wird zwischen dem Wunsch, seinen hohen Lagerbestand an Waren der letzten Saison abzubauen oder durchzuhalten und auf höhere Gewinne zu hoffen. Manchmal braucht der konkurrenzlose Anbieter Geld, um seine Produktion aufrechtzuerhalten, talentierte Mitarbeiter behalten zu können, bis die Geschäfte wieder besser laufen oder um seine Steuern bezahlen zu können.

Einem Käufer stehen noch *weitere Machtquellen* zur Verfügung, wenn er sie nur begreift:

1. Die Macht des eigenen Engagements. Engagement, Loyalität und Freundschaft sind Bastionen der Macht. Menschen, die sich für ihre Ziele engagieren oder sich darum bemühen, andere zufriedenzustellen, besitzen eine geheime Macht. Menschen, die sich gegenüber ihrer Firma, ihrer Leitung und ihren Produkten loyal verhalten, verhandeln effektiver für das Unternehmen. Wer an sich und seinen Standpunkt glaubt, wird sich nachdrücklicher für seine Firma einsetzen.
2. Die Macht des Legitimen. Es gibt keine Machtquelle, die so hypnotisiert wie die Macht des Legitimen. Wir haben gelernt, die Autorität von Verfahren, Gesetzen, Standardformularen und Preisschildern so sehr zu akzeptieren, daß wir ihre Anwendbarkeit nicht einmal unter veränderten Umständen in Frage stellen.
3. Die Macht des Wissens. ,,Wissen ist Macht'', sagte *Sir Francis Bacon*. Je mehr man über die Kosten, die Organisation, die Geschäfts-

lage und das Produkt eines Verkäufers weiß, desto besser kann man verhandeln. Je mehr man über Verhandlungen weiß, desto besser.
4. Die Macht des Eingehens von Risiken und die Macht, wenn man Mut hat. Sicherheit ist ein Ziel, auf das die Menschen sehr viel Wert legen. Wir alle wollen Risiken möglichst vermeiden. Der Mensch, der willens ist, größere Unsicherheit im Hinblick auf Belohnung oder Bestrafung auf sich zu nehmen, fördert damit seine Macht.

Unsicherheit geht eher auf Angst und Vorurteile als auf rationale Gründe zurück. Manche Risiken lassen sich voraussehen, manche nicht. Der Hersteller von Präzisionsteilen rechnet bei einem schwierigen Auftrag mit 10% Abfall. Er hat seine Erfahrungen mit Retouren bei Aufträgen mit geringer Toleranzspanne. Deswegen kann er einen rationalen Voranschlag machen. Andererseits kann er aber nicht voraussehen, daß eine bestimmte Charge so porös ist, daß die bestellten Größen nicht eingehalten werden können.

Unsicherheit kann durch das Auftauchen eines Risikos auf Firmen- und auch auf persönlicher Ebene geschaffen werden. Bei einem Verhandlungsstillstand kann ein Verhandlungsführer unter Umständen seinen guten Ruf verlieren. Das Risiko erhöht sich weiter, wenn man Themen anschneidet, bei denen es dem Gegner an Wissen mangelt oder bei denen er nicht in der Lage ist, die Situation zu erfassen.

Mut spielt eine Rolle bei einer Entscheidung zu Zugeständnissen, bei einer Entscheidung, nicht nachzugeben oder bei einer Entscheidung, die Verhandlung platzen zu lassen. Wenn es um Schmerzensgeld geht, weiß der Versicherungssachbearbeiter nie, ob sein niedriges Angebot nicht zu einem kostspieligen Gerichtsverfahren führen wird. Umgekehrt kann auch der Anspruchsteller nur hoffen, daß das schließliche Gerichtsurteil sein Ablehnen des ersten Angebots rechtfertigt. Man braucht Mut, um Unsicherheit auszuschalten. Der eine ist mehr, der andere ist weniger fähig dazu.
5. Die Macht von Zeit und Fleiß. Zeit und Geduld sind Macht. Die Partei, die unter größerem Zeitdruck steht, gibt dem anderen eine Basismacht. Aus diesem Grunde betonen Einkaufsleiter die Bedeutung von Beschaffungs- und Frühwarnsystemen bei der Lagerhaltung.

Kaufen, Verkaufen und Verhandeln sind mühsame Arbeiten, und die Bereitschaft zur Arbeit ist Macht. Die schwerste Arbeit haben wir wohl zu leisten, wenn es um Planung geht und wenn ein Verhandlungsstillstand droht. Beides läßt sich vermeiden, das eine durch Nichtplanung, und das andere durch das Erzielen eines Übereinkommens. Die arbeitswilligere Partei gewinnt an Macht. Manche Menschen sind ganz einfach faul und verzichten dadurch auf diese wichtige Machtquelle.

Macht für Verkäufer

Die Grenzen der Konkurrenz

Verkäufer sind von der Konkurrenz besessen. Bei allen Käufern sehen sie einen Konkurrenten unter dem Schreibtisch sitzen. Darüber vergessen sie, daß Käufer meistens in ihrer Fähigkeit begrenzt sind, Konkurrenzquellen auszunutzen. Grenzen gesetzt werden durch *folgende Punkte:*

1. Der Einkäufer hat persönliche Vorurteile.
2. Manche Konkurrenten sind geographisch zu weit entfernt.
3. Manche Konkurrenten haben den Käufer schon einmal in Schwierigkeiten gebracht.
4. Verschiedene Produktionsmöglichkeiten und -kapazitäten.
5. Produktions- oder technische Mitarbeiter mit bestimmten Präferenzen.
6. Spezifikationen, die bestimmte Lieferanten von vornherein ausschließen.
7. Schlechter Ruf mancher Konkurrenten.
8. Manche Konkurrenten verlangen einen zu hohen Preis.
9. Viele Konkurrenten können nicht pünktlich liefern.
10. Manche Konkurrenten bieten ein vollständiges Dienstleistungspaket an, manche nicht.
11. Manche Konkurrenten räumen 90 Tage Zahlungsziel ein, andere räumen kürzere Ziele oder gar keine ein.
12. Der Käufer hat sich an die Geschäftsbeziehungen zu einigen Verkäufern gewöhnt und möchte nicht wechseln.
13. Manche Konkurrenten kennt der Käufer gar nicht.
14. Mit manchen Konkurrenten muß der Käufer zu lange verhandeln. Er hat zu viele andere Dinge zu tun.

Macht für den Verkäufer!

Massenbewegung

Dem amerikanischen SDS (Students for a Democratic Society) ist es mit der Taktik *„Alle sollen mitmachen"* gelungen, die amerikanischen Universitäten in Aufruhr zu versetzen. Sie hatten damit mehr Erfolg, als sie selbst erwartet hatten.

Der amerikanische SDS hatte sich mehrere Themen gleichzeitig auf die Fahnen geschrieben, um die Unruhe unter den Antikriegsgruppen, den schwarzen Aktivisten, den Studenten, die sich über den Collegebetrieb ärgerten und den Professoren, denen die Budgetkürzungen mißfielen, auszunutzen. Auf die ersten Demonstrationen reagierte die Polizei mit Gewalt. Damit wurde eine Massenbewegung ausgelöst, die der SDS allein nie erreicht hätte. Die große Mehrheit der im Grunde genommen unpolitischen Studenten wurde wütend auf alles, was mit Autorität zu tun hatte. Massive Demonstrationen und die Schließung verschiedener Institutionen waren die Folge. Eine Handvoll Aktivisten hatte den richtigen Ansatzpunkt zur Ausübung von Macht gefunden und damit das Leben von Millionen in Aufruhr gebracht.

Auf Verhandlungen angewandt bedeutet die Idee der Massenbewegung, daß sich Gruppen mit *verschiedenen Interessen* für eine *bestimmte Position* engagieren. Die Themen werden so breit gestreut, daß sich möglichst viele für das Gesamtergebnis einsetzen können.

Das Hinzielen auf eine Massenbewegung nach dem Motto „Alle sollen mitmachen" funktioniert, weil sich bei bestimmten Problemen Machtkoalitionen bilden. Der Satz *„Die Politik schafft seltsame Bettgenossen"* wird so eigentlich erst verständlich. Ein Verhandlungsführer, der genügend verschiedene Punkte auf den Tisch bringt, wird irgendwo auch eine ganze Reihe von Unterstützern für diese Punkte finden. Bei einer Verschärfung des Konfliktes werden sich immer Leute finden, die immer mehr davon haben, wenn der Streit beigelegt wird, ehe er völlig außer Kontrolle gerät. Sobald das Problem groß genug ist, wird ein neutraler Dritter und die Öffentlichkeit mit hineingezogen.

Die besten *Gegenmaßnahmen* gegen diese Taktik der Massenbewegung sind *Geduld* und *Öffentlichkeitsarbeit*. Man sollte dem *gesunden Menschenverstand* eines Dritten Zeit lassen, sich durchzusetzen. Wenn nicht direkt Betroffene glauben, daß Beschwerden fair angehört und daß die entsprechenden Maßnahmen ergriffen werden, werden sie als mäßigende Kraft auftreten. Wer sich nicht festgelegt hat, kann es nicht leiden, für die Zwecke anderer manipuliert zu werden. Zurückhaltung, Aufgeschlossenheit und gute Öffentlichkeitsarbeit werden dazu beitragen, die Macht der lose zusammengefügten ,,Alle sollen mitmachen''-Koalition abzuschwächen.

Motivation

Was der andere wirklich will.

1. Er möchte sich selbst auf die Schulter klopfen können.
2. Er möchte nicht gerne in eine Ecke getrieben werden.
3. Er möchte zukünftige Schwierigkeiten und Risiken vermeiden.
4. Er möchte von seinem Chef und von anderen als Mensch mit gutem Urteilsvermögen anerkannt werden.
5. Er möchte Informationen.
6. Er möchte seinen Arbeitsplatz behalten und befördert werden.
7. Er möchte leichter arbeiten, nicht schwerer.
8. Er möchte seine persönlichen Ziele und Bedürfnisse verwirklichen, ohne seine Integrität zu verletzen.
9. Er möchte das Gefühl haben, daß sein Tun wichtig ist.
10. Er möchte die Unsicherheit vermeiden, die sich aus Überraschungen und Änderungen ergibt.
11. Er möchte jetzt und in der Zukunft auf Sie zählen.
12. Er möchte, daß man ihm zuhört.
13. Er möchte nett behandelt werden. Er will Unterhaltung, Abenteuer, Reisen, Sex und gutes Essen.
14. Er möchte gute Erklärungen
15. Er möchte gemocht werden.
16. Er möchte die Verhandlung hinter sich bringen und sich danach anderen Dingen widmen können.
17. Er möchte die Wahrheit wissen.
18. Er möchte, daß man denkt: Er ist ehrlich, fair, freundlich und verantwortungsbewußt.
19. Er will Geld, Güter und Dienstleistungen.

Nichtwissen

Zum eigenen Vorteil ausnützen

Wer je versucht hat, mit einem Gegenüber zu verhandeln, das nichts verstand oder nichts verstehen wollte, weiß, wie schwer es ist. Sie werden langsam müde, bis Sie schließlich sagen: ,,Zur Hölle damit!'' Das Verhandeln wird schwer, wenn man mit unentschlossenen, unorganisierten, närrischen oder fanatischen Menschen zu tun hat.

Ignoranz kann sich für jemanden auszahlen, der genug Mut hat, diese Taktik einzusetzen. Man gewinnt Zeit zum Nachdenken, Zeit, sich mit Fachleuten über die Sache zu unterhalten oder Zeit, um die Entschlossenheit der Gegenpartei zu prüfen. Einem Verkäufer, der über die Preise nicht Bescheid weiß, kann man zu den Preisen nicht befragen. Der Käufer, der sagt: ,,Ich habe keine Ahnung von Ihren Problemen. Ich weiß nur, daß ich diese Summe zahlen kann und nicht mehr'', ist ein schwieriger Verhandlungspartner.

,,*Selig die Unwissenden*'' ist vielleicht nicht ganz richtig, aber bei Verhandlungen manchmal ganz nützlich. Versuchen Sie es gelegentlich damit. Ihr Gegenüber wird wohl feststellen müssen, wie es schon so vielen von uns passiert ist, daß es schwierig ist, mit einem Pferdehinterteil zu verhandeln.

Niedrigstangebot

Das attraktive Angebot, das sich als gar nicht so attraktiv herausstellt

Der Billigstanbieter macht seinen Kunden mit einem sehr niedrigen Preis ein verlockendes Angebot. Sein Angebot hat allerdings einen Haken. Er will große Gewinne machen, indem er zusätzlich teure Extras verkauft oder teure Änderungen durchführt. Einkäufer und Verkäufer, die sich mit dieser Tätigkeit ihren Lebensunterhalt verdienen, können eine ganze Menge Geld sparen, wenn sie wissen, wie man sich bei solchen Billigangeboten verhält.

Autoverkäufer haben die Taktik des Billigstangebotes zur höchsten Kunst entwickelt. Sie sind allerdings nicht die einzigen. Bootsverkäufer stehen ihnen darin auch schon nicht mehr nach. Jedenfalls wird das Auto oder das Boot zu einem sehr billigen Grundpreis angeboten. Das alte Auto oder das alte Boot wird mit voller Absicht zu einem sehr hohen Preis in Zahlung genommen. Der Käufer sieht sich natürlich sorgfältig um und kommt schließlich zu dem Schluß, daß ihm wirklich ein guter Preis angeboten worden ist. Wenn er so weit gekommen ist, ist er müde und auch ein wenig verwirrt. Er geht also zu dem Mann zurück, der ihm das günstige Angebot gemacht hat und muß feststellen, daß das Geschäft doch nicht so gut ist, wie er gedacht hatte.

Ehe das Geschäft zum Abschluß kommt, sieht er sich vor einem Berg von Extras, Finanzierungskosten und Wartungsverträgen, von denen er vorher überhaupt nichts gewußt hatte; und alle diese Extras sind sehr teuer. Auch bei der Inzahlungnahme hat man sich geirrt. Das alte Boot muß plötzlich generalüberholt werden. Es ist nicht so viel wert, wie der Händler ursprünglich gedacht hatte. Hier spätestens sollte das Opfer *davonlaufen*. Aber es tut es nicht. Das Opfer will nur noch, daß das Ganze endlich über die Bühne geht.

Kann man den Schwierigkeiten mit Billigstangeboten irgendwie aus dem Wege gehen? Ich glaube, ja. Mit den *folgenden Vorschlägen* läßt sich einiges erreichen:

1. Man muß wissen, was man will.
2. Man darf sich nicht auf einen Preis versteifen.
3. Man muß den Verkäufer dazu bringen, den vollen Gesamtpreis inclusive aller Extras zu nennen.
4. Eine Option für die Dinge vereinbaren, die man nicht unmittelbar braucht.
5. Den Gesamtpreis, wenn möglich, aufschlüsseln lassen.
6. Ein strenges Verfahren zur Kontrolle von Änderungen einhalten, damit Spezifikationsänderungen in ihrer vollen Tragweite deutlich werden, und damit der richtige Preis dafür angesetzt werden kann.
7. Der Verlockung unbedingt widerstehen. Etwas umsonst gibt es nicht.

Am besten ist es, wenn man bei einem Billigstanbieter immer bereit ist, zu *gehen*. Sie müssen vielleicht wieder ganz von vorn anfangen, aber das ist immer noch besser, als ihn die Früchte seiner unethischen Taktik ernten zu lassen.

Optimierungstaktik

Rosinen aus dem Kuchen picken

Käufer picken sich gern das Beste heraus. Von Verkäufern aber wird diese Taktik gar nicht gerne gesehen. Hierbei handelt es sich um eine Optimierungstaktik.

Sie funktioniert folgendermaßen:

Ein Käufer holt von fünf verschiedenen Verkäufern Gesamtangebote zu verschiedenen Artikeln ein. Er vergleicht die Angebote und stellt fest, daß bei einem Verkäufer ein Artikel sehr preiswert, ein anderer dafür aber teurer ist. Der Käufer hat *drei Möglichkeiten.* Er kann seine ursprüngliche Anforderung aufgeben und die Einzelartikel zu den jeweils niedrigsten Preisen bei verschiedenen Verkäufern bestellen. Dadurch erzielt er den niedrigsten Gesamtpreis, muß aber einen hohen Verwaltungsaufwand in Kauf nehmen. *Zweite Alternative:* Er bestellt bei dem Verkäufer mit dem niedrigsten Gesamtpreis, obwohl einige Artikel sehr teuer sind. *Dritte Alternative:* Er gibt den Auftrag an den Verkäufer, den er bei den Artikeln mit höherem Preis herunterhandeln kann. Der *Rosinenpicker* entscheidet sich meistens für die dritte Alternative. Er will das *Optimum*: den niedrigsten Preis für jeden Einzelartikel und den niedrigsten Gesamtpreis.

Die meisten Verkäufer vertrauen ihrem eigenen Preiskalkulierungssystem so wenig, daß sie dem Rosinenpicker ohne viel Widerstand nachgeben. Sie sollten aber erkennen, daß der Käufer den Auftrag nicht gern an verschiedene Verkäufer gibt und deswegen meistens bereit ist, einen Aufpreis zu zahlen. Ein Verkäufer, der die höheren Preise für einzelne Artikel vernünftig begründen kann, wird sich meistens auch durchsetzen. Wenn das nichts nützt, braucht er nur ein ganz klein wenig im Preis nachzugeben, damit der Käufer die Entscheidung vor seinen eigenen Leuten vertreten kann. Bei einem Rosinenpicker sollte der Verkäufer mit Preisnachlässen sparsam umgehen.

Der Verkäufer kann eine weitere Gegenmaßnahme ergreifen und sagen: ,,Alles oder nichts''. Dieser Ansatz birgt natürlich Gefahren, weil er unter Umständen einen Großauftrag verliert.

Für den Verkäufer ist diese Taktik hart, aber sie ist nicht unmoralisch. Je besser ein Verkäufer den Käufer persönlich kennt, desto weniger braucht er sich vor dem Rosinenpicken zu fürchten. Wenn der Verkäufer dem Käufer sympathisch ist, wird er genauere Informationen bekommen, anhand derer er eine Preisnachlaßentscheidung treffen kann. Käufer, die Wert auf eine gute Beziehung zum Verkäufer legen, werden eine langfristige Beziehung höher einschätzen und diesen persönlichen Überlegungen nachgeben.

Partnerschaft mit Dritten

Externe Bundesgenossen erweitern den Handlungsspielraum

Es ist schön, Freunde zu haben. Ein Verhandlungsführer kann seine Verhandlungsposition verstärken, wenn er gute Partner findet. Mit externen Bundesgenossen läßt sich das Gleichgewicht der Macht verlagern. Mit guten Partnern kann die eigene Position legitimer werden, weil man eine Atmosphäre der Integrität, Freundlichkeit, Kompetenz und Finanzkraft schaffen kann.

Bei von außerhalb kommenden Partnern ist es interessant, daß die Perzeption sehr viel zum Funktionieren dieses Arrangements beiträgt. Sobald der Gegner hört, daß der Verhandlungsführer einen Partner hat, malt er sich die Einzelheiten dieser partnerschaftlichen Beziehung selber aus. Meistens sieht er eine viel engere Verbindung, als tatsächlich existiert. Manche Partnerschaften sind so lose, daß sie sich in der Erlaubnis, den Namen des anderen zu nennen, erschöpfen. Anderen liegt eine gegenseitige Hilfestellung nur bei geringfügigen Angelegenheiten zugrunde. Was im Kopf des Gegners vorgeht, hat meistens mehr mit der möglichen als mit der tatsächlichen Macht einer solchen Partnerschaft zu tun.

Welche Arten von Verbindungen mit Dritten geben einem Verkäufer mehr Macht am Verhandlungstisch? Dem Verkäufer stehen beim Umgang mit einem Käufer eine *große Palette von möglichen Partnerschaften* zur Verfügung:

1. Technische Partner. Ein Hersteller von Flugkörperzellen tut sich mit einem Raketenhersteller zusammen, um ein komplettes Verteidigungssystem anbieten zu können.

2. Finanzpartner. Eine Bank übernimmt eine Bürgschaft für einen Verkäufer, damit dieser die notwendige Produktionsausrüstung kaufen kann.
3. Politische Partner. Ein Senator setzt seine Überzeugungskraft ein, damit der Auftrag zur Konstruktion eines Schiffes an eine Werft in seinem Heimatstaat geht.
4. Partner in Rundum-Dienstleistung. Ein Stahlhersteller tut sich mit einem metallverarbeitenden Betrieb und einem lokalen Händler zusammen, um den Kunden ein Dienstleistungspaket anbieten zu können.
5. Partner ,,Schlüsselfertigkeit''. Ein Bauunternehmer bietet einer Hotelkette schlüsselfertige Erstellung eines neuen Hotels an — mit allen elektrischen, mechanischen, Heizungs-, Kühlungs-, Regelungs- und Steuerungsinstallationen. Zu den Verhandlungen kommt er zusammen mit seinen wichtigsten Untervertragsnehmern.
6. Partner in einem Gewerbezweig. Verkäufer tauschen Informationen aus über Kreditwürdigkeit, Produktnormen, moralische Prinzipien, staatliche Vorschriften und Bedürfnisse zum Auftreten als Lobby.
7. Geographische Partner. Verkäufer tun sich mit anderen Geschäftsleuten in einer örtlichen Handelskammer zusammen, um die Geschäfte am Ort zu fördern.
8. Internationale Partner. Amerikanische Verkäufer vereinbaren ein ,,joint venture'' mit Japanern, um ein Produkt in Japan zu vermarkten. Ohne diese Partnerschaft wäre die Vermarktung nicht möglich.
9. Referenzpartner. Der Verkäufer sorgt dafür, daß zufriedene Kunden Kontakt mit potentiellen Kunden aufnehmen und ihnen versichern, daß sie mit den zukünftigen Geschäften zufrieden sein werden.

Vom Standpunkt des Einkäufers sieht die Verbindung mit Dritten vom *Unterstreichen der eigenen Verhandlungsposition* her folgendermaßen aus:

1. Einkaufsgenossenschaften.
2. Kaufen durch Makler.
3. Verstecktes Einkaufen durch Agenten (Repräsentanten, Bevollmächtigte).
4. Gleichzeitiges Einkaufen von Haupt- und Untervertragsnehmern.
5. Einschaltung von staatlichen Prüfungsstellen.
6. Einkauf durch Gewerbevereinigungen.
7. Zahlungsgarantie durch Mitunterzeichner oder Banken.

Politik der offenen Tür

Wieviel sollte man einen Einkäufer wissen lassen?

Wieviele Informationen sollte ein Verkäufer einem Käufer geben? Manche Firmen betreiben eine Politik der ,,offenen Tür''. Sie sind der Meinung, daß der Kunde ein Recht hat zu erfahren, was er kauft und warum das Produkt soundsoviel kostet. Meistens sind solche großzügigen Ansichten zum Kundenrecht nicht auf reines Wohlwollen zurückzuführen, sondern auf staatliche Verordnungen oder Konkurrenzdruck.

Die Politik der offenen Tür soll das Bedürfnis des Kunden nach Informationen voll befriedigen. Mitarbeiter der einkaufenden Organisation können nachprüfen, wo sie wollen, sprechen, mit wem sie wollen und fragen, was sie wollen. Die Verkäufer sind angewiesen, sich kooperativ zu verhalten, solange die Bitten dem Bedürfnis des Einkäufers nach Informationen entsprechen.

Warum will ein Verkäufer einem Käufer gegenüber so offen sein? Manchmal lautet die Antwort einfach, daß die Wirtschaftsgesetze solche Offenheit notwendig machen. Ein anderes Mal fährt man mit dieser Politik am besten, weil der Einkäufer genau erkennen kann, welch gutes Geschäft er macht. Die Politik der offenen Tür fördert meistens das *gegenseitige Vertrauen* und bereitet so den Weg für eine *offene Erörterung* der gegenseitigen Probleme und Risiken.

Ein Einkäufer mit freiem Zugang zu den Unterlagen des Verkäufers kann einen Vorteil für sich verbuchen. Er kann sondieren, prüfen und Fragen stellen, die ihm ohne solche Informationen unmöglich wären. Insgesamt bin ich der Überzeugung: Je weniger ein Verkäufer einem Kunden erzählt, desto besser für den Verkäufer. Geben Sie dem Kunden keine detaillierten Informationen über Kostenkalkulation, Lohnstaffelung, Produktionsunterlagen oder Gewinnzahlen, es sei denn, Sie sind gesetzlich dazu verpflichtet.

Ein Käufer, der das Glück genießt, vollen Zugang zu Informationen zu haben, muß allerdings immer noch mit einigen Problemen fertig werden. Hinter den Zahlen stecken eine Menge von Tatsachen, Interpretationen und Annahmen. Diese muß er durchsieben, überprüfen und in den richtigen Zusammenhang stellen. Aus den Unterlagen geht nie alles hervor. Auch aus den Menschen, denen Sie Fragen stellen, werden Sie nicht alles herausbekommen. Auch sie haben ihre Gründe, wenn sie manchmal nur die Hälfte erzählen oder auch einmal ganz schweigen.

Die ,,90-10''-Regel trifft ganz besonders auf den Käufer mit vollem Zugang zu Informationen zu. 10% der erhältlichen Informationen repräsentieren 90% der für die Verhandlung nützlichen Daten. Wenn sich der Käufer bei den zu 90% geringwertigen Informationen verzettelt, wird er in Schwierigkeiten geraten, auch wenn die Politik der offenen Tür sehr, sehr offen gespielt wird.

Preisaufschlüsselung

Wie Käufer eine Aufschlüsselung erhalten können.

Wie kommt der Käufer zu einer genauen Kostenaufschlüsselung, wenn der Verkäufer diese Informationen nicht geben will? Hier sind *einige Vorschläge:*

1. Dem Einkäufer Verfahren, politische Richtlinien und rechtliche Verordnungen an die Hand geben, die es ihm verbieten, mit Verkäufern zu verhandeln, die keine Kostenaufschlüsselung vorlegen.
2. Einkauf A an Einkauf B binden. Der Verkäufer dürfte dann entscheiden, daß es in seinem Interesse liegt, Informationen weiterzugeben.
3. An höherer Stelle protestieren.
4. Wenn Sie keinen vollen Einblick erhalten können, sollten Sie sich zumindest auf teilweise Aufschlüsselung einigen. Ein Teil ist besser als gar nichts.
5. Rechtlichen oder politischen Druck ausüben.
6. Die Auftragsvergabe hinauszögern.
7. Darauf hinweisen, daß die Konkurrenz ihre Kosten aufschlüsselt.

Der Käufer sollte immer daran denken, daß es *nicht* der *Verkäufer* ist, der die Herausgabe von Informationen verweigert. Verweigert werden die Informationen vom *Unternehmen des Verkäufers.* Wenn sich Verkäufer davon überzeugen lassen, daß ihre langfristigen Interessen in Gefahr sind, werden Kostenaufschlüsselungen plötzlich sehr schnell geliefert.

Wie Verkäufer die Herausgabe dieser Information vermeiden können.

Kann es ein Verkäufer vermeiden, dem Käufer Preise und Kosten aufschlüsseln zu müssen? Leicht ist es nicht. Die untenstehenden Richtlinien haben aber schon sehr hartnäckige Käufer abgeschreckt:

1. Schriftlich niedergelegte Unternehmensrichtlinien, die Aufschlüsselung verbieten.
2. Detaillierte Informationen stehen nicht zur Verfügung.
3. Zahlen werden zwar bekanntgegeben, aber in einer Form, mit der man nichts anfangen kann.
4. Die Beschaffung der entsprechenden Zahlen wird sehr lange dauern.
5. Erklären, daß man keinerlei Zahlen bekanntgeben kann, da man fürchtet, Betriebs- oder Produktionsgeheimnisse könnten der Konkurrenz bekannt werden.
6. Hohe Kosten für die Erstellung einer Aufschlüsselung.
7. Erklärung durch einen leitenden Angestellten in der Organisation des Verkäufers, daß man die Richtlinien habe: ,,Wir sind genauso gut wie die Konkurrenz, sonst wären wir nicht im Geschäft.''

Die Menge der Informationen hängt oft von der Entschlossenheit des Verkäufers ab. Ein festes, aber taktvolles immer wieder ausgesprochenes ,,Nein'' wird seinen Zweck erfüllen.

Preisnachlässe

Versuchsballons und Gerüchte

Ehe *Präsident Nixon* seinen Plan ,,Garantiertes Mindesteinkommen'' dem Kongreß vorlegte, ließ er mehrere Versuchsballons aufsteigen, um festzustellen, wie die Öffentlichkeit darauf reagieren würde. Der Berater des Präsidenten, *Daniel Moynihan*, gab ein Fernsehinterview und meinte, er sei dafür, allen Amerikanern ein bestimmtes Einkommen zu garantieren, er könne aber nicht für die Regierung sprechen. Der Präsident erfuhr, daß die Öffentlichkeit nicht gegen diesen Vorschlag sein würde und legte ihn also dem Kongreß vor. Politiker benutzen diese Technik gerne, ehe sie eine feste Meinung zu einem bestimmten Thema äußern. Sie prüfen, wie heiß das Wasser ist, ehe sie hineinspringen.

Preisnachlässe sind in der Geschäftswelt nichts Ungewöhnliches. Verkäufer und Käufer wenden diese Taktik häufig an. Käufer nennen einen niedrigeren Preis, um den Verkäufer (vielleicht fälschlicherweise) wissen zu lassen, wieviel Geld sie zur Verfügung haben. Verkäufer geben manchmal noch während der Angebotsabgabe einen niedrigeren Preis an. Sie warten, bis die meisten Angebote eingegangen sind und teilen dem Käufer dann mit, daß es so aussieht, als ob der Preis wahrscheinlich „etwa" soundsoviel betragen wird. Sie wollen damit eine informelle Reaktion auf diesen Preisnachlaß hervorrufen, um einen Anhaltspunkt für den nächsten Schachzug zu haben.

Ich habe mit Preisnachlässen, Versuchsballons und Gerüchten operiert, um Gegnern Informationen zukommen zu lassen, die ich am Verhandlungstisch nicht offen aussprechen konnte. Manchmal ist es am besten, eine *neue Position* durch die *Gerüchteküche* bekanntgeben zu lassen. Wenn diese Position dann später abgelehnt oder ignoriert wird, hat man meistens keinen Gesichtsverlust und auch keinen Machtverlust zu beklagen. Die Gerüchteküche ist immer wieder effektiv, wenn man einem Gegner beibringen will, wie die eigene Unternehmensleitung zu den Ergebnissen steht, welche Grenzen eingehalten werden müssen und ob man kompromißbereit ist oder nicht. Ich habe *inoffizielle Kanäle* zur Signalisierung neuer Forderungen, zum Vorschlag möglicher Zugeständnisse und zur Senkung der Erwartungshaltung eines ansonsten sehr hartnäckigen Gegners *benutzt*. Gerüchte sind doch etwas Seltsames. Je öfter man sie hört, desto glaubwürdiger werden sie. Vielleicht, weil sich so viele schließlich als wahr erweisen.

Bei geplanten Indiskretionen muß es nicht unbedingt um den Preis gehen. Mit Versuchsballons und Gerüchten kann man das Klima für technische Überraschungen, verspätete Lieferungen, die Wirkung auf die Konkurrenz und mögliche Kostenüberschreitungen testen. Informationen über eine bevorstehende Reorganisation kann man über die Gerüchteküche ausstreuen, um festzustellen, ob und welche Probleme entstehen werden, wenn die Änderungen später tatsächlich durchgeführt werden. Ich habe kürzlich in einer Management-Zeitschrift über eine Umfrage unter Führungskräften gelesen, bei der sich herausstellte, daß Führungskräfte, die gerüchteweise vernahmen, daß sie entlassen werden sollten, in 75% der Fälle auch tatsächlich entlassen wurden.

142

Ein Verhandlungsführer muß sich vor dieser Taktik in acht nehmen. Der Versuchsballon kann das wahre Bild wiedergeben, es kann aber auch ein völlig falsches sein. Sicher ist man nie. *Folgende Sicherheitsmaßnahmen* sollten getroffen werden:

1. Wenn der Mann neben dem Teamleiter spricht, spricht er für ihn. Eine andere logische Schlußfolgerung gibt es nicht — trotz aller gegenteiligen Beteuerungen.
2. Informationen, die auf Gerüchten oder Versuchsballons beruhen, genauso behandeln wie alle anderen Informationen auch: Überprüfen!
3. Vorsicht vor Informationen, die man zu leicht bekommt.
4. Versuchsballons können Meinungsverschiedenheiten in der gegnerischen Organisation signalisieren. Manchmal kommen sie einem Hilferuf gleich.
5. Versuchsballons und Gerüchte sollen häufig einen Gegner verwirren, seine Entschlossenheit schwächen oder ihn und seine Organisation auseinander bringen.

Preisnachlässe, Versuchsballons und Gerüchte sind legitime Verhandlungstaktiken, wenn sie innerhalb bestimmter Grenzen bleiben. Mit ihrer Hilfe kann man sich auf eine funktionsfähige Abmachung einstellen.

Preistreiber

Schauen Sie sich einmal bei einer Auktion um. Ihnen werden sicherlich mehrere Personen auffallen, die ständig höher bieten. Sie lassen sich leicht erkennen, weil sie für die Auktionsleitung arbeiten. Es ist ihre Aufgabe, die Gebotsabgabe anzuheizen. Sie sind „Preistreiber".

Die Taktik der Preistreiberei ist so alt wie die Menschheit. Käufer und Verkäufer wenden sie häufig an, ohne sich ihrer überhaupt bewußt zu sein. Immobilienmakler arbeiten mit Preistreibern, um das Interesse eines Kunden an einem Haus zu vergrößern. Ein Freund des Maklers besichtigt das Haus zufällig gleichzeitig mit dem potentiellen Käufer. Grundstücksmakler arbeiten mit Preistreibern, um bekanntzugeben, daß Grundstück Nr. 34 direkt am See gerade an Mr. Jones verkauft wurde. Bei näheren Nachforschungen würden Sie feststellen, daß Mr. Jones ein *Angestellter des Grundstücksmaklers* ist. Eine solche Vorgehensweise ist natürlich unmoralisch, es müssen aber nicht alle Preistreibertaktiken unmoralisch sein.

Mit der Preistreiberei will man *dreierlei* bezwecken: *Einen Marktpreis festlegen, Interesse an einem Produkt anreizen und Konkurrenz schaffen.*

Der ,,Preistreiber'' wird von Käufern und Verkäufern eingesetzt. Die folgenden ,,*Preistreiber''beispiele* sind meiner Meinung nach durchaus ethischer Natur:

Preistreiberei durch den Käufer

1. Verkäuferkonkurrenten gemeinsam im Empfangsraum warten lassen.
2. Die Sekretärin des Einkäufers erwähnt beiläufig die Namen der Konkurrenten, die auch einen Gesprächstermin haben.
3. Angebotsaufforderungen an viele Verkäufer schicken, auch wenn nur wenige qualifiziert sind und dafür sorgen, daß alle über ihre Konkurrenten Bescheid wissen.
4. Andeuten, daß der Auftrag an mehrere Verkäufer gehen wird, wenn nicht der richtige Preis gefordert wird.
5. Mit zwei Firmen in verschiedenen Räumen gleichzeitig verhandeln.
6. Den Verkäufer wissen lassen, daß er mit einem ,,besseren Vorschlag kommen muß''. In diesem Fall dient der Konkurrenzdruck als Preistreiber.

Preistreiberei durch den Verkäufer

1. Einem potentiellen Käufer zeigen, daß sich schon weitere Interessenten die Fabrik ansehen und bereit sind, freie Kapazitäten aufzukaufen.
2. Erklären, daß die Lagerbestände gering sind und nur auf Bestellung produziert wird.
3. Sagen: ,,Wir haben nur noch eins übrig, und es wird einen Monat dauern, bis wir neue hereinbekommen.''
4. Den Käufer wissen lassen, daß die Unternehmensleitung daran denkt, das Produkt aus der Produktion herauszunehmen, da es unrentabel geworden ist.
5. Dem Kunden mitteilen, daß er besser noch vor Streikbeginn bestellt.

6. Dem Käufer mitteilen, daß sich die Preise bei Verknappung bald erhöhen werden.
7. Dem Käufer zeigen, daß andere Kunden ihre Bestellungen schon aufgegeben haben.
8. Dem Käufer gestatten, sich selbst davon zu überzeugen, daß die Produktionskapazitäten voll ausgelastet sind.

Man kann auch den Preis nach unten drücken. Ich kenne einen Bootshändler, der die Reaktion eines Verkäufers auf ein niedriges Inzahlungnahmeangebot testet. Er läßt durch einen Preisdrücker ein sehr niedriges Angebot abgeben, um die Erwartungshaltung des Verkäufers zu senken.

Später bietet der Händler einen geringfügig höheren Preis an, der im Vergleich zum ersten gar nicht einmal schlecht aussieht.

Antiquitätenhändler arbeiten mit Preistreibern, um einen Marktpreis festzusetzen. Ein Käufer stöbert im Laden und interessiert sich für einen alten Schreibtisch, der 350 $ kosten soll. Gerade in diesem Augenblick kommen *zufällig* zwei kleine alte Damen vorbei. Eine sagt zur anderen: ,,Was für ein schönes Stück. Es ist wirklich mehr wert als 350 $. Dieser Schreibtisch ist mindestens 150 Jahre alt, wenn nicht älter. Ich wünschte, ich hätte das Geld. Ich würde sofort kaufen." *Der Interessent kauft sofort.* Er hat 350 $ für einen Schreibtisch gezahlt, der aber wahrscheinlich nur 200 $ wert ist. Er ist auf einen raffinierten Antiquitätenhändler hereingefallen.

Die beste Gegenmaßnahme gegen Preistreiberei ist eine gesunde Skepsis: ,,Es ist nicht alles Gold, was glänzt." Schauen Sie sich sorgfältig um, ehe Sie ein Geschäft abschließen. Preistreiber haben so oft Erfolg, daß auch sie einmal sorglos werden.

Preisvergleiche

Äpfel mit Birnen vergleichen?

Kaum etwas frustriert einen Käufer so sehr, wie Äpfel mit Birnen vergleichen zu müssen. Darauf läuft es aber meistens hinaus, wenn es um einen kompliziert zusammengesetzten Kauf geht. Man muß schon ein

Genie mit überragenden mathematischen Kenntnissen sein, wenn man sich durch alle für eine vernünftige Entscheidung notwendigen Informationen hindurchkämpfen will. Dadurch erhält der Verkäufer, der diese Situation begreift, eine große Chance. Er kann seine Verhandlungsposition stärken und sich eines Vorsprungs bei Verhandlungsabschluß sicher sein.

Der Käufer wünscht sich natürlich, daß er nur Äpfel miteinander vergleichen muß. Diese ideale Situation aber kommt kaum vor. Die Verkäuferpreise sind nicht nur verschieden, sondern sie unterscheiden sich auch noch in der Qualität des Produktes, in den Spezifikationen, der Verpackung und der Leistung. Damit ist es aber noch nicht genug. Die einzelnen Verkäufer bieten verschiedenes Sonder- und Standardzubehör an. Installationskosten sind bei dem einen niedriger als bei dem anderen, die eine Firma hat den Ruf, Liefertermine einzuhalten, die andere nicht. Bei so vielen Variablen wird es schwer, *objektive Vergleiche* anzustellen. Am Ende wird die Entscheidung oft auf der Grundlage weniger Informationen und viel guten Gefühls gefällt.

Richtig, man sollte nur Äpfel miteinander vergleichen. Das ist allerdings leichter gesagt als getan. Die meisten Verkäufer, die ich kenne, haben ein hartes Stück Arbeit zu leisten, um ein Angebot zusammenzustellen. Während sie auf die Entscheidung warten, hoffen sie auf das Beste. Der umsatzstarke Verkäufer weiß, daß die Verkaufsarbeit erst beginnt, wenn der Käufer die Äpfel und Birnen auf seinem Schreibtisch liegen hat.

Prestige

Auch Prestige ist Teil des Preises. Prestige wird genauso ausgetauscht wie Geld und Waren. Wenn ein Hochrangiger mit einem Niedrigrangigen spricht, verleiht er ihm Prestige im Austausch gegen einen Nutzen realer oder psychologischer Art. Zwischen ihnen findet eine Verhandlung statt.

Man kommt meistens nicht mit Menschen zusammen, die rangmäßig weit über einem stehen. Kontakte zwischen einem Verkäufer und einem Spartenleiter sind selten. Käufer assoziieren sich mit ihren Verhandlungspartnern am Verhandlungstisch. Mitarbeiter auf den untersten Ebenen der Organisation fühlen sich in Gegenwart leitender Angestellter unwohl. Auch bei Geschäftsbeziehungen gibt es eine anerkannte Hackordnung. Schande über den Manager, der sie vergißt.

Status schüchtert ein. Wer nicht daran gewöhnt ist, in den geheiligten Hallen der Firmenzentrale umherzuwandern, verstummt durch das Schweigen „vorausgesetzter" Effizienz. Führungskräfte, die in der Zentrale arbeiten, wissen, daß dem nicht so ist. In den mit Mahagoni-Möbeln eingerichteten Büros sitzen Männer, die in ihrem eigenen *Statussystem gefangen* sind. Manche zählen nicht, manche wissen nicht, wie man zählt und manche sind schon ausgezählt. Sie alle sind Menschen wie Du und ich.

Was bedeutet dies alles für Verhandlungen? Es bedeutet, daß Käufer sich in Gegenwart von Vorstandsmitgliedern unwohl fühlen, daß gewöhnliche Menschen zögern, Experten hinzuzuziehen, daß wir dazu neigen, höhergestellte Führungskräfte als selbstbewußt, selbstmotiviert und unabhängig anzusehen, ob sie es nun sind oder nicht.

Unterschiede im Status beeinflussen die Menschen in ihrer Handlungsweise und in ihren Entscheidungen. Status ist ein Teil des Prozesses, durch den ein Geschäft entsteht und Teil des Geschäfts selbst.

Ich rate allen, die mit Menschen von höherem Rang zu tun haben, es mit ihnen als Gegner aufzunehmen. Bei ihnen haben Sie eine bessere Chance als bei untergeordneten Mitarbeitern. Höhere Angestellte bereiten sich meist weniger vor, haben meist auch weniger Zeit. Nehmen Sie es mit ihnen auf, von Mann zu Mann, Punkt für Punkt. Je besser Sie sich vorbereiten, je mehr Sie wissen, desto weniger zählt der Status. Lassen Sie sich nicht einschüchtern. Arbeiten Sie einfach fleißiger und härter.

Leider ist der Status bei zwischenmenschlichen Beziehungen wichtig. Menschen mit hohem Status gehen davon aus, daß sie etwas in Bewegung setzen, während Menschen mit geringem Status davon ausgehen, daß etwas mit ihnen geschieht. Es ist unmöglich, in einer Welt der Statusunterschiede zu leben und sie in Verhandlungssituationen einfach zu vergessen. Mir hat einmal jemand gesagt: „Status züchtet Status." Ich bin davon überzeugt, daß in der Geschäftswelt ein anderes Wort zutrifft: „*Status paniert Status.*"

Protokolle

Worauf man achten muß

Es ist unmöglich, sich an alle Einzelheiten einer Verhandlung zu erinnern. Es geschieht zu viel, so daß man sich einfach nicht an alles erinnern kann. Während einer Verhandlung sollte man sich Notizen machen. Diskussionen und Einigungen über Einzelpunkte müssen noch im Verlauf der Verhandlung festgehalten werden. Die wichtigste Unterlage ist das Protokoll, in dem die Hauptbedingungen des Abschlusses festgehalten werden. Es wird von beiden Parteien unterzeichnet und wird zur Grundlage des formalen Vertrages. Die Konferenz sollte erst beendet werden, wenn *alle wichtigen Punkte gelöst* sind, das *Protokoll formuliert* und *unterzeichnet* worden ist.

Es ist immer besser, das Protokoll selbst zu formulieren, als diese Aufgabe der anderen Partei zu überlassen. Wenn man selbst protokolliert, hat man einen Vorteil. Man kann seine eigene Vorstellung der Vereinbarung ausdrücken. Man kann Dinge interpretieren und die Worte so wählen, daß sie die eigene Meinung über die Diskussionsergebnisse wiedergeben. Es geht hier nicht darum, die andere Partei zu übervorteilen oder sie in eine dumme rechtliche Falle laufen zu lassen. Überhaupt nicht. Es geht ganz einfach darum, daß man die Vereinbarung auf eigene Weise formuliert und diese Aufgabe nicht dem Gegner überläßt.

Das Protokoll sollte man vor der Präsentierung den Mitgliedern des eigenen Verhandlungsteams zur Durchsicht vorlegen. Fehler oder Auslassungen kommen leicht vor. Dem Gegner sollte man Gelegenheit geben, das Protokoll so sorgfältig, wie er will, zu überprüfen und die Stellen, die er für falsch hält, zu ändern. Man sollte ihm in bezug auf die Rechtsverbindlichkeit entgegenkommen, indem man eine Klausel einfügt, die besagt, daß das ganze Werk noch *juristisch abgesichert* werden muß. Im Protokoll sollte die *Absicht betont* werden, nicht die detaillierten Formulierungen. Es geht um Einfachheit, nicht um komplizierte juristische Klauseln. Die Verhandlungspartner sollten alle Vereinbarungen aufzeichnen, die entsprechenden Verweise auf Sonstiges einfügen, so daß es später nicht schwer ist, den endgültigen Vertrag zu entwerfen. Wenn möglich, sollten die auszuführenden Arbeiten, die Bedingungen und Spezifikationen, über die man sich einig geworden ist, genau aufgeführt werden. Punkte wie Preis, Lieferfrist, Gewährleistung und Qualitätsnormen, die von sehr großer Bedeutung sind, sollten ebenso erwähnt werden. Die Erfahrung zeigt, daß die paar Minuten, die man zur Abfassung eines solchen Protokolls braucht, später viele *Schwierigkeiten ersparen.*

Und nun zur anderen Seite. Man muß aufpassen, wenn die Gegenseite das Protokoll abfaßt. Man darf nicht faul oder naiv sein. Zwingen Sie sich dazu, die *folgenden Vorsichtsmaßnahmen* zu treffen:

1. Lassen sie das Protokoll sorgfältig von mehr als einem Mitarbeiter lesen. Auslassungsfehler und nicht gemeinte Verpflichtungen können sich eingeschlichen haben. Vielleicht geraten Sie dadurch — von der anderen Seite nicht unbedingt gewollt — in eine andere Position.
2. Stellen Sie sich den wirklichen Problemen sofort. Man braucht gutes Urteilsvermögen und Mut, um ein schon abgeschlossen geglaubtes Thema wieder auf den Tisch zu bringen. Sie sollen keine Probleme schaffen, aber auch nicht vor ihnen davonlaufen.
3. Vertrauen Sie dem Gegner, wenn Sie guten Grund dazu haben. Wenn Sie jedoch unsicher sind, sollten Sie Details weiter ausführen.
4. Formulieren Sie neu, wenn Ihnen der Wortlaut nicht gefällt.
5. Unterschreiben Sie das Protokoll erst, wenn die Vereinbarung so dargestellt ist, wie Sie sie sehen, auch wenn es schon sehr spät geworden ist.
6. Genieren Sie sich nicht, auch in letzter Minute noch Ihre Meinung zu ändern.

In einer mir bekannten Großfirma gilt die Richtlinie, daß die Mitglieder des Verhandlungsteams das Protokoll schon aufsetzen, ehe sie in die eigentliche Verhandlung gehen. Dadurch wird die endgültige Formulierung nicht nur leichter, sondern sie haben auch eine Richtlinie für die zu erreichenden Ziele. Sie wissen, wohin sie gehen wollen, ehe sie sich auf den Weg machen.

Das gemeinsame unterzeichnete Protokoll ist ein *wichtiges Dokument.* Die Parteien ändern ihre Ansichten nicht mehr so leicht, wenn sie noch einmal über den Abschluß nachdenken. Sie wollen nicht, daß man sie für unentschlossen hält. Sie wollen auch nicht die ganze Dose mit Würmern noch einmal öffnen, wenn sie einmal den Deckel darauf gelegt haben. Die Niederschrift der erzielten Vereinbarungen bindet beide Parteien gleichermaßen.

Noch eine *Warnung* zum endgültigen Vertrag: Man sollte den Vertrag unmittelbar nach der Niederschrift mit dem Vereinbarungsprotokoll vergleichen. Gelegentlich werden wichtige Bedingungen während des Formulierungsvorganges ausgelassen oder geändert. Ich habe schon erlebt, daß man in das Stadium des endgültigen Vertragsabschlusses gelangt war und dann erst feststellte, daß bei einem grundlegenden Punkt nie Einigung erzielt wurde. Solchen Problemen muß man sich unmittelbar stellen, selbst wenn dadurch die ganzen Verhandlungen von vorn beginnen müssen. Manche haben dazu nicht mehr den Mut. Andere sind einfach zu faul, den Vertrag in allen Einzelheiten durchzulesen und bei auftauchenden Differenzen über unerfreuliche Dinge von neuem zu diskutieren.

Gespräche ohne Protokollzwang

Bei den Friedensgesprächen in Paris trafen die Delegationen der Amerikaner und Nordvietnamesen nur einmal wöchentlich zusammen. Die Sitzungen wurden in scharfem Ton geführt. Nicht weit davon weg traf sich der amerikanische Spitzenunterhändler zu einer Teestunde nach der anderen mit dem Spitzenmann der Nordvietnamesen. Bei den Teestunden ging es herzlich zu, selbst wenn sich die Delegationen am Verhandlungstisch gegenseitig angeschrien hatten. Offizielle Gespräche haben oft eine Propagandarolle zu spielen. Bei Gesprächen, die nicht protokolliert werden, kann man ganz andere Dinge sagen, die beiden Seiten einen Einblick in die Themen und Probleme geben, um die es eigentlich geht. In *solchen Diskussionen* kann man am besten den Weg für *spätere Kompromisse* ebnen.

Ann Douglas hat während einer Untersuchung über die Dauer von zehn Jahren festgestellt, daß die offiziellen Zusammenkünfte in der letzten Phase von Tarifverhandlungen kürzer, Sitzungspausen länger und private Gespräche sehr viel häufiger wurden. Bei Geschäftsverhandlungen sieht es nicht anders aus. Es ist immer gut, während der Verhandlungen einen Partner von der Gegenseite zu haben, mit dem man einen ,,trinken'' kann. In der letzten Phase kann ein solcher ,,Trinkpartner'' entscheidend werden.

Inoffizielle Gespräche haben noch eine *weitere Funktion*, die allerdings nicht immer erkannt wird. So können sich auch die offiziell nicht maßgebenden Personen miteinander unterhalten. Bei Einkaufsverhandlungen wird meistens der Einkaufsleiter zum offiziellen Leiter des Einkaufsteams ernannt. Oft aber ist der Produktingenieur der wahre Leiter des Teams, weil er die größten Produktkenntnisse hat und manchmal auch besser verhandeln kann. Durch inoffizielle Gespräche unter vier Augen kann man diese *Realitäten an die Oberfläche* kommen lassen, ohne die formalen Statusbeziehungen zu stören.

Informelle Gespräche sind geboten, wenn sich die *offiziellen Positionen verhärtet* haben und eine ausweglose Situation droht. Es kann schwer werden, offizielle Versöhnungsworte am Verhandlungstisch zu finden, aber mit ein paar gut gewählten Worten nach dem Abendessen kann man seine Kompromißbereitschaft andeuten. Vielleicht muß man sich mehrmals auf gesellschaftlicher Ebene treffen, um sich auf die Details zu einigen, so daß die offizielle und inoffizielle Meinung auf beiden Seiten ohne Gesichtsverlust koordiniert werden kann.

Der gute Verhandlungsführer weiß, wie wichtig inoffizielle oder geheime Verhandlungen sind. Wie überall hat die Münze aber auch hier zwei Seiten. Man muß auch um die Gefahren wissen und sollte die *entsprechenden Vorsichtsmaßnahmen* treffen:

1. Vorsicht, wenn Geständnisse gemacht werden. Sie können einseitig sein.
2. Daß man sich bei einem Drink bespricht, kommt häufig vor. Ich kenne einen Mann, der diese Technik häufig anwendet, weil er trinkfester ist als die meisten.
3. Manche Verhandlungsführer haben das intensive Bedürfnis, geliebt zu werden. In einer ,,liebevollen'' gesellschaftlichen Atmosphäre können sie sich auf einmal als sehr großzügig erweisen.
4. Inoffizielle Gespräche können auch zur Darstellung falscher Zusammenhänge benutzt werden. In informeller Atmosphäre ist es leichter, Falschinformationen auszustreuen, weil die Menschen nicht mehr ganz so wachsam sind.
5. Menschen mit ,,Minderwertigkeits''-Komplexen haben in gesellschaftlicher Atmosphäre mehr Ehrfurcht vor dem Status des jeweiligen Gesprächspartners als bei formellen Gesprächen.

Private Gespräche gehören bei einer Verhandlung dazu.

Sie sind nicht die Ausnahme. Sie überbrücken die Kluft zwischen dem Gewünschten und dem Möglichen. Man kann nicht alles, was gesagt werden muß, am Verhandlungstisch sagen. Ein guter Verhandlungsführer weiß das.

Psychologen

Sind sie von Nutzen, wenn sie an Verhandlungen teilnehmen?

Sollte ein Psychologe in das Verhandlungsteam aufgenommen werden? Ich kenne eine Firma, in der viele Psychologen beschäftigt sind, von denen manche auch in Verhandlungen eingesetzt werden. Bei diesen Psychologen handelt es sich nicht um fanatische Anhänger der Körpersprache, sondern um professionelle Psychologen mit Universitätsabschluß und Promotion und mit langjähriger Erfahrung.

Psychologen haben in Verhandlungen zwei Rollen zu spielen, bei denen es um viel geht. Sie können als *Beobachter* dienen, um die Feinheiten des gegnerischen Verhaltens zu studieren, Feinheiten, die dem Durchschnittsmenschen wahrscheinlich entgehen würden. Zusätzlich, und das ist vielleicht noch wichtiger, können sie zu einer *besseren Teamleistung beitragen*, weil sie interne Spannungen vermindern helfen.

Bei der *TRW Corporation* nehmen mehrere Organisationsspezialisten mit großen Erfahrungen in der Psychologie direkt an den täglichen Aufgabenbesprechungen von Führungskräften in Linie und Stab teil. Sie sollen Gruppenkonflikte reduzieren helfen, Kommunikation von Erwachsenen-Ich zu Erwachsenen-Ich erleichtern und alle verfügbaren Kräfte bei der Lösung realer Führungsprobleme mobilisieren helfen.

Wer dasselbe Konzept auf Verhandlungen anwendet, kann große Vorteile für sich verbuchen. Mitglieder einer Verhandlungsdelegation kommen meistens aus verschiedenen Funktionsbereichen. Sie haben unterschiedliche Prioritäten, Entscheidungsbildungsprozesse und eine unterschiedliche Risikobereitschaft. Sie arbeiten in Verkauf, Technik, Produktion und im Finanzbereich und haben bei ihrer täglichen Arbeit wenig Möglichkeiten, miteinander zu kooperieren. Ein Psychologe als Teilnehmer könnte zur Konfliktlösung zwischen den Gruppen beitragen und zu einem Kommunikationsfluß verhelfen, der nicht durch Statusunterschiede behindert wird.

Gute Psychologen, die man als Verhandlungsteilnehmer einsetzen kann, sind leider schwer zu finden. Die von mir genannte Firma, die regelmäßig mit Psychologen arbeitet (nicht TRW), mußte feststellen, daß einige Psychologen schlechte Beobachter waren, während andere noch schwerer zu verstehen waren, als die Gegner, die sie beobachten sollten. *Psychologen sind auch Menschen.* Nicht alle sind praktisch veranlagt. Nicht alle besitzen gesunden Menschenverstand.

Regel 90-10

Wie Sie sie zu Ihren Gunsten anwenden können

Peter Drucker hat einmal gesagt, daß der Schlüssel zu gutem Management im Begreifen der „90-10"-Regel liege. 90% des Umsatzes eines Unternehmens werden durch 10% seiner Produkte erbracht. 90% der Arbeit einer Einkaufsabteilung sind auf den Einkauf von 10% der benötigten Produkte gerichtet. Die 90-10-Regel gilt auch für viele Verhandlungen.

Seltsamerweise werden 90% der Sitzungszeit für Angelegenheiten aufgewendet, die nicht allzu wichtig sind. Für die Themen, deren Wert 90% ausmacht, braucht man nur 10% der gesamten Verhandlungszeit. 10% der Zugeständnisse machen 90% Preisunterschied aus.

Wichtig im Management ist die Perspektive. Dasselbe gilt auch für Verhandlungen. *Vor Beginn* der Verhandlungen müssen Sie Ihre *Prioritäten ordnen*. Fragen Sie sich, ob es besser ist, für alle Themen jeweils dieselbe Zeitmenge aufzuwenden. Oder ist es vorteilhafter, für die wichtigen Dinge wenig Zeit einzuplanen und viel, viel Zeit für die weniger wichtigen Angelegenheiten? Vielleicht sind Sie derjenige, der neun kleine Zugeständnisse macht und dafür von der Gegenseite ein großes Zugeständnis herausholt.

Rollentausch

Wie man sich in die Lage des anderen versetzt

Wenn Sie wieder einmal in einer Verhandlung stehen, müssen Sie sich drei einfache Fragen stellen. Damit lenken Sie Ihre Gedanken auf den richtigen Pfad. Die *untenstehenden Fragen* werden aus der Sicht des Verkäufers gestellt, sie lassen sich aber genauso gut auf *alle anderen Situationen anwenden:*

1. Welche Entscheidung wünsche ich mir vom Käufer, wenn ich „realistisch" denke?
2. Warum hat er die Entscheidung noch nicht getroffen?

3. Welche Maßnahmen kann ich ergreifen, damit es dem Käufer leichter fällt, die von mir gewünschte Entscheidung zu treffen?

Mit Hilfe dieser Fragen werden Sie konstruktiver über Ihre eigenen Maßnahmen nachdenken und wissen, wie Sie sich zum Entscheidungsbildungsprozeß des Gegenübers stellen.

Rollenverteilung

Bösewicht — Held

Die Taktik „Bösewicht — Held" haben wir alle schon im Film gesehen. Ein Verdächtiger wird gefaßt und verhört. Der Polizist setzt ihn unter Scheinwerferlicht, bombadiert ihn mit Fragen und behandelt ihn alles in allem brutal. Der brutale Bösewicht geht. Herein kommt ein netter Mann, der den Scheinwerfer ausschaltet, dem Verdächtigen eine Zigarette anbietet und ihm Zeit läßt, sich zu entspannen. Der Verdächtige wird bald „auspacken". Die Taktik „Bösewicht — Held" funktioniert besser, als sie eigentlich sollte.

Wie funktioniert diese Taktik in einer Verhandlungssituation? Einer spielt den Harten und Unerbittlichen. Er stellt hohe und unverschämte Forderungen. Neben ihm sitzt der freundliche alte Lächler und sagt fast nichts. Nach einer Weile hält der Böse den Mund und der Gute übernimmt. Er stellt seine Forderungen. Im Vergleich zu den Forderungen des Bösen erscheinen sie vernünftig. Warum nicht? Es ist eine Freude, nach dem gemeinen Kerl mit einem solch netten Mann verhandeln zu dürfen. Man kann nicht umhin zu denken: Es hätte schlimmer kommen können.

Die Bösewichte kommen in vielen Formen. Es kann sich um Personen oder Nicht-Personen handeln, sie können wirklich oder auch nur vorgetäuscht sein. Preiskalkulierer, Rechtsanwälte, Buchhalter, ja sogar Chefs geben gute „Bösewichte" ab. Sie sind sehr glaubwürdig. Ausschüsse, gesetzgebende Körperschaften und Banken übernehmen oft die Rolle der Verfolger des harten Kurses. Nichtpersonen sind Firmenpolitik, Standardbedingungen, Kreditregeln und alle möglichen Arten von Verfahren. Mit wem können Sie schon reden, wenn ich unsere Firmenpolitik als Argument vorbringe?

Was können Sie schon tun, wenn Ihnen unsere Firmenpolitik nicht gefällt? Ich weiß ja selbst nicht einmal, wer ,,unsere'' Firmenpolitik macht. Wenn sie für mich schon ein Problem ist, muß sie auch für Sie eins sein.

Wer mit einem ,,Bösewicht'' zu tun hat, kann eine ganze Reihe *guter Gegenmaßnahmen* ergreifen:

1. Den ,,Bösen'' reden lassen. Oft sind es die eigenen Leute, die als erste genug von ihm haben.
2. An höherer Stelle protestieren.
3. Herausgehen.
4. Den anderen in der Öffentlichkeit blamieren.
5. Selbst einen ,,Bösen'' einsetzen.
6. Schon zu Beginn der Verhandlungen voraussagen, daß der ,,Böse'' bald seine Rolle spielen wird. Damit kann man ihn wahrscheinlich neutralisieren.
7. Sich zu Beratungen mit dem eigenen Team zurückziehen.

Am besten kann man sich schützen, wenn man erkennt, daß der Bösewicht und der Held *an einem Strang ziehen.*

Sie wollen beide möglichst viel erreichen und machen das auf ihre Art mit verteilten Rollen: ,,Bösewicht — Held''.

Rühreier

Wie sich allgemeine Verwirrung gegen einen auswirken kann

Es ist klüger, Sachen zu vereinfachen als sie zu erschweren. Mit ,,Rühreiern'' tut man das letztere. Aus taktischen Gründen bringt man alles absichtlich durcheinander. Man rührt einmal kräftig, um das Platzen einer Verhandlung hinauszuschieben, dem anderen mehr Arbeit aufzuhalsen, eine Forderung kurz vor Toresschluß noch durchzuboxen oder ein schon gemachtes Zugeständnis wieder zurückzuziehen. Manchmal will man damit auch feststellen, ob der andere auch unter Druck kühlen Verstand bewahrt.

Der Rühreispezialist weiß, daß sich die Unordnung zu seinen Gunsten auswirken kann.

Solche Rührversuche können gegen Anfang oder Ende von Diskussionen auftauchen. Ich kenne einen Mann, der alles gerne schnell durcheinanderbringt. Er kompliziert die Gespräche von Anfang an, indem er das Produkt-Preis-Paket ändert. Neue Lieferdaten, Dienstleistungen, Qualitätsnormen und Mengen werden vorgeschlagen. Er tut das, um festzustellen, wie gut sich sein Verhandlungsgegner vorbereitet hat und ob er bereit ist, bei unbekannten Themen aus der Hüfte zu schießen. Andere Verhandlungsführer rühren einmal kurz und kräftig gegen Mitternacht, wenn alle müde sind. Sie behaupten, daß die meisten lieber allen einigermaßen vernünftigen Vorschlägen zustimmen, als ihr Gehirn um zwei Uhr morgens noch einmal auf Hochtouren laufen lassen zu müssen.

Der Rühreispezialist nützt die Fehler aus, die man macht, wenn man verwirrt ist. Plötzlich kann man Äpfel nicht mehr mit Äpfeln vergleichen, und Kostenvergleiche werden schwierig. Wenn alles gründlich durcheinander ist und besonders, wenn alle müde sind oder sich um andere dringende Angelegenheiten kümmern müssen, sagen die meisten: ,,Zum Teufel damit!''

Man braucht *viel Selbstvertrauen*, um einen Rühreikünstler in seine *Schranken zu weisen:*

1. Den Mut haben zu sagen: ,,Das verstehe ich nicht.''
2. Immer wieder ,,Das verstehe ich nicht'' sagen, bis Sie begriffen haben.
3. Darauf bestehen, daß ein Problem nach dem anderen besprochen wird.
4. Erkennen, daß man nicht so über die Dinge sprechen muß, wie es der Rühreikünstler will. Mit den eigenen Argumenten anfangen und dann den Rühreikünstler dazu bringen, dem eigenen Argumentationsfaden zu folgen.
5. Daran denken, daß der andere wahrscheinlich genauso verwirrt ist wie man selbst.
6. Fehler macht man schnell. Aufpassen!

Die wichtigste Verteidigung besteht darin, erst dann eine Sache zu verhandeln, wenn man sie begriffen hat.

Mit Geduld und Mut kann man den Rühreikünstler überwinden.

Schein und Wirklichkeit

Raum ist in der kleinsten Hütte

Es war einmal ein weiser Mann in einem russischen Dorf. Eine unglückliche Frau kam zu ihm und wollte seinen Rat. Sie wohnte in einer kleinen Hütte, die kaum groß genug war für ihren Mann und ihre zwei Kinder. Harte Zeiten kamen für die Eltern ihres Mannes. Sie hatten keine Wohnung mehr. Sie hatte ein Herz für sie und ließ sie in die ohnehin schon überfüllte Hütte einziehen. Bald ging ihr der Zustand auf die Nerven. ,,Was soll ich tun?" klagte sie dem Weisen.

Er strich seinen Bart, dachte eine Weile nach und fragte dann: ,,Hast Du eine Kuh, liebe Dame?" ,,Ja", sagte sie, ,,aber was hat das mit meinem Problem zu tun?" ,,Ich weiß eine Antwort", sagte er.

,,Nimm die Kuh eine Woche lang in Deine Hütte auf und komme dann wieder!" Zögernd befolgte sie seinen Rat. Als Weiser hatte der Mann schließlich einen guten Ruf.

Die Woche ging vorüber, und alles wurde nur noch schlimmer. Wenn sich die Kuh drehen wollte, mußten die sechs menschlichen Bewohner der Hütte ihre Plätze wechseln. An Schlaf war nicht zu denken. Die Frau kam mit Tränen in den Augen zu dem Weisen zurück: ,,Mir geht es noch viel schlechter als vorher", sagte sie und erzählte ihm die Geschichte.

Der Weise strich seinen Bart, dachte eine Weile nach und fragte dann: ,,Hast Du Hühner, meine liebe Dame?" ,,Ja", sage sie, ,,aber was hat das mit meinem Problem zu tun?" ,,Ich weiß einen Rat", sagte er. ,,Nimm die Hühner eine Woche in Deine Hütte auf und komme dann wieder". Die Frau war sehr skeptisch, aber da er ja ein Weiser war, nahm sie seinen Rat an.

Eine Woche später kam sie hysterisch wieder. ,,Sie sind verrückt", sagte sie. ,,Ihr Rat ist schlecht. In meiner Hütte kann man nun überhaupt nicht mehr leben. Die Kuh dreht sich, die Hühner fliegen, die Schwiegereltern husten, die Kindern finden Federn in ihrer Suppe und ich streite mich mit meinem Mann. Daran sind nur Sie schuld!"

Der Weise strich seinen Bart, dachte eine Weile nach und sagte: ,,Meine liebe Dame, wenn Du nach Hause gehst, dann versuche noch eins. Nimm die Kuh heraus und komme in einer Woche wieder." ,,Dieser Mann ist wohl ein Narr", dachte sie, entschloß sich aber, seinen Rat ein letztes Mal zu befolgen.

Eine Woche später kam sie zurück. ,,Wie geht es Ihnen, liebe Dame?" fragte er. ,,Es ist lächerlich", sagte sie, ,,aber es geht mir jetzt ein wenig besser, seitdem die Kuh nicht mehr in der Hütte ist." Er strich seinen Bart, dachte eine Weile nach und sagte: ,,Ich habe eine Lösung für Dein Problem. Nimm die Hühner heraus".

Die Frau entfernte die Hühner aus der Hütte und lebt seitdem glücklich mit ihrem Mann, ihren Kindern und den Schwiegereltern. Und wenn sie nicht gestorben sind, dann leben sie noch heute.

So sieht die Lösung aus, wenn man erst einmal Probleme schafft.

So gehen Käufer mit Verkäufern um. Sie schaffen Probleme. Manche sind wirkliche Probleme, manche sind nur *Scheinprobleme*. Vielerlei haben sie dabei im Sinn:

1. Den Erwartungshorizont des Verkäufers senken.
2. Verhandlungsspielraum für sich selbst schaffen.
3. Anderen in der eigenen Organisation zeigen, daß man ein harter Verhandlungsführer ist.
4. Es dem Verkäufer leichter machen, mit einer niedrigeren Preisvereinbarung zu seinen eigenen Leuten zurückzukehren.

Wenn der Verkäufer dann seinen Vorgesetzten erzählt, daß sich der Verkäufer damit einverstanden erklärt habe, ,,die Kuh und die Hühner aus dem Schuppen zu entfernen", werden alle einen Seufzer der Erleichterung tun. *Es hätte schlimmer kommen können.*

Es gibt gute Argumente, die für diese Taktik sprechen. In vielen Versuchen hat sich bestätigt, daß diejenigen, die ihre Forderungen sehr hoch ansetzen, im Endeffekt mehr erreichen. Gewerkschaftsführer wissen aus Erfahrung: Je mehr sie verlangen, desto mehr bekommen sie auch. Sie wenden diese Pokertaktik schon lange an, lange ehe jemand auf die Idee gekommen ist, sie in Versuchen zu beweisen.

Was kann ein Verkäufer oder ein Arbeitgeber *gegen diese hochgeschraubten Forderungen* tun?

1. Geduld haben. Manche Probleme verlieren ihre Bedeutung.
2. Den wirklichen Problemen auf den Grund gehen — in Nebengesprächen, die nicht protokolliert werden.
3. Einen Teil der Probleme nicht beachten oder übergehen.
4. Umfassende Tauschvorschläge in bezug auf andere Probleme machen.
5. Protestieren: Der Gegner betreibe eine Vernebelungstaktik und stehle einem die Zeit.

Vor allen Dingen dürfen Sie sich nicht nur mit dem Knochen zufriedengeben. Manche Forderungen sind nur *Scheinforderungen.* Der Käufer bietet einen Knochen an und will im Austausch dafür etwas Wertvolles haben. Das dürfen Sie ihm nicht durchgehen lassen. Mit ein wenig Phantasie kann auch der Verkäufer Scheinprobleme in seinen Vorschlag einarbeiten. Bei der Pokertaktik bleibt Ihnen Spielraum für Verhandlungen und Kompromisse. So kann der Gegner, auch wenn sonst keine Zugeständnisse gemacht werden, wenigstens etwas mit nach Hause nehmen.

Scheinangebote

Was man gegen sie tun kann

Das „Scheinangebot" ist eine unethische Taktik, die schon gegen manchen Verkäufer gespielt wurde. Ein Käufer eröffnet die Verhandlungen mit einem Angebot, das hoch genug ist, um die Kaufkonkurrenz aus dem Feld zu schlagen. Sobald ihm das gelungen ist, nimmt er sein Angebot zurück. Jetzt erst beginnen die eigentlichen Verhandlungen.

Die *Eskalationstaktik* ist zwar ähnlich, aber es besteht doch ein großer Unterschied. Das Scheinangebot wird mit der Absicht abgegeben, die Konkurrenz auszuschalten, d. h. der Käufer will das Feld für sich alleine haben. Die Taktik funktioniert, weil die Verkäufer nicht mit ihr rechnen. Der Verkäufer wird erleichtert aufatmen und seinen Sternen danken, daß er für einen solch guten Preis „verkauft" hat.

Wer sich vor solchen Scheinangeboten schützen will, muß als erstes erkennen, daß Scheinangebote oft absichtlich abgegeben werden. Wer sich einer solchen Taktik gegenübersieht, kann sie durch *Beachtung der folgenden Punkte abmildern:*

1. Eine beträchtliche nicht zurückzahlbare Kaution verlangen.
2. Das Angebot selbst formulieren. Es mit Terminen und Sicherungsklauseln hieb- und stichfest machen.
3. Nachprüfen, ob der Käufer Gerichtsverfahren laufen hat. Wenn er ein Typ ist, der schnell Klage erhebt, sind Sie in Schwierigkeiten.

4. Seien Sie skeptisch, wenn das Angebot allzu gut ist.
5. Werfen Sie die Namen von konkurrierenden Käufern erst weg, wenn es tatsächlich zum Abschluß gekommen ist.
6. Lassen Sie das schriftliche Gebot möglichst von mehr als einer Person unterzeichnen.

Mit diesen Gegenmaßnahmen kann man *Scheinangebote effektiv stoppen*. Der Käufer, der diese Taktik anwendet, hat kein Interesse daran, hohe Preise zu zahlen. Er wird sich aus dem Staube machen, wenn man ihm seinen Bluff auf den Kopf zusagt.

Schlichtung als Weg zur Einigung

Bei vielen Geschäfts- und Tarifverhandlungen muß ein Schlichter eingesetzt werden, wenn die betroffenen Parteien ihre Differenzen in einer Verhandlung nicht bereinigen können. Immer häufiger werden *Schlichter* in *Tarifverhandlungen* eingeschaltet. In den Vereinigten Staaten hat sich die Stahlindustrie zum ersten Male bereit erklärt, auf diese Weise zu einer Einigung zu gelangen, wenn die Verhandlungen platzen sollten. Damit wenden sie sich radikal von den Gepflogenheiten der Vergangenheit ab. Ihnen werden sich wahrscheinlich weitere große Industriezweige anschließen.

Wenn sich zwei Parteien mit ihrem Streit einer Schlichtungsstelle unterwerfen, wollen sich beide der Entscheidung des Schlichters fügen. Es ist üblich, daß sich jede Partei einen Vermittler aussuchen kann. Die beiden gewählten Vermittler einigen sich auf einen neutralen Dritten. Die American Arbitration Association (Amerikanische Schlichtungsvereinigung) hat bestimmte Regeln, nach denen die Verfahren durchgeführt und rechtlich funktionsfähig werden. Aus dieser Vereinigung kommen auch erfahrene Schlichter, unter denen man wählen kann.

Die Schlichtung nimmt wertvolle Funktionen wahr. Ein Schlichter kann nicht nur für die Verhandlungsführer, sondern auch für deren Organisationen *gesichtswahrende Auswege* finden. Vor dem Schlichter können sich die Streithähne so scharf wie sie wollen geben. Damit erfüllen sie die Erwartungen der Mitarbeiter in der eigenen Organisation, die aggressives Vorgehen wollen. Die Schlichtung trägt auch zur *kooperativen Problemlösung* bei, da sie als *Katalysator* für *neue Ideen* dient. Sie ist für die Parteien meistens weniger kostspielig als geplatzte Verhandlungen oder Arbeitsniederlegungen.

Bei allen Vorzügen kann es aber auch *Nachteile* geben:

1. Die Vermittler sind manchmal nicht in der Lage, die tatsächlichen Probleme zu begreifen.
2. Ihre Denkweise ist unter Umständen veraltet.
3. Sie können voreingenommen sein, auch wenn ihnen die Vorurteile selbst nicht einmal bewußt sind.
4. Sie lassen sich durch schöne Worte beeindrucken.
5. Bei der Lösung eines Streits schaffen sie unter Umständen schwierige zukünftige Probleme und ungesunde Präzedenzfälle.

Die Schlichtung kann zu ernsthaften Verhandlungsproblemen führen. Käufer, die sie zu ihrem Vorteil nutzen wollen, gehen auf *folgende Weise* vor: Sie wissen, daß eine Schlichtung möglich ist. Deshalb drücken sie die Forderung des Verkäufers erst einmal von 150 000 $ auf 110 000 $. Dann verlangen sie die Einschaltung eines Schlichters. Der Verkäufer ist aus zwei Gründen aus dem Gleichgewicht gebracht: Erstens, weil er und seine Organisation sich mit dem Gedanken anfreunden müssen, daß 110 000 $ als Abschluß doch gar nicht so schlecht sind, 2. weil der Schlichter wahrscheinlich einen Kompromiß anstrebt, der unter 110 000 $ liegen wird. Von seinem Standpunkt aus hat der Verkäufer seine Forderung schon auf 110 000 $ reduziert. Was zählt, ist die Zahl 110 000, nicht die ursprünglich genannte Forderung von 150 000 $. Ein Käufer, der die Schlichtung auf diese Weise mißbraucht, wird seinen Nutzen daraus ziehen (zumindest kurzfristig).

Die Schlichtung ist eine legitime Alternative im Werkzeugkasten der Verhandlungsführung.

Wer eine Entscheidung lieber auf der Grundlage von Billigkeit als von Macht haben will, wird Schlichtung für angebracht halten. Sie eignet sich auch, wenn die *Tatsachen* eines *bestimmten Falles* wichtiger sind als der *Präzedenzfall*. In jeder Branche gibt es bestimmte Streitpunkte, die am besten mit Hilfe eines Schlichters gelöst werden. Ich würde mehr Schlichtung begrüßen. Sie ist jedoch kein Allheilmittel. Und, wie schon gesagt, sie kann sich auch gegen einen richten.

Schlichtung durch Dritte

Seit Jahrhunderten hat man Dritte als Schlichter zur Beilegung internationaler Konflikte eingesetzt. Auch bei Tarifverhandlungen haben sie ihren festen Platz. In Kauf- und Verkaufsverhandlungen werden sie weniger offen eingesetzt, sind aber auch da ein Teil des Prozesses. Der kluge Einsatz eines Dritten als Schlichter hat schon oft kostspielige Gerichtsverfahren abgewendet oder ein Platzen von Verhandlungen verhindert.

Bei den Nordvietnamesen hat sich gezeigt, daß sie lieber erst mit Privatleuten verhandeln wollten, ehe sie sich offizieller Kanäle bedienten. Alte Bekannte, Journalisten, Geschäftsleute und Kirchenvertreter dienten als Leitung nach Washington, selbst als die offiziellen Kanäle alle zu waren.

Dritte können vieles besser machen als die direkt an einem Konflikt Beteiligten. Sie können

1. die Parteien auffordern, sich gegenseitig einen Schritt entgegenzukommen, Schritte, die sonst aus Eigen- oder Organisationsgründen nur ungern getan würden;
2. eine konstruktive Denkweise anregen, wie beide Parteien zu einem besseren Abschluß kommen oder wie beide eine Sackgasse vermeiden können;
3. eine Positionsänderung veranlassen, indem sie Kompromißbereiche vorschlagen, die bei einseitiger Vorbringung eine Zerstörung der Verhandlungsposition oder Organisationsprobleme mit sich bringen könnten;
4. abwesende Konfliktparteien vertreten, die auch berechtigtes Interesse an den Ergebnissen haben. Solche Außenstehenden sind beispielsweise die Öffentlichkeit, die Endverbraucher eines Produktes, Aktionäre, Banken oder Untervertragsnehmer.

Bei Kauf- und Verkaufsverhandlungen sitzen sie nur selten mit am Tisch, sind aber von der erzielten Vereinbarung betroffen.

Der ideale Schlichter ist schwer zu finden. Er sollte taktvoll, ehrlich, sachlich sein und sich, wie ein berühmter Diplomat es einmal formuliert hat, an moralische Genauigkeit halten. Er darf keine Vorurteile zeigen. Und er muß auf jeden Fall die Achtung beider Parteien gewinnen können.

Schreien

Man begegnet immer wieder Menschen, die versuchen, sich mit Schreien, Brüllen und Schimpfen durchzusetzen. Sie wissen aus Erfahrung, daß die meisten Menschen eine solche Taktik gar nicht mögen, weil sie nicht wissen, wie sie sich verhalten sollen. Das gilt ganz besonders, wenn man vor Zeugen zu brüllen anfängt. Das Opfer krümmt sich schon allein bei dem Gedanken zusammen, mit solch einem unverschämten Kerl verhandeln zu müssen. Also gibt es nach. Der laute Polterer ist daran gewöhnt, solche Kämpfe zu gewinnen und wendet diese Taktik immer wieder an, um seinen Willen durchzusetzen oder um sich einen besseren Platz in einer Schlange geduldig Wartender zu erobern.

In ihren Kolonialzeiten haben die Engländer die Eingeborenen grundsätzlich auf Englisch angesprochen, obwohl nur wenige Eingeborene diese Sprache verstanden. Damals grassierte unter den Briten der Witz: ,,Wenn sie Dich nicht verstehen, mußt Du lauter sprechen. Es wird schon jemand dabei sein, der kapiert.‘‘ Wer schreit und schimpft und brüllt, hat meistens schon als Kind gelernt, daß es leichter ist, zu brüllen, als den anderen mit rationalen Tatsachen zu überzeugen. Je schwächer ihre Position ist, desto lauter werden sie. Sie wollen die Gegenpartei so einschüchtern, daß sie sich schließlich unterwirft. Sie wissen, daß diese Taktik meistens funktioniert, weil sie schon seit ihrer Kindheit Erfahrungen damit haben.

Als Eltern haben wir die Verantwortung, bei unseren Kindern nicht zuzulassen, daß sie ihren Willen mit Schreien, Brüllen, Schimpfen durchsetzen. Wenn wir solchen Unsinn bei ihnen durchgehen lassen, werden sie als Erwachsene mit den normalen Frustrationen des Lebens nicht fertig werden. Wenn sie schreien und toben, müssen wir ihnen ruhig beweisen, daß dieser Ansatz gar nichts nützt. Dazu brauchen Eltern eine gehörige Portion Mut, Geduld und Selbstvertrauen.

Schwer zu bekommen

Eine Lebenstatsache:
Dinge, die schwer zu bekommen sind, werden mehr geschätzt.

Käufer schätzen leicht errungene Siege nicht so, wie es eigentlich sein sollte. Wenn Sie sie also wirklich glücklich machen wollen, müssen Sie sie für alles, was sie bekommen, hart arbeiten lassen. Machen Sie keine übereilten Konzessionen! Keine zusätzlichen Kundendienstleistungen anbieten, keine kürzeren Laufzeiten versprechen, Unterweisung nicht umsonst anbieten, Spezifikationen nicht vereinfachen, keine angenehmeren Bedingungen anbieten, einen niedrigeren Preis nicht sofort akzeptieren.

Passen Sie auf!
Sie dürfen sich weder leicht noch schnell einfangen lassen.

Sitzordnung

Die Verhandlungsparteien sollten sich an einem Tisch gegenüber sitzen. Die Solidarität und Kommunikationsmöglichkeiten einer Verhandlungsdelegation werden gestärkt, wenn der Leiter in der Mitte sitzt und seine Mitarbeiter um ihn herum. Dic Leiter sollten sich *gleichberechtigt gegenüber sitzen* und in der Lage sein, *Augenkontakt mit den eigenen Leuten* zu halten. Mit dieser Sitzordnung kann man das Team besser steuern und eine bessere Verhandlungsmoral erzeugen.

,,Wo Sie sitzen, zeigt, wer Sie sind.'' Aus einem Sitzspiegel läßt sich eine ganze Menge ablesen. Ein aufmerksamer Beobachter wird aus der Sitzverteilung herauszudeuten versuchen, wer zählt und wer nicht zählt. Durch die Sitzordnung und Änderung der Sitzordnung können Sie einem Gegner vieles signalisieren. Wenn Sie zufällig einen Gegner haben, der viel von Körpersprache hält, wird er den Rest der Sitzung mit dem Versuch verbringen, die Bedeutung jeder Sitzordnungsänderung herauszubekommen, selbst wenn gar nichts dahinter steckt.

Skepsis zahlt sich aus

Ein guter Verhandlungsführer muß skeptisch sein. Sein Ansatz zur Bewertung der vernommenen Worte läßt sich in *vier Prinzipien* zusammenfassen:

1. Niemals etwas für selbstverständlich halten.
2. Alles überprüfen.
3. Alles in den richtigen Zusammenhang stellen.
4. Einen scharfen Trennungsstrich zwischen Tatsachen und Interpretation von Tatsachen ziehen.

Spielgeld für sich arbeiten lassen

Gehen Sie nicht mit Spielgeld in eine Verhandlung. Diese Regel dürfen Sie nie vergessen. Wer den Unterschied zwischen Spielgeld und richtigem Geld begriffen hat, wird nicht mehr so leichtsinnig damit spielen.

Was um alles in der Welt ist ,,Spielgeld''? Es kommt in vielen Variationen vor. Spielbankjetons sind Spielgeld. Dasselbe gilt für Kreditkarten, monatliche Zahlungen und Zinssätze. Spielgeld ist die direkt vom Gehalt abgezogene Lohnsteuer, die Restschuldversicherung zur Absicherung der Hypothek auf das Eigenheim. Alle diese Beispiele haben eines gemeinsam: Es geht zwar um Geld, aber um Geld, das man nie in die Hand bekommt. Es verführt uns dazu, noch mehr auszugeben. Das eigentlich Wichtige sehen wir gar nicht erst mehr: *,,Was kostet das in bar?''*

Spieler in Spielcasinos wissen, wie es um die Natur des Menschen bestellt ist. Ein Spieler wird eher 10 Mark Plastikgeld auf eine Zahl setzen als einen wirklichen 10-Mark-Schein. Immobilienhändler wissen, daß man Grundstücke besser zu DM 200 monatlich verkaufen kann als zum Gesamtpreis von DM 50000. Welcher Unterschied besteht schon zwischen 7% oder 7,5% Zinsen, es sei denn, man schaut sich an, welche Gesamtsumme während der dreißigjährigen Laufzeit der Hypothek aufläuft. *A. P. Giannini* gründete die Bank of America und führte sie zu großen Erfolgen, weil er begriffen hatte, daß es dem Kunden mehr um die monatlichen Zahlungen als um die Gesamtkosten geht. Spielgeld bedeutet „wie gewonnen, so zerronnen". Sie müssen sich bei Verhandlungen zwingen, an das Geld zu denken, *um das es tatsächlich geht*. Wir zeigen Ihnen anhand von *einigen Beispielen*, wo der Unterschied zwischen Spielgeld und tatsächlichem Geld liegt.

Spielgeld	*Tatsächliches Geld*
1. Der Käufer sagt: „Sie verlangen 20 Pfennige pro Pfund. Wir werden Ihnen 19 Pfennige pro Pfund zahlen. Was ist schon ein lumpiger Pfennig?"	Der Verkäufer sollte denken: „Insgesamt geht es um zwei Millionen Pfund. Wir sollen also unsere Gewinnspanne von DM 60000 auf DM 40000 senken."
2. Der Bankkaufmann sagt: „Wir können den Zinssatz für die Hypothek auf Ihren neuen Produktionsbetrieb nicht von 7,5% auf 7% senken".	Der Controller sollte überlegen: „Auf dreißig Jahre gerechnet ist dieses halbe Prozent DM 150000 wert. Hui! bei 150000 DM lohnt es sich zu verhandeln".
3. Der Vertreter der Gewerkschaften sagt: „Wir brauchen eine Verlängerung der Pause um zwei Minuten, damit die Mitarbeiter auf die Toilette gehen können".	Der Arbeitgebervertreter sollte überlegen: „Zwei Minuten pro Tag bei 2000 Mitarbeitern machen im Jahr DM 160000 aus. Hui! Mensch!"
4. Das Vorstandsmitglied sagt: „Bei diesem Auftragsvolumen in Höhe von 50 Mill. $ sollten wir uns mit einer Million Dollar weniger zufriedengeben".	Der Vorstandsvorsitzer sollte überlegen: „Wir haben im letzten Jahr nur 5 Millionen Gewinn gemacht. Vielleicht sollten wir doch lieber nur 250000 nachlassen".

Menschen mit Geschäftssinn üben sich immer und immer wieder darin, an das tatsächliche Geld zu denken, das bei Geschäftstransaktionen auf dem Spiel steht. Erst danach entscheiden sie, ob sie zulassen wollen, daß sich die Diskussion um Irrealitäten wie Prozentsätze, Kosten pro Pfund, Preis pro Einheit, Mannstunden, Gemeinkostensätze oder Stundenlöhne drehen soll. Soll doch der andere in solchen Kategorien denken, sie tun es nicht.

Das Prinzip des Spielgeldes lautet:

„Menschen, die mit Spielgeld handeln, geben mehr aus und verschenken mehr."

Standpunkt verkaufen

Ein Verkäufer ist ein Verhandlungsführer. Er hat einen Standpunkt und möchte den Käufer davon überzeugen, daß sein Standpunkt der richtige ist. Käufer und Verkäufer haben ihre eigenen Überzeugungen. Ein Austausch von Standpunkten ist eine Verhandlung, eine sehr harte Verhandlung, weil Ideen wie Besitztümer sind. Man trennt sich nicht gerne von ihnen.

Wer den eigenen Standpunkt durchsetzen will, muß *acht Punkte beachten*. Die Ratschläge sind so leicht zu befolgen, daß Sie sie sicherlich nicht vergessen wollen:

Punkt 1. Weniger reden und mehr zuhören. Der andere möchte sich äußern. Wenn Sie schweigen, wird er reden. Er wird sich revanchieren, nämlich besser aufpassen, wenn dann Sie etwas sagen.

Punkt 2. Nicht unterbrechen. Unterbrechungen machen den anderen wütend und blockieren die Kommunikation.

Punkt 3. Nicht aggressiv sein. Es hat schon seinen Grund, daß wir einen ruhig sprechenden Menschen respektieren. Auf gemäßigte, selbstkontrollierte Weise fest zu sein, ist schwieriger, als mit Lautstärke und Spott zu arbeiten. Wer ruhig spricht, führt andere dazu, sich auch so zu verhalten. Mit Streithaltung läßt sich keine Meinung ändern.

Punkt 4. Sich mit dem Vorbringen der eigenen Punkte Zeit lassen. Erst alles anhören, was der andere zu sagen hat, ehe man den eigenen Standpunkt ausdrückt.

Punkt 5. Den Standpunkt und die Ziele des anderen wiederholen, sobald man sie begriffen hat. Jeder möchte gerne bestätigt sehen, daß er verstanden worden ist. Ein solches Zugeständnis kostet nichts. In der Neuformulierung der Meinung des Gegners ist noch ein weiterer Vorteil enthalten. Sie werden dadurch besser zuhören und den eigenen Standpunkt leichter auf seine Ausdrucksweise abstimmen können.

Punkt 6. Das Schlüsselargument identifizieren und sich daran halten. Sie dürfen den anderen nicht mit Argumenten überschütten. Behandeln Sie jeweils einen Punkt.

Punkt 7. Nicht vom Hauptpunkt abweichen. Dafür sorgen, daß auch der andere nicht vom Thema abweicht. Abweichungen vom

Thema lassen sich so minimieren: Um des Argumentes willen zeitweilig einem nicht wichtigen Punkt zustimmen, sich darauf einigen, diesen Punkt später zu diskutieren oder versuchen, die Störung als abwegig zu behandeln.

Punkt 8. ,,Für'' etwas sein, nicht ,,gegen''.

Kooperation ist besser als Konflikt.

Die oben vorgestellten Ideen führen in die richtige Richtung. Die Probleme, den eigenen Standpunkt zu verkaufen, das eigenen Produkt zu verkaufen oder ein Argument für sich zu verbuchen, haben — bei näherem Hinschauen — vieles gemeinsam.

Statistiken

Meine Einstellung gegenüber Statistiken ist ganz einfach: ,,Aufpassen!'' Ich prüfe und zähle genau nach, wenn mich jemand mit Statistiken abfüttert.

Seit etwa einem halben Jahrhundert verläßt sich das *Federal Reserve Board* (Direktorium des US-Zentralbankensystems) auf die Berichte der Banken über ihre Geschäfte mit Staatsanleihen. Wichtige Entscheidungen über den Geldmengenumlauf sind auf der Grundlage dieser Statistiken gefällt worden. Nach fünfzig Jahren hat die Regierung eine Genauigkeitsüberprüfung dieser Statistiken angeordnet. Dabei stellte sich heraus, daß die Berichte ,,praktisch bedeutungslos'' waren. Bis dahin hatte jeder blind angenommen, daß die Daten korrekt waren. Banken müssen doch wissen, was sie tun. *Wirklich?*

Zahlen haben eine ureigene Macht. Wer die Zahlen zusammenstellt, steuert die Entscheidungen. Selbst mit den besten Absichten können große Fehler unterlaufen. Wenn ein Zahlenmann Unterschlagungen vorhat, lassen sich falsche Schlußfolgerungen kaum vermeiden.

Ich habe einmal für einen ,,Zauberer'' namens *Boyd* gearbeitet. Ihm unterstand die Abteilung Preiskalkulation. *Boyd* konnte immer mit den Zahlen kommen, die er gerade wollte. In bezug auf Statistiken war er Zyniker. Trotzdem hatte er die beste Datenbank eingerichtet, die mir je vor Augen gekommen ist. Er sammelte Karten über die Entstehung von bestimmten Preisen, wie Köche Gewürze sammeln. Bei entsprechender Gelegenheit wählte er die Unterlagen, die seine Ziele am besten würzten. *Boyd* wußte, daß der Mensch Schwierigkeiten hat, die Tatsachen von den Annahmen und den Quellen hinter den Tatsachen zu trennen. Er war ein ganz *besonders fähiger Statistik-Lügner.*

Statistiken haben es an sich, den Betrachter zu *hypnotisieren.* Statistiken an sich sind weder gut noch schlecht. Die Feinheiten werden erst offenbar, wenn man etwas tiefer gräbt. Unter der Oberfläche findet man einen Hexentrank von Tatsachen, Interpretationen, Annahmen, Werturteilen und auch ein paar dumme Fehler. Es ist nicht alles Gold, was glänzt.

Seien Sie skeptisch gegenüber Statistiken. Handeln Sie schnell und zählen Sie nach.

Steuerbord

Wenn Kenntnisse der Regeln nichts nützen

Als ich Segeln lernte, fiel es mir schon schwer genug, mit dem Boot fertig zu werden. Ich konnte mich nicht auch noch gleichzeitig um die Regeln kümmern. Marina del Rey in Los Angeles ist ein Tribut an die Fähigkeit des Menschen, große Ideen zu verwirklichen. Dort ist der Pazifische Ozean durch Bau eines großen Yachthafens gezähmt worden. Das Dumme ist nur, daß alle Boote Sonntags aufs Meer hinausgesegelt werden. Eine riesige Verkehrsstauung ist die Folge. Die Situation wird noch schlimmer, weil niemand einen Segelschein braucht. Man braucht nur ein Segelboot und ein wenig Mut. Wissen ist nicht Voraussetzung.

Meine ersten Sonntage auf dem Segelboot waren voller Anspannung. Vor mir, neben mir, hinter mir waren viel größere Boote, und irgendwie habe ich mich hindurchlaviert. Ein Zusammenstoß, und mein Boot wäre hinüber gewesen. Boote überall, in alle Richtungen segelnd — geübte und ungeübte Segler, Schnellboote und monströse Hochseeyachten — alle in einem großen Durcheinander.

Ich segelte vor mich hin und kümmerte mich nur um meine Arbeit. Dabei mußte ich feststellen, daß mir immer wieder „Steuerbord!" zugeschrien wurde. Andere wiederum zogen mit einem vernichtenden Blick an mir vorbei, als ob sie sagen wollten: ,,Du Blödmann, Steuerbord habe ich gesagt. Bei Dir tickt's wohl nicht richtig." Ich hatte keine Ahnung, was sie meinten. Ich hatte mit meinem Boot sowieso schon genug zu tun. Sie machten, daß sie wegkamen, und das zählte.

Später habe ich gelernt, was ,,Steuerbord" bedeutet. Das Boot, bei dem der Wind von rechts kommt, hat Vorfahrt. Das andere Boot muß warten. Die Segler, denen ich begegnete, kannten die Regel. Ich kannte sie nicht, und doch waren sie es, die mir die Vorfahrt ließen, nicht ich sie ihnen.

Manchmal nützt es einem gar nichts, wenn man die Regeln kennt. Jetzt schreie ich ,,Steuerbord" so laut ich nur kann. Dann mache ich mich aus dem Staube, weil dieser ,,Idiot" einfach nicht weiß, wovon ich rede.

Sticheleien

Politik der kleinen Nadelstiche

Ich mag Sticheleien nicht. Sie regen mich auf. Es gibt Fußballspieler, die die gegnerische Verteidigung durch ihre beißenden Bemerkungen aufstacheln. Käufer reden den Verkäufern manchmal mit derselben Absicht dauernd dazwischen. Wer anfängt zu sticheln, will den anderen so aus dem Konzept bringen, daß er die vor ihm liegende Aufgabe nicht mehr meistern kann.

Mit Sticheleien und Zwischenrufen wird man nur schwer fertig. Viele tun alles, um den anderen höflich zu behandeln. Der Zwischenrufer aber tut genau das Gegenteil. Er versucht, die *Schwächen* in der *Person* des Gegners *auszunützen*.

Man kann einem anderen akustisch, physisch und psychologisch dazwischenpfuschen. Akustisch verwirrt man den anderen mit unnötigem Lärm, man hält ihn zum Narren oder redet Unsinn. Physisch bringt man ihn durcheinander, indem man für unbequeme Sitzgelegenheiten beim Essen und bei den Verhandlungen sorgt. Psychisch versucht man, ihn mit einer Politik der kleinen Nadelstiche fertig zu machen, man greift seinen Status an oder verunglimpft seine Intelligenz. Man hört absichtlich nicht zu oder droht, dafür zu sorgen, daß er seinen Arbeitsplatz verliert. Wer mit solchen Sticheleien taktiert, hofft, daß der andere sich schnell von diesem Druck befreien will. Das kann er, wenn man schnell zu einer Einigung gelangt.

Auf lange Sicht schaden sich solche Nadelstichtaktierer selbst. Im Wirtschaftsleben werden sie irgendwann aus der eigenen Organisation herausgedrängt. Wer Fouls begeht, ist auch ,,foul''. *Niemand vertraut ihnen.*

Leider aber muß ich sagen, daß die Politik der kleinen Nadelstiche *kurzfristig Erfolg* hat. Der Stichler regt seine Gesprächspartner mehr auf, als diese zugeben wollen. Damit rechnet er. Deswegen hat man von der Reaktion her kaum eine Wahl. Man muß dafür sorgen, daß dieser billige Trick den Stichler sehr teuer zu stehen kommt. Als Gegenmaßnahmen kommen alle die Taktiken in Frage, die wir schon im Abschnitt *Rollenverteilung: ,,Bösewicht — Held''* auf Seite 154 vorgestellt haben. Im Leben und in Verhandlungssituationen werden die Menschen immer so weit ausgenutzt, wie sie sich ausnutzen lassen.

Zwingen Sie den ,,Stichler'' dazu, sich ein anderes Opfer zu suchen.

Das wird er dann auch tun.

Streiks und Kriege

Teure Formen der Verhandlungsführung

Dean Acheson hat einmal gesagt, daß Verhandlungen eine Form des Krieges seien. Er hatte unrecht. Krieg ist eine Form der Verhandlung. Der Unterschied ist wichtig. Wenn Sie nämlich *Achesons Konzept akzeptieren*, müssen Sie auch ein *ausbeuterisches* Verhandlungskonzept akzeptieren.

Ähnlich könnte man sagen, Tarifverhandlungen seien eine Form des Streiks. Ein solcher Ausspruch wird wohl von den meisten als offenkundiger Blödsinn angesehen. Der Streik ist sicherlich eine Phase der Verhandlungen. Wir beginnen am Verhandlungstisch, verlassen ihn und gehen wieder an den Verhandlungstisch.

Der Unterschied zwischen der Verhandlung vor und nach einem Streik besteht darin, daß beide Parteien vor dem Streik eine *Kosten-Nutzen-Analyse* in ihre Strategien und Taktiken einbeziehen. Intuitiv verbinden sie wahrscheinlich Zufriedenheit und Unzufriedenheit mit jedem Maßnahmekurs. Über den Streik denken sie folgendermaßen: ,,Wenn wir diesen Standpunkt einnehmen, besteht die Möglichkeit, daß die Gewerkschaften zum Streik aufrufen. Ein Streik wird uns soundsoviel Geschäftsverluste beibringen. Auf der anderen Seite können wir dies oder jenes gewinnen.'' Die Möglichkeit des Streiks und die damit verbundenen Kosten sind immer im Hintergrund dabei. *Die Drohung besteht.*

Nach Beginn des Streiks werden die Verhandlungen offen oder geheim fortgesetzt. Die Einschätzung möglicher Streikkosten ist durch die Wirklichkeit abgelöst worden. Der größte Unterschied aber besteht darin, daß beide Seiten ihre Entschlossenheit dokumentieren, lieber die wahren Kosten auf sich nehmen, als eine Abmachung zu akzeptieren, die ihnen nicht gefällt. Beide sondieren, *wie stark* und *entschlossen* der andere nun in der *Leidenssituation* ist.

Nach Streikbeginn stecken interessanterweise immer noch Trumpfkarten im Ärmel beider Parteien, die keiner genau abschätzen kann: Wie lange wird der Streik dauern, wer wird aufgeben, wie werden die Nachteile aufgenommen und wie werden diese Nachteile eine Änderung des Abschlusses bewirken, wenn er schließlich zustande kommt? Der Streik verschärft einige Realitäten, aber es bleiben auch viele Unbekannte. Die Verhandlungen bewegen sich eine Zeitlang zwischen Verhandlungstisch und Streikposten hin und her. Viele Worte und wenige Maßnahmen wechseln sich mit vielen Maßnahmen und wenigen Worten ab. Die Macht verändert ihr Gesicht. Vor dem Streik waren 20% Macht offenkundig, 80% potentielle Macht blieben verdeckt. Nun, nach dem Streik, ist 80% Macht offenkundig, und nur noch 20% bleiben verdeckt. Der Streik ändert die Entscheidungsfindung, weil durch ihn die Kosten-Nutzen-Analysen verändert werden. Trotzdem bleiben viele Unbekannte und immaterielle Werte, die das endgültige Ergebnis beeinflussen können. Vielleicht entdeckt eine Partei oder sogar alle beide, daß ihnen der Streik nicht nahezu so sehr schadet, wie ursprünglich angenommen.

Streiks und Krieg sind eine teure Form der Verhandlungsführung. Meistens, aber nicht immer, ist es billiger, die Gespräche auf den *Verhandlungstisch* zu begrenzen.

Stück-um-Stück-Taktik

Wenn zwei Parteien sich nicht genügend vertrauen und dadurch nicht in allen Punkten zu einer Einigung kommen, bleibt ihnen noch eine Alternative. Sie können sich ,,Stück für Stück'' *zusammenraufen.* Beide erzielen Einigung bei Angelegenheiten mit geringem Risiko und lassen schwierigere Sachen zunächst einmal liegen. Wenn die erzielte Einigung über einen bestimmten Zeitraum hinweg zufriedenstellend funktioniert, gehen sie an die nächstschwierigere Sache heran. Mit dieser ,,Stück-um-Stück''-Taktik bleibt ihnen die Möglichkeit, die Absichten des anderen auf die Probe zu stellen, ohne selbst zu viel Schaden zu erleiden.

Die ,,Stück-um-Stück''-Taktik gilt für Kauf- und Verkaufsverhandlungen ebenso wie für die internationale Politik. *Joseph Kraft* hat diese Taktik im Zusammenhang mit den ersten Gesprächen zwischen Arabern und Israelis beschrieben:

,,Anstatt sofort bei allen Punkten eine Einigung zu erzielen, konzentrieren sich nun die Israelis, Ägypter und die Großmächte auf eine einzelne Möglichkeit — die Freigabe des Suez-Kanals — das kann der erste Schritt auf dem Wege zu einer Beilegung des Konfliktes sein...

Die führenden Politiker Israels müssen sich mit den Verhandlungsrealitäten abfinden. Sie müssen erkennen, daß die Wiedereröffnung des Kanals einen dauerhaften Waffenstillstand mit sich bringen kann. Sie müssen erkennen, daß sie ein kleines Stück erobertes Territorium aufgeben können, beispielsweise am Suez-Kanal entlang, ohne alles im Stich zu lassen.

Kurz: Die Israelis müssen Stück für Stück in eine Beilegung hineinstolpern. Und Verhandlungen über den Suez-Kanal bieten dafür den genau richtigen Rahmen.

Ähnliches gilt für die Ägypter. Sadat hat einen großen Schritt vorwärts getan, als er den Gedanken eines Friedensvertrages mit Israel akzeptierte. Er braucht einige greifbare Erfolge, er muß für seine Bemühungen etwas zum Vorzeigen haben, ehe er weitere Schritte nach vorne tun kann.''

Zum Aufbau von Vertrauen braucht man Zeit. Käufer und Verkäufer, die sich nicht kennen, werden sich nur ungern sofort auf alle Punkte verpflichten lassen. In solchen Fällen können sie die Problemkreise in

Einzelteile aufbrechen. Eine Einigung läßt sich dann auf diese geringfügigeren Angelegenheiten beschränken. *Ein Beispiel:* Ein Franchise-Geber sucht einen Franchise-Nehmer für den Staat Kalifornien. Er findet auch einen Mann, der seinen Bedingungen zu entsprechen scheint. Er bekommt zunächst die Franchise für Los Angeles, nicht aber für den gesamten Staat. Wenn seine Arbeit erfolgreich verläuft, wird er später die Franchise für ganz Kalifornien bekommen. Ähnlich können Kauf- und Verkaufsvereinbarungen nach geographischen und produkt- oder dienstleistungsspezifischen Gesichtspunkten aufgeteilt werden.

Supertaktik

Alle gegen alle ausspielen

Ein paar große Unternehmungen beschreiten einen ganz anderen Weg. Sie bedienen sich einer Supertaktik. Die Einkäufer berufen eine Konferenz mit allen Anbietern ein. Alle finden sich an einem Tisch zusammen, um über einen möglichen Auftrag zu verhandeln. Dann geht es hoch her.

Der Einkäufer referiert über die Bestellungen des letzten Jahres. Allen Anbietern wird erläutert, welche Verbesserungen er erwartet. Letztes Jahr sind ihm beispielsweise 2% Skonto bei Rechnungsbegleichung innerhalb von 10 Tagen zugestanden worden, dieses Jahr will er 2% auf 15 Tage. Letztes Jahr betrug der Mindestauftragswert 50 Dollar, dieses Jahr will er einen Mindestauftragswert von 25 Dollar aushandeln. Letztes Jahr war er bereit, auch Waren der B-Qualität zu akzeptieren, dieses Jahr muß die Qualität besser sein, mindestens B+. Letztes Jahr hat er die Ware selbst gelagert, dieses Jahr soll der Lieferant die Lagerhaltung für ihn übernehmen. Letztes Jahr wurde ihm kein Rabatt auf das Gesamtauftragsvolumen eingeräumt, dieses Jahr will er 5%. Alle Teilnehmer haben nacheinander die Chance, sich zu den neuen Forderungen zu äußern.

Während der Konferenz wird der Käufer andeuten, wie hoch das Auftragsvolumen wahrscheinlich werden wird. Aus dem einen oder anderen Wettbewerber kitzelt er die Bereitschaft heraus, sämtliche gewünschten Verbesserungen in Betracht zu ziehen. Alle verlassen die Konferenz mit dem vagen Gefühl, daß sich einer bestimmt dazu bringen läßt, die härteren Bedingungen zu erfüllen.

Die offizielle Ausschreibung, die schließlich verschickt wird, enthält alle erörterten Veränderungen. Die Anbieter haben Angst, nicht auf die neuen Forderungen einzugehen. Genauso fürchten sie sich aber davor, auf sie eingehen zu müssen. Sie haben Angst, bei diesem Großgeschäft Verlust zu machen, fürchten aber gleichzeitig, das Geschäft an einen Wettbewerber zu verlieren. Uns wundert es nicht, daß der Käufer bei dieser Supertaktik am besten abschneidet.

Alle gegen alle auszuspielen, ist wohl die härteste Taktik, die man überhaupt wählen kann, besonders wenn ein Käufermarkt existiert. Am besten wehrt man sich dagegen, indem man seine Verkäufer anweist, an einer solchen Konferenz teilzunehmen und sich alles anzuhören, aber auf keinen Fall irgendwelche Verpflichtungen einzugehen. Geben Sie Ihr Angebot dann so ab, wie Sie es normalerweise auch getan hätten. Leicht ist das nicht. Es gibt Verkaufsleiter, die diese Taktik ganz ablehnen und ihren Verkäufern kategorisch verbieten, an einer solchen Konferenz teilzunehmen. Sie wollen über die Einstellung der Mitbewerber zu den harten Forderungen lieber nichts wissen, weil das nur die eigene Preisfestsetzungspolitik unnötig beeinflussen würde.

Die Taktik ist nicht neu. In der Welt der Hochfinanz wird sie seit mindestens 100 Jahren angewandt. Eine große Unternehmung beschließt, eine große Anleiheemission aufzulegen. Sie lädt mehrere Emissionsfirmen zu einer Gebotskonferenz ein, bei der sich herausstellt, daß der eine gegen den anderen ausgespielt werden soll. Viele Forderungen sollen in die jeweiligen Gesamtgebote eingehen. Bei einem großen Geschäft werden die Emissionsfirmen die Konferenz wie vor den Kopf geschlagen verlassen. Sie haben Angst, sich auf das Ganze einzulassen, und sie haben Angst, sich nicht darauf einzulassen. Unnötig zu sagen, daß es meistens das Unternehmen ist, das als Nutznießer aus dieser Taktik hervorgeht.

Tagesordnung

Wer die Tagesordnung aufstellt, formuliert die Fragen und bestimmt, *wann* Entscheidungen getroffen werden. In Industrie und Politik hat man mit der Tagesordnung eine Möglichkeit in der Hand, Vorteile zu erzielen und die Initiative zu behalten. Die Tagesordnung ist der erste Schritt zu einer Verhandlung. Sie bestimmt den *weiteren Ablauf.*

Politiker streiten sich gerne über die Tagesordnung. In der Geschäftswelt ist das nicht so. Geschäftsleute beachten sie kaum — und lassen damit eine gute Chance fahren. Ich habe schon Verhandlungen erlebt, in denen es um mehrere Millionen ging und die Frage der Tagesordnung nach 15 Minuten erledigt war. Keine der Parteien legte Wert auf diesen Punkt, begriff ihn auch gar nicht.

Mit einer guten Tagesordnung kann man *Motive verdeutlichen* oder *verbergen.* Man kann Regeln aufstellen, die beiden Parteien gerecht werden oder nur eine bevorzugen. Man kann dafür sorgen, streng beim Thema zu bleiben oder auch Abweichungen zu gestatten. Man kann eine schnelle Entscheidung erzwingen oder geduldige Sondierung von Tatsachen gestatten. *Wer die Tagesordnung überwacht und steuert, hat unter Kontrolle, was gesagt wird und vielleicht auch, was noch wichtiger sein kann, was nicht gesagt wird.*

Ehe die Gespräche beginnen, sollte man immer versuchen, über die Tagesordnung zu verhandeln. Dadurch bewahrt man sich *Eigeninitiative.*

Folgende *Richtlinien* sind zu beachten:

1. Die Tagesordnung des anderen nicht akzeptieren, ehe man nicht über die Konsequenzen nachgedacht hat.
2. Überlegen, wo und wie man bestimmte Themen am besten anschneiden kann.
3. Die Erörterung der Problemkreise zeitlich so ansetzen, daß Zeit zum Überlegen bleibt.
4. Die vom Gegner vorgelegte Tagesordnung auf eventuell absichtlich Ausgespartes überprüfen.
5. *Vorsicht:* Nicht den Eindruck erwecken, daß man vielleicht auch über ,,Muß''-Forderungen verhandeln könnte. Man kann seine Entschlossenheit sehr früh zeigen, indem man solche Punkte gar nicht erst zur Diskussion zuläßt.

Eine Tagesordnung ist ein Diskussionsplan, kein Diskussionsvertrag. Wem nach Verhandlungsbeginn das Format der Gespräche nicht paßt, muß den Mut haben, es zu ändern. Es kann sich niemand leisten, diese Angelegenheit leichtherzig zu behandeln.

176

Taktiken contra Ethik

Gut *zweihundert Taktiken* werden in diesem Buch vorgestellt. Für den Verhandlungsführer sind sie Mittel zum Zweck, nicht aber Selbstzweck. Zweck und Mittel lassen sich nicht voneinander trennen. Unethische Taktiken zur Erreichung wertvoller Ziele werden letzten Endes den positiven Wert dieser Ziele zerstören. Unethische Zwecke werden meistens zum Selbstzweck.

Die meisten in diesem Buch besprochenen Taktiken sind ethisch. Die unethischen haben keinen Platz im Wirtschaftsleben. Die Taktiken in der Grauzone zwischen Recht und Unrecht sollte man mit viel Skepsis behandeln. Es bleibt jedoch die Tatsache, daß es immer Menschen gibt, deren Integritätsnormen so verzerrt sind, daß ihnen alles akzeptierbar erscheint. Um uns zu schützen, müssen wir die ethischen und die unethischen Taktiken verstehen, und wir müssen sie erkennen können, wenn sie von einem Gegner eingesetzt werden.

Teamberatungen

Wann sind sie angebracht?

Die Friedensverhandlungen mit den Vietnamesen bestanden zu 10% aus Gesprächen und zu 90% aus Unterbrechungen. In Wirtschaftsverhandlungen sieht das Verhältnis meistens umgekehrt aus. Ob und wie man sich zu Beratungen mit dem eigenen Team zurückzieht, kann Einfluß auf die endgültigen Abmachungen haben. Ich bin für viele Unterbrechungen. Sie sind sinnvoller als lange Gespräche und kurze Pausen.

Gordon Rule ist vielleicht der härteste Unterhändler, den die Marine je hatte. Er sagte: ,,Nie über ein Thema verhandeln, auf das man nicht vorbereitet ist". Irgend etwas Unvorhergesehenes kommt immer auf den Tisch. Dann sollte man sich zu einer Beratung mit dem eigenen Team zurückziehen. Rufen Sie Ihre Mitarbeiter zusammen und erörtern Sie das neue Thema mit ihnen. Lassen Sie sich nicht unvorbereitet auf ein neues Thema festnageln.

Beratungen mit dem eigenen Team können aus vielerlei Gründen *nützlich* sein:

1. Besprechen, was man gehört oder erfahren hat.
2. Fragen überlegen.
3. Neue Argumente und Verteidigungsaspekte entwickeln.
4. Mögliche Alternativen erkunden.
5. Bessere Aussagen entwickeln, die allen Einwänden standhalten.
6. Strategien und Taktiken überprüfen.
7. Mögliche Zugeständnisse absprechen.
8. Reaktionen auf neue Forderungen festlegen oder sich entschließen, zusätzliche Forderungen anzumelden.
9. Fachleute zu Rate ziehen.
10. Regeln, Verordnungen, Satzungen überprüfen.
11. Änderungen in Preis, Spezifikation, Zeitplan oder Bedingungen analysieren.
12. Kostenanalyse durchführen.
13. Peinlichen Fragen zuvorkommen.
14. Den ,,Bösen'' loswerden.

Sie ziehen sich mit Ihrem Team zurück und *gewinnen Bedenkzeit*. Damit läßt sich auch ein Argument wirkungsvoll unterstreichen. Sie können Tatsachen nachprüfen oder Ihre Entschlossenheit beweisen. Sie haben die Chance, alle Teammitglieder an dem Problem arbeiten zu lassen. *Ann Douglas*, Autorin des Buches ,,Industrial Peacemaking'' hat in über zehnjährigen Forschungsarbeiten zu Tarifverhandlungen zwischen Gewerkschaften und Arbeitgebern festgestellt, daß die Spannung in Krisenphasen beträchtlich gesenkt werden konnte, wenn zwischen den kurzen Sitzungen lange Unterbrechungen eingeplant wurden.

Der Teamchef muß dafür sorgen, daß alles vorhanden ist, was man für die internen Beratungen braucht. Wie bei jeder Konferenz ist es wichtig, einen anständigen Tagungsraum zu haben. Man muß nach einer Tagesordnung vorgehen. Außerdem braucht man eine Tafel, visuelle Hilfsmittel, Rechenmaschinen und Kopiermöglichkeiten. Wichtig ist auch, daß man in einem abgeschlossenen Raum ohne Mithörer tagen kann. Es wurden und werden viele Konferenzräume ,,verwanzt'', von Watergate einmal ganz abgesehen.

Spielunterbrechungen sind schon für einen Basketball-Trainer wichtig. Für einen Verhandlungsführer sollten Unterbrechungen noch viel wichtiger sein, weil es um weit mehr geht.

Telefonverhandlungen

Häufige Fehler

Verhandeln Sie *niemals am Telefon*, es sei denn, es bleibt Ihnen nichts anderes übrig. Wer am Telefon verhandelt, muß dafür sorgen, daß er besser vorbereitet ist als der Gegner am anderen Ende. Bei Befolgung dieses Rates kann man sich viel Geld und Ärger ersparen. Am Telefon werden immer wieder „Böcke geschossen".

Es kommt jedoch auch vor, daß ein *Telefongespräch effektiver* ist als Verhandlungen von Angesicht zu Angesicht. Dann ist es unbedingt erforderlich, die *üblichen Telefonfallen* zu kennen:

1. Der Anrufende kann den Überraschungseffekt für sich als Vorteil verbuchen.
2. Wichtiges wird leicht ausgelassen.
3. Man steht unter Entscheidungs- und Abschlußzwang.
4. Unter Druck fällt selbst einfaches Kopfrechnen schwer.
5. Telefongespräche kosten Geld (besonders Ferngespräche), und wir sind uns dessen zu sehr bewußt.
6. Zuhören ist schwer. Wir schweifen mit unseren Gedanken ab.
7. Der Angerufene kann keine Ordnung halten. Er findet seine Unterlagen nicht, hat nichts zum Mitschreiben oder muß gar nach seiner Sekretärin suchen lassen.
8. Man kann die Reaktion des anderen nicht sehen.
9. Man kann keine Beweise geben und sie auch nicht überprüfen.
10. Telefongespräche kommen meistens, wenn der Angerufene andere Dinge im Kopf hat.
11. Es ist schwer, dafür zu sorgen, daß man nicht unterbrochen wird.

Dieser langen Liste sollten noch drei weitere Punkte hinzugefügt werden, die alle in eine Katastrophe münden können. Am Telefon können Mißverständnisse leichter entstehen als bei einem persönlichen Gespräch. Zweitens bleibt einem nicht genügend Zeit zum Nachdenken und drittens fällt es dem anderen leichter, nein zu sagen, wenn er einen nicht sehen kann.

Telefonverhandlungen an sich sind weder gut noch schlecht. Oft bleiben sie als einzige vernünftige Möglichkeit, Geschäfte zu machen. Teure Fehler, die man normalerweise nie machen würde, können bei einer Telefonverhandlung sehr leicht vorkommen. Das ist jedem von uns schon passiert. Ich halte Telefonverhandlungen für gefährlich. Man sollte sie nie auf die leichte Schulter nehmen. Wenn man sie vermeiden kann, um so besser. Wenn man sie nicht vermeiden kann, sollte man wenigstens die *folgenden Tips* zur Meisterung von Telefonverhandlungen *beherzigen.*

Was man tun und was man lassen sollte

Hier sind *einige Verhaltensmaßregeln* für Telefonverhandlungen, die man oft in der Hitze des Gefechts vergißt.

Was man tun sollte:

1. Zuhören, wenn man angerufen wird. Sich die ganze Geschichte anhören. Dann zurückrufen.
2. Weniger reden. Je weniger Worte auf Ihrer Seite, desto mehr auf der anderen.
3. Gespräch simulieren, ehe Sie anrufen.
4. Eine Checkliste aufstellen, damit Sie nichts vergessen.
5. Einen Taschenrechner auf dem Schreibtisch bereitlegen.
6. Arbeitspapiere auf einem großen Tisch ausbreiten.
7. Notizen machen und sofort bei der entsprechenden Akte ablegen.
8. Vereinbarungen sofort mit eigenen Worten bestätigen.
9. Eine Entschuldigung für den Abbruch des Gespräches parat haben.
10. Bei Angst, daß Ihr Anruf als Zeichen der Schwäche interpretiert wird, den Weg schon vorher ebnen.

So wie es Dinge gibt, die man bei effektiven Telefongesprächen tun sollte, gibt es auch *Punkte, die man lassen sollte.*

Was man lassen sollte:

1. Sich während einer Mitarbeiterbesprechung auf eine Telefonverhandlung einlassen.
2. Eine Verhandlung zum Abschluß bringen, ohne daß man begreift, worum es geht und ohne seine Position vorbereitet zu haben.
3. Sich zu einer schnellen Entscheidung drängen lassen, weil das Gespräch zu teuer wird.
4. Mit einem Rückruf zögern, wenn man einen schweren Rechenfehler entdeckt hat.

180

5. Angst haben, die Verhandlungen über eine wichtige Sache neu aufzurollen. Wenn Sie den Abschluß noch einmal überdacht haben und er Ihnen dann schlecht erscheint, müssen Sie den Mut haben, zurückzurufen.

Telefonverhandlungen bringen dem die besten Ergebnisse, der sich *am besten vorbereitet* hat. Es gibt im Wirtschaftsleben nicht viele Situationen, in denen die Kapitalrendite für die aufgewandte Zeit so hoch ist.

Wann man Telefonverhandlungen ins Auge fassen sollte

Obwohl es grundsätzlich besser ist, von Angesicht zu Angesicht zu verhandeln, gibt es Gelegenheiten, bei denen ich das Telefon mit voller Absicht als Verhandlungsmedium wähle.

Das Telefon ist ein großartiges Instrument, um die Aufmerksamkeit von Menschen zu gewinnen, an die ich sonst nur sehr schwer herankomme. *Den meisten Menschen ist es fast unmöglich, ein Telefon klingeln zu lassen und den Hörer nicht abzunehmen.* Sobald sie sich gemeldet haben, fällt es ihnen schwer, den Hörer wieder aufzulegen.

Hier ist ein *Beispiel.* Ein Radioansager in Chicago erhielt die Nachricht, daß eine Bank überfallen worden war. Er rief bei der Bank an. Raten Sie, wer den Hörer abnahm? Der Räuber. Er hatte einem klingelnden Telefon einfach nicht widerstehen können. Noch unglaublicher war, daß der Räuber am Telefon blieb und immer noch Fragen beantwortete, als er schon längst von Polizei umstellt war. Das Telefongespräch endete erst mit seiner Festnahme. Die Zuhörer konnten kaum glauben, daß ein Mensch unter solchem Druck am Telefon blieb. Psychologen wunderte das allerdings nicht. Der Räuber hat sich in bezug auf das Telefonklingeln ganz normal verhalten.

Schnelle Abschlüsse gereichen einer Partei meistens zum Nachteil. Bei Telefonverhandlungen geht es letztlich immer um schnelle Geschäfte. Trotzdem kann es manchmal besser sein, am Telefon zu verhandeln als von Angesicht zu Angesicht. Das *Telefon* kann auch *nützlich* sein:

1. Es fällt leichter, ,,nein'' zu sagen.
2. Man kann sich uninteressiert geben.
3. Man kann Härte vorgeben.
4. Man kann Entschlossenheit vorgeben.

5. Man kann eine Unterredung abbrechen.
6. Man kann Statusunterschiede minimieren.
7. Man kann den Informationsfluß begrenzen.
8. Man kann reden und das Zuhören lassen.
9. Man kann oft unterbrechen.
10. Man kann die Kosten niedrig halten.

An eines müssen Sie aber immer denken:

Telefongespräche gehen nur zu Ihren Gunsten aus, wenn Sie besser vorbereitet sind als der andere.

Tempo ändern

Die besten Werfer im Baseball sind nicht die, die sich auf schnelle Würfe aus dem Handgelenk spezialisiert haben. Auf Dauer gesehen können die Werfer die meisten Punkte für sich verbuchen, die das *Tempo ihrer Würfe variieren.* Auch bei Verhandlungen kann es günstig sein, das Tempo zu ändern.

Wichtig ist *Zeitgefühl.* Einmal ist es richtig, sich zu engagieren, ein anderes Mal ist es richtig, sich zurückzuhalten.

Man wechselt zwischen Offenheit, Aufgeschlossenheit und Unergründlichkeit. Einmal ist es richtig zu reden, ein anderes Mal schweigt man besser. Einmal ist es angebracht, zu fragen, ein anderes Mal zu akzeptieren. Einmal ist man hart, ein anderes Mal weich. Einmal gibt man, einmal nimmt man. Dies alles steckt hinter der Theorie: ,,Tempo ändern — Taktik ändern''.

Ein Unterhändler sollte dem anderen nicht signalisieren, daß er gerne zum Abschluß kommen möchte.

Der Theorie nach ist es besser, sich geduldig auf einen Abschluß hinzubewegen und sich wieder von ihm zu entfernen, hin und zurück, immer wieder, immer wieder. Auf diese Weise schwankt die Gegenpartei zwischen der Freude, ihr Ziel in Reichweite zu sehen und der Angst, daß es ihr wieder entschlüpft.

Die Gegenpartei schwankt dauernd zwischen Aushalten und Nachgeben. Sie weiß nie, was als nächstes kommt.

Termine

Warum und wie sie funktionieren

Termine zwingen zum Handeln. Es ist kein Zufall, daß man am 24. Dezember Weihnachtsgeschenke einkauft und daß man Flugzeug oder Zug in der letzten Minute erreicht. Lobbyisten haben sich schon seit Jahren zunutze gemacht, daß Abgeordnete kurz vor den Parlamentsferien noch alle möglichen dummen Gesetze verabschieden wollen.

Termine und Fristen gehören zum Alltag. Die Arbeitszeit geht von 8.00 bis 17.00 Uhr. Züge halten sich an einen Fahrplan. Arzttermine müssen eingehalten werden. Rechnungen sind an bestimmten Daten fällig. In allen menschlichen Transaktionen ist der Faktor Zeit vorhanden. Wir halten uns an Termine, fast ohne sie uns bewußt zu machen.

Termine stellen uns vor ein Entweder-Oder. Wird der Termin akzeptiert, ist das Geschäft perfekt. Wird er nicht akzeptiert, sind die Folgen unabsehbar. Es geht um den Spatz in der Hand oder die Taube auf dem Dach.

Man kann nie sicher sein, ob die Zeitbegrenzung für eine Verhandlung ernst gemeint ist. Die Kosten bei Nichteinhaltung eines Termins lassen sich nie genau vorausberechnen. Aus Erfahrung wissen wir, daß manche Termine absolute Grenzen bedeuten, andere nicht. Manche sind kostspielig, andere haben keine Folgen. Wer einen Termin akzeptiert, kann sich über eine Sache freuen: Man weiß, daß die Zukunft ein wenig weniger ungewiß geworden ist. Man kann sich immer sagen, daß es schlechter hätte kommen können, wenn der Termin nicht eingehalten worden wäre.

Ich rate, bei Terminen skeptisch zu sein. Zeitgrenzen kommen und gehen — wie Züge. Mit dem Finanzamt kann man über einen Aufschub für die Abgabe der Steuererklärung verhandeln. Man kann in Hotels über die offizielle Check-out-Zeit hinaus bleiben, ohne zusätzlich bezahlen zu müssen. Am 10. fällige Zahlungen werden vom Gläubiger auch noch am 11. akzeptiert. Ein Bericht, für Mittwoch versprochen, aber erst am Donnerstag abgegeben, ist noch kein Kündigungsgrund. Ein Angebot, das nur bis zum 1. Juni gelten soll, wird meistens auch noch am 2. gültig sein. Auch Journalisten halten nicht alle Termine und Fristen ein, und doch habe ich noch keine leere Zeitungsspalte gesehen. Fristen und Termine sind so ernst zu nehmen, wie der Betrachter für richtig hält.

Wer Termine und Fristen nicht ernst nimmt, geht allerdings ein Risiko ein. Ein Käufer sagt: ,,Ich werde die Bestellung bis Mittwoch aufgeben'', und dann läßt er Sie vielleicht im Regen stehen. Ein Verkäufer sagt: ,,Wenn Sie heute bestellen, kann ich die Lieferung zum vereinbarten Termin garantieren''. In dem Fall ist es vielleicht wirklich besser, sofort zu bestellen. Vielleicht sind die Lager schon geräumt, wenn man mit der Bestellung noch wartet. Je mehr man über die Organisation, Produktionstermine, Lagerhaltung und über die finanzielle Lage der Gegenpartei weiß, desto besser kann man abschätzen, ob Fristen und Termine ernst gemeint sind.

Zeit ist Macht. Viele gehen mit einer selbst verursachten Schwäche in Verhandlungen hinein. Sie sind sich immer bewußt, daß sie unter Zeitdruck stehen. Dieses Wissen verringert die eigene Leistungsfähigkeit. Wir sollten uns auf die Fristen und Termine konzentrieren, unter deren Zwang der andere steht. Wenn wir schon unter Zeitdruck stehen, wird der andere wohl auch unter Druck stehen. Die folgenden *drei Fragen* helfen aus der Terminfalle heraus:

1. Stehe ich unter Termindruck? Ist er selbst oder von der Organisation auferlegt. Macht er mir das Verhandeln schwerer?
2. Sind die Termine, die ich mir selbst oder die meine Organisation mir gesetzt hat, ernstzunehmen? Kann ich mit meinen eigenen Leuten über eine Verlängerung verhandeln.
3. Welche Termine oder Fristen setzen den anderen und seine Organisation unter Druck?

Fristen üben eine fast *hypnotische Kraft* auf uns aus. Wir neigen dazu, sie selbst dann zu akzeptieren, wenn wir es eigentlich nicht sollten. Deshalb ist es gut, wenn man ein Angebot für einen Hauskauf bis zu einem bestimmten Datum befristet. Der andere kann dann leichter die Entscheidung treffen, die man von ihm haben will. Fristen und Termine funktionieren, selbst wenn sie es nicht sollten.

Wie man mit Terminen einen Käufer zum Kauf bewegt

Verkäufer wissen aus Erfahrung, daß bestimmte Fristen und Termine einen Käufer zum Kauf veranlassen. *Folgende Überzeugungstaktiken* lassen sich anwenden, auch wenn der Käufer noch nicht ganz entschlossen ist:

184

1. Der Preis wird ab 1. Juli erhöht.
2. Dieses Angebot gilt von heute ab vierzehn Tage lang.
3. Die Option ist bis zum 30. Juni befristet.
4. Alte Geräte werden bei Auftrag in Zahlung genommen.
5. Wenn Sie uns nicht mehr Geld geben, werden wir die Arbeiten abbrechen müssen.
6. Wenn Sie die Bestellung (oder die genauen Angaben) nicht bis zum 1. Juni aufgeben, werde ich nicht bis zum 30. Juni liefern können.
7. Für die Auftragserfüllung werden wir acht Wochen brauchen.
8. Besser, die Bestellung jetzt aufzugeben, damit Sie Artikel mit langer Lieferzeit noch rechtzeitig erhalten.
9. Das Frachtschiff verläßt den Hafen um 14.00 Uhr. Brauchen Sie Platz auf diesem Schiff?
10. Wenn wir Ihre Vorausszahlung nicht bis morgen haben, betrachten wir den Auftrag als annulliert.

Wie man mit Terminen einen Verkäufer zum Verkauf bewegt

Verkäufer reagieren auf Zeitdruck empfindlich, vielleicht noch mehr als Käufer, auch wenn die meisten Käufer das genaue Gegenteil beschwören. Manche Fristen, die ein Käufer verlangt, sind für den Verkäufer nicht schlecht. Im Gegenteil, vielleicht machen Sie es dem Verkäufer sogar leichter, wenn er mit seinen eigenen Vorgesetzten, mit dem Verkauf oder der Technik verhandeln muß. Die *folgenden Termine und Fristen* können Verkäufer zum *sofortigen Handeln* bewegen:

1. Nach dem 30. Juni werden wir das Geld nicht mehr haben.
2. Ich brauche ein verbindliches Preisangebot bis morgen.
3. Ich werde die Bestellung spätestens Mittwoch aufgeben.
4. Wenn wir uns nicht einigen können, werde ich morgen die Verhandlungen mit der Konkurrenz beginnen.
5. Angebote, die nach dem 1. Juni eingehen, werden nicht mehr in Betracht gezogen.
6. Machen Sie mir eine überschlägige Kostenrechnung. Ich brauche sie bis morgen.
7. Für diesen Kauf bin ich nur noch bis Freitag verantwortlich.
8. Mein Chef muß die Sache genehmigen. Er begibt sich morgen auf eine einwöchige Europareise.
9. Das ist mein Produktionsplan. Wenn Sie sich nicht danach richten

können, tut es mir leid. Ich werde mich nach einem anderen Lieferanten umsehen.

10. Unser Geschäftsjahr geht am 3. Dezember zu Ende.
11. Der Einkaufsleiter tritt Montag einen dreiwöchigen Urlaub an.
12. Der Einkaufsausschuß wird morgen tagen. Wollen Sie nun die Bestellung zu dem Preis oder nicht?

Toter Punkt

Wie man ihn überwindet

Zu viele Verhandlungen müssen aus den *falschen Gründen abgebrochen* werden. Ein toter Punkt als solcher ist nichts Schlimmes.

Ein Verkäufer hat durchaus das Recht zu sagen, daß er lieber gar nicht verkauft als zu einem niedrigen Preis. Der Käufer läßt die Verhandlungen vielleicht *absichtlich* in eine *Sackgasse* laufen, um sein Ziel leichter erreichen zu können. Wichtig für uns ist, wie man einen ungewollten toten Punkt überwindet.

Ich habe festgestellt, daß die *folgenden 15 Regeln* von Nutzen sind, wenn man einen toten Punkt abwenden oder überwinden will:

1. Andere Zahlungsweise anbieten. Größere Vorauszahlung, kürzeres Zahlungsziel usw. kann Wunder wirken, selbst wenn die Gesamtsumme unverändert bleibt.
2. Ein Mitglied der Verhandlungsdelegation oder den Delegationsleiter durch einen anderen ersetzen.
3. Schwierige Teile ausklammern und Neuverhandlung zu einem späteren Zeitpunkt ansetzen, sobald mehr Informationen vorliegen.
4. Vorschlagen, ein Risiko gemeinsam zu tragen. Die Bereitschaft, unbekannte Verluste oder Gewinne mit dem anderen zu teilen, kann eine festgefahrene Verhandlung wieder in Gang bringen.
5. Zeitplan für die Leistung ändern.
6. Form der zukünftigen Zufriedenstellung ändern, indem man sich auf Beschwerdeverfahren einigt oder Garantien bietet.
7. Den Schwerpunkt der Verhandlungen verlagern: Weg vom Konkurrenzkampf hin zu kooperativer Problemlösung. Verhandlung von

Techniker zu Techniker, Produktionsmitarbeiter zu Produktionsmitarbeiter, Chef zu Chef.

8. Art des Vertrages ändern.
9. Grundlage der Prozentkalkulierung ändern. Ein kleinerer Prozentsatz auf eine größere Grundsumme oder ein größerer Prozentsatz auf eine kleinere, aber besser bestimmbare Grundsumme kann die Verhandlungen wieder in Gang bringen.
10. Einen Vermittler bestellen.
11. Ein Gipfeltreffen arrangieren oder über den „heißen Draht" telefonieren.
12. Tatsächliche oder scheinbare Optionen hinzufügen. Mit Optionen, die wahrscheinlich nicht angenommen werden, kann man einen ansonsten fragwürdigen Abschluß versüßen.
13. Spezifikationen oder Bedingungen ändern.
14. Einen gemeinsamen Untersuchungsausschuß einsetzen.
15. Eine lustige Geschichte erzählen.

Solche Taktiken zur Überwindung eines toten Punktes funktionieren, weil der Gegner wieder mit seinem Team und mit Mitarbeitern in der Organisation diskutieren muß. *Das Eis wird gebrochen.* Es entsteht eine Atmosphäre, in der *neue Alternativen* entwickelt werden können. Erstaunlicherweise sehen alte Vorschläge nach der Einführung neuer Alternativen oft besser aus als vorher.

Türenquietschen

Eine Tür, die quietscht, wird geölt. Käufer verlangen Dienstleistungen vom Verkäufer. Je mehr sie darauf bestehen und je lauter und lärmender sie ihre Forderungen äußern, desto eher werden sie ihnen auch erfüllt.

Das bedeutet: Verkäufer, die eine unbezahlte Rechnung eintreiben wollen, sollten sich überlegen, ob sie nicht viele Mitarbeiter auf verschiedenen Ebenen beim Käufer anmahnen lassen sollen. Käufer, die ihre Mängelrügen schneller behoben haben wollen, lassen Mitarbeiter aus der Technik und der Produktion Beschwerden bei den Verkäufern vorbringen.

„Türenquietschen" bedeutet, daß ihre Forderungen eher erfüllt werden, wenn viele Mitarbeiter der eigenen Seite in das Lied mit einstimmen.

Übermacht

Wer gegen eine Übermacht ankämpfen muß, hat es immer schwer

Aus Versuchen geht hervor, daß Menschen mit Macht eher Güte zeigen, wenn sie nicht unsicher sind. Ausdrücke wie „wir liefern uns der Gnade des Gerichtes aus", „Wir beichten unsere Fehler" und „Wir entschuldigen uns für das, was wir falsch gemacht haben" haben ihre Wurzeln in dem Gedanken, daß Menschen mit Macht meistens *fair* sind, wenn man ihre *Autorität akzeptiert, nicht* aber wenn man sie *bedroht*. Ein Psychologe hat es so ausgedrückt: „Wenn man es mit einer größeren Macht zu tun hat, ist es am besten, um Billigkeit und Gerechtigkeit zu bitten."

Passen Sie auf, daß Sie eine Übermacht nicht reizen.

Überraschungen

Ein Mann kommt von der Arbeit nach Hause. Seine Frau erwartet ihn lächelnd an der Tür und sagt ihm, sie habe eine Überraschung für ihn. Sie verbindet ihm die Augen und führt ihn in das Eßzimmer. Er setzt sich an den Tisch, und sie entschuldigt sich für einen Augenblick. Er wartet geduldig, obwohl ihm die Bohnen vom Mittagessen leichtes Magendrücken verursachen. Um sich zu erleichtern, atmet er durch die Hose. Wenig später kommt seine Frau zurück: „Bist Du für die große Überraschung bereit?" „Aber wie", sagt er. Sie nimmt ihm die Augenbinde ab, und da sieht er einen wunderschönen Geburtstagskuchen und zwölf Gäste vor sich.

Die Japaner haben uns mit Pearl Harbor überrascht, aber den Krieg verloren. Zuerst haben wir Angst gehabt, dann wurden wir wütend. Überraschungen haben im Krieg und vielleicht auch bei Verhandlungen einiges für sich. Insgesamt gesehen glaube ich jedoch, daß man die Überraschungstaktik bei Kauf- und Verkaufsverhandlungen überschätzt.

Viele Verhandlungsführer sind der Meinung, daß sich mit Überraschungen gut Druck ausüben läßt. Ich bin oft überrascht worden und war jedes Mal für kurze Zeit aus dem Gleichgewicht gebracht. Wer sich gegen Überraschungen feien will, muß erst einmal wissen, *welche Möglichkeiten* es dabei gibt:

1. Überraschungen in bezug auf den Verhandlungsgegenstand: neue Forderungen, neue Pauschalen, Zurücknahme von Zugeständnissen, Eskalationstaktiken, Positionsänderung, feste Entschlossenheit zeigen, Änderungen riskieren, Argumente vertiefen.
2. Überraschungen in bezug auf die Zeit: Termine, kurze Sitzungen, Tempoänderung, Geduld, Nachtsitzungen, verlorene Wochenenden.
3. Überraschungen in bezug auf Schachzüge: Verlassen des Verhandlungstisches, Gefühlsausbrüche, häufige Unterbrechungen, Vergeltungsaktionen, Machtentfaltung.
4. Überraschungen in bezug auf Informationen: fundierte Argumente, Sonderregeln, neue Statistiken zur Untermauerung der angegebenen Daten, neue Informationsquellen, schwierige Fragen, sonderbare Antworten, Medienwechsel.
5. Überraschungen in bezug auf das Selbstwertgefühl: Beleidigungen, Mut, Mißtrauen, Unglauben, Angriffe auf Intelligenz und Integrität.
6. Überraschungen in bezug auf Experten: Einführung prominenter Spezialisten oder Berater.
7. Überraschungen in bezug auf Vollmachten und Fehlen von Vollmachten.
8. Überraschungen in bezug auf die Verhandlungsteilnehmer: Einkäufer, Verkäufer wechseln, neue Delegationsmitglieder, Teammitglieder verschwinden, Einsatz höherrangiger Führungskräfte, Statusunterschiede, Chef erscheint persönlich, große, ernst aussehende Männer, mit denen nicht zu spaßen ist, Taktik ,,Der Böse und der Gute'', Frauen, ,,Spinner'', die Gegenseite erscheint gar nicht oder erst Stunden später, ,,dumme Häschen''.
9. Überraschungen in bezug auf den Ort: wunderschön eingerichtete Büros, unbequeme Stühle, keine Klimaanlage, eiskalte Räume, Löcher in den Wänden, viel Lärm im Hintergrund, großartige, langdauernde Parties.

Ich mag Überraschungen nicht, weil sie Mißtrauen und Furcht hervorrufen.

Überraschungen blockieren die Kommunikation.

Das heißt nicht, daß ein Verhandlungsführer Geheimnisse enthüllen soll, bevor er unbedingt muß. Geheimnisse sind wichtig. Was mir Sorgen macht, ist dies: Das Eintreten unerwarteter Ereignisse kann beim Verhandlungspartner zum Gesichtsverlust führen und ihn dadurch in seiner Position härter werden lassen. In so einem Fall sind beide Seiten in Schwierigkeiten.

Beim Auftreten einer Überraschung läßt man sich am besten erst einmal Zeit zum Nachdenken.

Hören Sie zu, sagen Sie so wenig wie möglich und verlangen Sie eine Pause. Eine Verhandlung ist keine Gerichtsverhandlung und auch kein Krieg. Auf etwas Neues dürfen Sie erst reagieren, wenn Sie sich damit befaßt und entsprechend vorbereitet haben.

Überzeugen

Dreizehn lohnenswerte Tips

Die *folgenden Vorschläge* gründen auf den neuesten Forschungsergebnissen der Psychologie. Laborversuche zum Thema Überzeugung können natürlich kein genaues Abbild der wirklichen Welt sein. Nur mit gesundem Geschäftsverstand lassen sich die von der Forschung hinterlassenen Lücken füllen.

1. Es ist besser, Gespräche mit solchen Themen anzufangen, bei denen sich verhältnismäßig leicht eine Einigung erzielen läßt, als gleich mit kontroversen Angelegenheiten zu beginnen.
2. Einigung bei strittigen Punkten läßt sich leichter erzielen, wenn man sie mit Themen verknüpft, bei denen man sich leicht verständigen kann.
3. Wer sich um eine große Meinungsänderung bemüht, wird wahrscheinlich auch mehr Wandel erreichen. Wie auch sonst im Leben, ist der Erwartungshorizont mit dem Erfolg verknüpft.

4. Wenn man zwei Aussagen machen muß, von denen eine wünschenswert und eine nicht wünschenswert ist, sollte man zuerst die Aussage machen, die dem Publikum am meisten wünschenswert erscheint.

5. Lernverhalten und Akzeptanz werden verbessert, wenn man die Ähnlichkeiten der Positionen mehr betont als die Unterschiede.

6. Einigung wird leichter erzielt, wenn die Wünschbarkeit der Einigung betont wird.

7. Eine Aussage, die zuerst ein Bedürfnis weckt und dann Informationen zur Befriedigung dieses Bedürfnisses gibt, wird am längsten behalten. Wenn aber eine Aussage zur Weckung eines Bedürfnisses bedrohlich ist, wird der Zuhörer sie meistens ablehnen.

9. Wenn das Für und Wider eines Themas diskutiert wird, ist es besser, die eigene Ansicht am Schluß darzustellen.

10. Zuhörer erinnern sich an Anfang und Ende einer Präsentation mehr als an die Mitte.

11. Zuhörer erinnern sich an das Ende besser als an den Anfang. Das gilt besonders, wenn sie mit den Argumenten nicht vertraut sind.

12. Schlußfolgerungen sollten ausdrücklich genannt werden. Man sollte sie nicht den Zuhörern überlassen.

13. Wiederholung einer Aussage führt zu Lernerfolg und Akzeptanz.

Umgehen des direkten Verhandlungspartners

Es wird manchmal notwendig, den direkten Verhandlungspartner zu umgehen. Käufern fällt es sehr viel leichter, den Verkäufer zu umgehen als umgekehrt. Der Verkäufer hat Angst, über den Kopf des Käufers hinweg zu handeln. Der Einkäufer könnte sich so ärgern, daß es in Zukunft gar keine Geschäfte mehr gibt. Er weiß genau, daß ein Käufer, dessen Kompetenz angezweifelt wird, oder der in seiner Organisation Gesicht verliert, sich ihm gegenüber sehr feindselig verhalten wird. Der Verkäufer muß sich fragen: ,,Ist es das Risiko wert?" Und wenn ja: *,,Wie kann ich die Sache möglichst höflich angehen?"*

Im Grunde genommen versucht man, durch die Umgehung des Verhandlungspartners aus einer Reihe gerechtfertigter Gründe heraus *neue Kommunikationskanäle* zu eröffnen. Unter diesen Gründen sind: Ausweg aus einer Sackgasse finden, zu dem vordringen, der die eigentliche

Entscheidung trifft, sicherstellen, daß der eigenen Standpunkt richtig übermittelt wird, eine vorher getroffene Entscheidung revidieren lassen, prüfen, wie weit man mit einem Angebot „Sie nehmen an oder lassen es bleiben" kommt, mit jemandem verhandeln, mit dem es sich leichter auskommen läßt. Es kommt natürlich auch vor, daß eine solche Umgehungstaktik eingeschlagen wird, um Vergünstigungen von Menschen in hohen Positionen zu erlangen. Damit werden wir uns hier nicht befassen. Die Gefahr dieses Endzweckes ist jedoch immer vorhanden.

Gibt es für einen Verkäufer Möglichkeiten, einen Käufer zu umgehen, ohne ihn wütend zu machen? Nun, einen perfekten Weg gibt es nicht. Mit den *folgenden Vorschlägen* läßt sich die Wut des Käufers in Grenzen halten, weil man ihm einen Ausweg läßt, so daß er sein Gesicht wahren kann:

1. Kontakt von Chef zu Chef.
2. Man besucht den Kunden, während der Käufer, mit dem man sonst verhandelt, in Urlaub oder krank ist.
3. Man betont die technischen oder Produktionsprobleme und will mit den entsprechenden Fachleuten sprechen.
4. Betriebsproblem: „Größer als wir beide".
5. Verhandlungsort verlegen: Golfplatz oder Fachkonferenz, jedenfalls an einen Ort, an dem der richtige Mann wahrscheinlich zu finden ist.
6. Kumpelhafter Ansatz: Dritten hinzuziehen.

Die Umgehungstaktik kann zu einem *Eigentor* werden. Der Käufer wird vielleicht so wütend, daß die Verhandlungen sehr schnell zum Stillstand kommen. Der Übergangene, der sich in einer sehr unangenehmen Situation befindet, kann *drei Gegenmaßnahmen* ergreifen:

1. Er kann seinen direkten Verhandlungspartner umgehen.
2. Er kann seine eigenen Leute vor der Umgehungstaktik warnen, so daß sie nicht wieder vorkommen kann.
3. Er kann scharfe Maßnahmen ergreifen, um ähnliche Taktiken in Zukunft abzuschrecken.

Die Umgehungstaktik funktioniert nur bei Gruppen, die untereinander schlecht koordiniert sind. Bei guter Koordination kann sie gar nicht gespielt werden.

Unterhändler

Die wichtigsten Merkmale des idealen Unterhändlers

Ich bin überzeugt, daß die Verhandlungsführung zu den schwersten Aufgaben gehört, die ein Mensch meistern muß. Man braucht dazu eine Kombination von Merkmalen, die man nicht überall findet. Der Verhandlungsprozeß fordert nicht nur gutes Urteilsvermögen, sondern auch genaue Kenntnisse der Natur des Menschen. Der Verhandlungstisch bildet den Mittelpunkt eines spannenden Dramas. Ich kenne keine Situation, in der die Alchemie der Macht, der Überzeugungskraft, der Wirtschaftslehre, der Motivation und des Organisationsdruckes so konzentriert und so zeitmäßig gedrängt zusammenfließen. Die mögliche Kapitalrendite ist nirgendwo so hoch.

Hier sind die *13 Merkmale eines guten Unterhändlers:*

1. Fähigkeit, wirksam mit Mitarbeitern der eigenen Organisation zu verhandeln und ihr Vertrauen zu gewinnen.
2. Wille und Einsatzbereitschaft zur sorgfältigen Planung, Wissensaneignung über das Produkt, über Regeln und Vorschriften, über Alternativen. Mut, Informationen auf den Grund zu gehen und sie nachzuprüfen.
3. Gutes Urteilsvermögen. Fähigkeit, die wichtigen von den weniger wichtigen Problemen zu unterscheiden.
4. Fähigkeit, Konflikt und Zweideutigkeiten zu tolerieren.
5. Mut, sich für höhere Ziele einzusetzen und die damit einhergehenden Risiken zu akzeptieren.
6. Geduld. Warten, bis sich die Geschichte von selbst entwickelt.
7. Bereitschaft, sich mit dem Gegner und den Mitarbeitern in seiner Organisation auseinanderzusetzen, d.h. ihm persönlich und geschäftlich näherkommen zu wollen.
8. Fester Wille zur Integrität und Erlangung gegenseitiger Zufriedenheit.
9. Fähigkeit, aufgeschlossen zuzuhören.
10. Einsicht, die Verhandlung vom persönlichen Standpunkt her zu betrachten, d.h. die verborgenen persönlichen Aspekte sehen, die das Ergebnis beeinflussen können.
11. Selbstvertrauen — gründend auf Wissen, Planung und guter Verhandlungsführung innerhalb der eigenen Organisation.
12. Bereitschaft, Fachleute im Team hinzuzuziehen.

13. Ausgeglichene Persönlichkeit: Man muß gelernt haben, mit sich selbst zu verhandeln und ein wenig zu lachen. Der gute Verhandlungsführer hat kein zu starkes Bedürfnis, geliebt zu werden, weil er sich selbst mag.

Gibt es überhaupt Menschen, die allen diesen Ansprüchen gerecht werden? Wahrscheinlich nicht. Wenn es um viel geht, zahlt es sich jedenfalls aus, den richtigen Mann zu finden. Der gesunde Menschenverstand sagt uns, daß geschickte Unterhändler mit besseren Ergebnissen nach Hause kommen. Das hat sich auch in Forschungsarbeiten erwiesen.

Unterhändlerwechsel

Es ist hart, sich auf einen neuen Unterhändler einstellen zu müssen. Man gewöhnt sich an seinen Verhandlungspartner und es fällt schwer, mit einem Ersatzmann wieder von vorn zu beginnen. Typische Reaktion: *„Das Ganze also wieder von vorn!"*

Diese Taktik begünstigt meistens den neuen Unterhändler. Er kann vorher gemachte Zugeständnisse widerrufen, neue Argumente bringen, Vereinbarungen hinauszögern oder den Schwerpunkt der Verhandlungen verlagern. Dem anderen fällt die Aufgabe zu, den „Neuen" über schon bekannte Argumente und getroffene Vereinbarungen zu unterrichten.

Der Mensch ist ein Gewohnheitstier. Man gewöhnt sich an Feinde genauso wie an Freunde. Bei beiden rechnen wir mit vorhersagbaren Reaktionen. Eine Veränderung im Verhandlungsteam des Gegners bringt uns aus der Fassung. Kommt der Neue mit uns aus oder nicht? Meint er, was er sagt? Ist es besser oder schlechter? Was hat dieser Austausch zu bedeuten? Stabilität ist uns lieber, selbst bei unseren Gegnern.

Ich kenne einen Einkäufer, der diese Taktik bewußt anwendet. Er weist seine Mitarbeiter an, Verhandlungen mit unnachgiebigen Forderungen ins Stocken zu bringen. Sobald beide Seiten erschöpft sind und sich festgefahren haben, übernimmt der Einkaufsleiter das Ruder. Der Verkäufer gerät aus dem Gleichgewicht. Er hat Angst, er könnte etwas sagen, das dem Einkäufer oder dem eigenen Chef nicht gefällt, weil er fürchtet, den Kunden zu verlieren. Der Einkaufsleiter ergreift die Initiative und

verlangt von dem verwirrten Verkäufer ganz energisch niedrigere Preise und verbesserten Kundendienst. *Meistens hat er damit Erfolg.*
Die Einführung „frischen Blutes" muß nicht immer etwas Böses bedeuten. Man kann damit auch Bereitwilligkeit zur Versöhnung signalisieren. Durch einen neuen Verhandlungsführer läßt sich eine Sackgasse vermeiden, oder man kann neue konstruktive Ideen in die Verhandlungen einbringen. Wenn die Emotionen hohe Wellen schlagen, kann man manchmal durch die Einführung eines neuen Unterhändlers das Gesicht wahren und die Verhandlungen wieder in die richtige Spur bringen.

Was sollte man tun, wenn der Unterhändler der Gegenpartei verschwindet oder wenn das Verhandlungsteam ausgewechselt wird?

1. Strapazieren Sie sich nicht mit der Wiederholung alter Argumente.
2. Seien Sie geduldig, wenn der Neue schon getroffene Vereinbarungen leugnet. Er wird später darauf zurückkommen.
3. Sie haben immer einen guten Grund, das Gespräch abzubrechen, solange der ursprüngliche Verhandlungsführer nicht greifbar ist.
4. Im voraus überlegen, wie man sich bei einem Wechsel des Verhandlungsteams verhalten will.
5. Keine Angst haben, die eigene Position zu ändern, wenn er seine ändert.
6. Manche Änderungen deuten auf Schwäche hin. Nach einem neuen Angebot oder einem neuen Zugeständnis bohren.
7. Mit dem „Neuen" unter vier Augen reden.

Wechsel des Verhandlungsführers ist eine alte Taktik aus der Diplomatenwelt. Diese Taktik ist keineswegs unmoralisch. Ihre Anwendung ist auch nicht auf bestimmte Nationalitäten oder Berufsgruppen begrenzt. Geschäftsleute, Regierungsbeamte, Autoverkäufer wenden sie überall auf der Welt an.

Verhandlungsgitter

Welche Mitarbeiter sollten Sie einstellen?

Ein Manager ist verantwortlich dafür, daß er Mitarbeiter einstellt, von denen er glaubt, daß sie die nötige Arbeit gut erledigen. Ich kenne freundliche, liebenswerte und kooperative Einkaufsleiter, die nur Mitarbeiter einstellten, die *ihnen selbst ähnlich* waren. Sie waren unbedingt für einen kooperativen Verhandlungsansatz und scheuten sich vor den Konkurrenzaspekten. Andere Verhandlungsführer neigen in die andere Richtung. Eine Allgemeinlösung läßt sich für diese Frage nicht bieten, weil zu viel vom Markt und von den jeweiligen Verhandlungsthemen abhängt. Wichtig ist, daß man Mitarbeiter einstellt, die den Verhandlungsbedürfnissen der eigenen Organisation entsprechen.

Mit Hilfe des Verhandlungs-Gitters läßt sich das Problem für einen Manager deutlich darstellen. Will er Mitarbeiter mit dem Verhandlungsstil 1,1 oder 4,3 oder 5,5 oder ...? Irgendwo im Gitter liegt die richtige Mischung zwischen Konkurrenz und Kooperation, die richtige Mischung für Ihre Organisation.

Das Verhandlungsgitter*

Auf Konkurrenz ausgerichteter Verhandlungsführer
(Ich-zentriert)

Wenig konkurrenz-ausgerichtet	1-1	1-2	1-3	1-4	1-5
Etwas konkurrenz-ausgerichtet	2-1	2-2	2-3	2-4	2-5
Mäßig konkurrenz-ausgerichtet	3-1	3-2	3-3	3-4	3-5
Sehr konkurrenz-ausgerichtet	4-1	4-2	4-3	4-4	4-5
Außerordentlich konkurrenzausgerichtet	5-1	5-2	5-3	5-4	5-5
	Wenig kooperativ	Etwas kooperativ	Mäßig kooperativ	Sehr kooperativ	Außerordentlich kooperativ

Auf Kooperation ausgerichteter Verhandlungsführer
(Wir-zentriert)

---

* Das Grundkonzept geht auf das von *Blake* und *Mouton* entwickelte Verhaltens-Gitter zurück.

Verhandlungsort

Am besten immer da verhandeln, wo man Heimvorteil genießt. In dem Buch *The Territorial Imperative* stellte *Robert Ardrey* fest, daß sich Tiere auf dem eigenen Territorium am besten verteidigen können. Das gilt auch für Fußballmannschaften. Heimspiele gewinnen sie mehr als Auswärtsspiele.

Der Mensch ist ein territoriales Wesen. Er hat eine enge Bindung zu seinen Dingen, seinem Stuhl, seinem Büro und zu seinem Besitz. Für ihn hat der eigene Besitz eine besondere Bedeutung. Man sagt „Des Menschen Heim ist sein Schloß", wahrscheinlich weil dort seine größte Stärke liegt.

Wer in der Heimatstadt verhandelt, wird wahrscheinlich auch regelmäßiger essen und schlafen. Man hat mehr Mittel zur Verfügung, z. B. Experten und den eigenen Chef. *Alvin Toffler* zeigte im „Zukunftsschock", daß Menschen, die dem Wandel ausgesetzt werden, körperlich und geistig leiden. Selbst der Gang auf die Toilette wird in der Fabrik des Verhandlungspartners zum Problem. Wir verschwenden eine Menge körperliche und geistige Energie, nur um an einen bestimmten Ort zu gelangen.

Es kann für einen Verhandlungsführer aber manchmal auch besser sein, auf fremdem Territorium zu verhandeln. Ich ziehe einen fremden Ort vor, wenn ich bestimmte Dinge sehen und selbst überprüfen will. Gelegentlich tue ich es auch, weil ich eine Entscheidung hinauszögern will oder weil es sich um einen Fall handelt, bei dem außerhalb weniger passieren kann. Am fremden Ort fällt es leichter zu sagen, daß man ausgerechnet die Daten, die den eigenen Standpunkt beweisen wollen, im Büro liegengelassen hat.

Wenn eine Verhandlung in einer anderen Stadt durchgeführt werden soll, sollten Sie möglichst *folgende Vorsichtsmaßnahmen* treffen:

1. Schlagen Sie einen neutralen Verhandlungsort vor.
2. Suchen Sie einen Vertreter, der in Ihrer Abwesenheit Routinesachen erledigt.
3. Nehmen Sie genügend Hilfe mit.
4. Nehmen Sie einen Taschenrechner mit.
5. Machen Sie Ihre Zimmerreservierungen im voraus.

Verhandlungen sind wahrscheinlich das schwerste Stück Arbeit, das ein Mensch überhaupt leisten kann. Für Verhandlungstage sind hohe Tagegelder, erstklassige Unterkunft und eine mindestens 24-stündige Erholungspause nach Rückkehr sehr angebracht.

Man sollte auf seine Bequemlichkeit achten und nichts übereilen.

Im allgemeinen werde ich mich, wenn ich die Wahl habe, immer für die eigene Stadt als Verhandlungsort entscheiden. Allerdings ist auch hier eine Gefahr. Zu viele Unterbrechungen seitens der Mitarbeiter oder seitens der Familie können der Gegenseite Vorteile zuschanzen.

Verhandlungsregeln

Auf welche man achten muß

Man kann Verhandlungen steuern, indem man bestimmte Regeln festsetzt. Schlechte Regeln bringen einer Partei von vorneherein Nachteile. Hier sind *einige Regeln*, die gegen mich verwandt wurden:

1. Reihenfolge der Worterteilung.
2. Hinzuziehung von Experten. Wie viele?
3. Beweisregeln und Dokumentationen.
4. Wann Fragen gestellt werden dürfen.
5. Wem Fragen gestellt werden dürfen.
6. Wer Fragen stellen darf.
7. Regeln für Unterbrechungen von draußen.
8. Tonbandaufnahmen und Protokoll.
9. Regeln für die Einschaltung von Vermittlern.
10. Sicherheitsmaßnahmen.
11. Regelung für öffentliche Bekanntmachung.
12. Essenszeiten.
13. Pausen und Besprechungen mit dem eigenen Team.
14. Regeln zu Bluffs und Konventionalstrafen.
15. Telefongespräche.
16. Verhandlungsort.
17. Sitzordnung.
18. Regeln für den Abbruch der Gespräche.

19. Berufungsverfahren.
20. Vollmachten.
21. Regeln zur Änderung der Delegationszusammensetzung.

Reagieren Sie wachsam, wenn der Verhandlungsgegner eine Regel vorschlägt.

Überlegen Sie, was dahinter stecken kann. Am besten ist es, wenn man nach dem Grund für die Regelung fragt. Wenn eine Regel zu Ihren Ungunsten aufgestellt wird, mißachten Sie sie einfach. Ein Sitzungszimmer ist kein Gerichtssaal. Über Regeln kann man *immer verhandeln* und *immer wieder neu verhandeln.*

Verhandlungsstillstand

Verhandlungen zum Stillstand zu bringen, gehört zu den stärksten Taktiken in Verhandlungssituationen. Es gibt kaum eine Taktik, mit der man die Stärke und Entschlossenheit des Gegners so gut auf die Probe stellen kann. Dennoch meiden die meisten ein Patt wie eine Krankheit. *Sie haben Angst davor.*

Wer einen Verhandlungsstillstand erleben muß, fühlt sich enttäuscht und frustriert. Ich habe das in meinen Experimenten beobachtet. Selbst nach Abschluß des Experimentes versuchten die Teilnehmer immer noch krampfhaft, eine Einigung zu erzielen. Sie waren wütend — wütend auf sich selbst, wütend auf die anderen, wütend auf mich, wütend auf das eigene Verhandlungsteam und wütend auf die gesetzten Fristen.

Sie waren unglücklich.

Auch in einer Versuchssituation macht ein Verhandlungsstillstand keinen Spaß. In der Realität ist diese Situation sogar noch schlimmer.

Ein mir bekannter Psychiater vergleicht einen *Verhandlungsstillstand* mit *Entfremdung.* Er meint, daß jeder Mensch sehr viel Angst davor hat, von anderen getrennt werden zu können. Die Menschen tun fast alles, um Beziehungen, die sie schätzen, nicht abbrechen zu lassen. In Versuchen hat sich bestätigt, daß der Mensch lieber die Wirklichkeit verzerrt, als sich mit Gleichrangigen zu entzweien. Entfremdung und festgefahrene Situationen wirken auf den Menschen wie ein *Schock.*

Wir alle haben schon einmal scheinbar ausweglose Situationen erlebt. Wir sind mit dem Wunsch in eine Verhandlung gegangen, Einigung zu erzielen. Die Verhandlungen mußten abgebrochen werden. Wir haben das Gefühl, versagt zu haben. Wir verlieren Selbstvertrauen und zweifeln am eigenen Urteil. „Hätten wir etwas anderes sagen oder tun sollen? Hätte ich sonstige Zugeständnisse machen können? Was wird der Chef zu diesem Patt sagen? Hätten wir das letzte Angebot doch besser akzeptieren sollen? Wird sich dieser Abbruch auf unseren Ruf auswirken?" Von solchen Fragen werden die Verhandlungsparteien nachher verfolgt.

Kein Wunder, daß sich Geschäftsleute vor einem solchen Verhandlungsstillstand fürchten. Sie fürchten sich besonders, wenn sie für eine große Organisation arbeiten. Es ist nämlich immer leichter, den Vorgesetzten ein ungünstiges Geschäft zu erklären, als einen Verhandlungsabbruch. Noch schlimmer wird die Situation dadurch, daß andere durch ein ganz kleines Zugeständnis aus dieser Sackgasse wieder herauskommen. Die Tatsache, daß man den Gegner durch diesen Abbruch weichkochen wollte, ist schnell vergessen. Wenn Sie sich in den Käufer oder Verkäufer versetzen, ist leicht zu erkennen, daß der Verhandlungsstillstand nicht dem persönlichen Vorteil dient. Der Stillstand ist das Risiko und die zusätzliche Arbeit eigentlich nicht wert. Vom persönlichen Standpunkt sieht der Stillstand sogar wie ein *dummer Schachzug* aus. Verhandlungen zum Stillstand bringen ist eine unter vielen Taktiken, die dem Verhandlungsführer zur Verfügung stehen. Sie muß im selben Lichte gesehen werden wie alle anderen Taktiken auch. Diese Taktik eignet sich nicht immer, natürlich nicht.

Auch andere Taktiken sind nicht immer geeignet. Verhandlungsführer, die nicht ihr Management hinter sich haben, werden sich hüten, in eine Sackgasse hineinzugehen, auch dann, wenn es vernünftig wäre. Ich bin jedoch der festen Meinung, daß der Manager, der auch einen absichtlichen Verhandlungsstillstand erwägt, im Endeffekt ein besseres Ergebnis erzielen wird.

Was sollen Vorgesetzte tun, damit ihre Mitarbeiter die Taktik des Verhandlungsstillstandes öfters anwenden? Sie sollten dafür sorgen, daß die Organisation *Verhandlungsstillstand nicht mit Versagen gleichsetzt*. Sie sollten dafür sorgen, daß man schon bei der Planung auch an die *Alternative Verhandlungsabbruch* denkt. Sie sollten den Mitarbeitern Zeit lassen zur Koordinierung. Sie sollten Geduld üben. Ohne diese beiden Faktoren kann ein Stillstand nämlich nicht wirken. Am wichtigsten ist vielleicht, daß die Vorgesetzten ihren Mitarbeitern immer wieder *versichern* müssen, daß *Stillstand nicht gleich Versagen* ist. Der Mitarbeiter soll nicht befürchten müssen, daß sein Geschäftssinn oder sein Urteilsvermögen von anderen angezweifelt wird.

Absichtlich einen toten Punkt herbeiführen ist wirkungsvoll, wenn man die Auswirkungen auf beide Parteien begreift. Man stellt Stärke und Entschlossenheit auf die Probe. Nach einem Stillstand sind Käufer und Verkäufer ,,weichgekocht". Beide bringen *mehr Kompromißbereitschaft* mit. Das gilt besonders, wenn ein Ausweg gefunden wird, bei dem beide Parteien das Gesicht wahren können. Wir wissen jedoch alle, daß diese Taktik auch ihre Risiken hat. Manchmal läßt sich ein toter Punkt nicht mehr überwinden. Die Verhandlungen sind ,,tot".

Vermittler

Eine Schlüsselrolle

Bei Kauf- oder Verkaufsverhandlungen wird ein Vermittler nicht allzu oft eingeschaltet. Das sollte man aber. Bei der Lösung scheinbar unmöglicher internationaler Konflikte spielen Vermittler seit Jahrhunderten eine Schlüsselrolle. Das Konzept der Vermittlung oder Schlichtung läßt sich auf die Geschäftswelt sicher genauso anwenden wie auf die Welt der Diplomaten.

Es gibt einige Dinge, die Käufer oder Verkäufer nur schwer tun können. Hier können Vermittler einspringen:

1. Sie können realistische Erwartungen aufzeigen.
2. Sie können beide Parteien zum Reden auffordern.
3. Sie können beiden Parteien unvoreingenommen zuhören.
4. Sie können kreatives Denken anregen, das für beide Seiten von Nutzen ist.
5. Sie können Kompromißpositionen und -abschlüsse anregen, bei denen jede Partei alleine Angst hätte, einen solchen Vorschlag zu machen, weil sie fürchtet, ihre Verhandlungsposition zu schwächen.
6. Sie können neue Ideen beiden Seiten leichter verkaufen, als wenn dieselben Ideen nur von einer Seite vorgeschlagen würden.

7. Sie können den Käufer und den Verkäufer veranlassen, sich zu fragen: ,,Welche Entscheidung will ich bei meinem Gegner erreichen und was muß ich tun, damit er zu dieser Entscheidung kommen kann?''

Vermittler können aus der Organisation selbst oder auch von außerhalb kommen. Die besten Vermittler sind meistens *Außenstehende*, die genügend Kommunikationsfähigkeiten, Kenntnisse und Charisma besitzen, um *Achtung* zu gewinnen. Auch Mitarbeiter aus der eigenen Organisation können die Rolle des Vermittlers übernehmen, wenn sie nicht direkt am Konflikt beteiligt sind. Meiner Erfahrung nach eignen sich von außen kommende Rechtsanwälte, Professoren und Unternehmensberater am besten für diese Rolle.

Ein Vermittler übt noch einen weiteren wichtigen Einfluß auf die Verhandlung aus. Beide Parteien können sich mit seiner Hilfe vom Angelhaken lösen. Käufer und Verkäufer finden einen Ausweg aus einer unangenehmen Situation, ohne ihr Gesicht verlieren zu müssen. Manchmal ist die Einschaltung eines *Vermittlers* der *einzige Ausweg* aus einer festgefahrenen Verhandlung.

Voreingenommene Vermittler

Vermittler sollen helfen, Feuer von Licht, Gefühle von Tatsachen und Wünsche von der Wirklichkeit zu trennen. Sie fungieren als *Filter*, um die Kommunikation zwischen den Verhandlungsteilnehmern zu verbessern. Der Vermittler gibt Informationen zwischen den Parteien weiter, wobei er bestimmte Punkte stärker herausarbeitet und andere herunterspielt. Man geht davon aus, daß der Vermittler unvoreingenommen arbeitet. Das ist aber nicht immer der Fall. Es gibt viele, viele parteiische Vermittler.

Das Problem besteht darin, daß jeder bis zu einem bestimmten Punkt Vorurteile hat. Wir können nicht umhin, Dinge auf unsere eigene Weise zu sehen. Tatsachen, Mittel, Ziele und Werte werden gemäß der eigenen Persönlichkeit und gemäß den eigenen Erfahrungen interpretiert. Diesem sozusagen ,,eingebauten'' Vorurteil kann niemand entfliehen. Versuche mit Übersetzern beweisen, daß sie den *Sinn* in der Übersetzung *verzerren*, selbst wenn sie das gar nicht beabsichtigen.

Vorurteile können sich auch noch auf andere Weise in den Vermittlungsvorgang einschleichen. Der eine ist voreingenommen, weil er die-

202

selben Freunde oder Wertvorstellungen hat wie eine der beiden Parteien. Gleichlautende Geschäftsinteressen oder politische Überlegungen können einen Vermittler an eine bestimmte Position binden. Die Parteinahme wird bei der Vermittlung nur selten offenbar. Man muß schon sehr gut aufpassen, um sie zu entdecken.

Wer einen *Vermittler bestellen* will, sollte immer an *folgende Punkte* denken:

1. Schauen sie sich den Vermittler genau an. Jeder ist in gewissem Maße voreingenommen.
2. Achten Sie auf „eingebaute" Verfahrensvoreingenommenheit.
3. Sie müssen wissen, daß manche Vermittler tatsächlich entlohnt oder von Interessenkonflikten geplagt werden.
4. Wenn Sie auch nur den geringsten Zweifel an einem Vermittler haben, müssen Sie sich für einen anderen entscheiden.

Ich kenne einen sehr reichen Mann, der gerne durch voreingenommene Vermittler verhandeln läßt. Er läßt eine kleine Gruppe von langjährigen Mitarbeitern, denen er volles Vertrauen schenkt, als Mittelsmänner fungieren. Diese Mitarbeiter bekommen keine Vollmacht, ein Geschäft abzuschließen. Sie sind daran gewöhnt, Nachrichten hin- und herzutragen, Einstellungen wiederzugeben und Lösungen vorzuschlagen. Sie gehören ganz offensichtlich zu den Mitarbeitern dieses Reichen, fungieren aber trotzdem als Vermittler.

Warum unterhält man sich überhaupt mit ihnen? Der Gegner tut es, weil ihm nichts anderes übrig bleibt. Da der Reiche nicht zu erreichen ist, muß der Gegner die Verhandlungen über die voreingenommenen Mittelsmänner führen, oder er kann gar nicht verhandeln. Auf diese Weise sorgt der Millionär dafür, daß sich die Taktik des Einsatzes „voreingenommener Mittelsmänner" zu seinen Gunsten auswirkt.

Vernebelungstaktik

Kurzfristiges Feuerwerk

Es kommt vor, daß ein Mann das Thema wechseln, eine Entscheidung aufschieben oder ein Problem vernebeln will. Er entscheidet sich für die Vernebelungstaktik. Es folgen *einige Beispiele* für diese Taktik, mit denen man Dinge verlangsamen und durcheinanderbringen kann:

1. Detaillierte Untersuchung eines obskuren, unwichtigen Verfahrens oder Prozesses.
2. Über Frauen sprechen.
3. Eiligst auf die Toilette gehen.
4. Einen Mann, der sich schlecht ausdrücken kann und der ein wenig unvernünftig ist, mit einer schwierigen Erklärung abmühen lassen.
5. Ganz plötzlich hungrig werden.
6. Die Ausschreibung ändern.
7. Eine überraschende Alternative vorschlagen.
8. Eine komplizierte Regelung laut vorlesen.
9. Sich dauernd durch Telefongespräche unterbrechen lassen.
10. Einen neuen Vorschlag bringen, wodurch man wieder von vorne anfangen muß.
11. Irrelevante Einzelgespräche der Teammitglieder untereinander fördern und ermutigen.
12. Antworten auf Fragen geben, die gar nicht gestellt wurden.

Supernebelwerfer

Mit den Supernebelwerfern kann man garantiert alles so durcheinanderwirbeln, daß niemand mehr weiß, was vor sich geht. Anders als bei der einfachen Vernebelungstaktik, die wir schon erwähnt haben, geht es hier um die großen, um die, für deren Ausführung man Zeit, Geld und Organisation braucht. Leitende Angestellte in größeren Unternehmen werden diese Taktik schnell erkennen:

1. Die Leitung wird einem neuen Mann übertragen.
2. Ein größeres Problem entsteht.
3. Das Problem wird erweitert.
4. Eine Vielzahl detaillierter Informationen wird vorgelegt.
5. Ein gleichrangiges, aber genau entgegengesetztes Problem wird geschaffen.
6. Es wird auf Zeit gespielt, bis das Interesse schwindet.
7. Ein neues Produktionssystem wird eingeführt.
8. Es wird für gute Presseberichterstattung gesorgt.
9. Ein Prozeß wird angestrengt.
10. Der Ort wird gewechselt. Man geht irgendwo aufs flache Land.
11. Auf einem anderen Schauplatz wird ein kleiner Krieg angezettelt.
12. Viele Daten gehen verloren. Sie werden aus dem Gedächtnis rekonstruiert.

13. Eine Studiengruppe wird gegründet.
14. Eine Nachforschung nach der anderen wird durchgeführt.
15. Ein Ausschuß wird gegründet.
16. Jemand wird persönlich diffamiert.
17. Ein Sündenbock wird gefunden und „gefeuert".
18. Über die Themen wird leidenschaftlich in der Öffentlichkeit diskutiert.
19. Eine Gipfelkonferenz wird einberufen.
20. Neue Verfahrensrichtlinien oder Regeln werden schriftlich niedergelegt.
21. Die Existenz eines Problems wird geleugnet.
22. Man erklärt sich mit allem einverstanden, macht aber trotzdem so weiter wie bisher.
23. Man handelt und redet dann.
24. Buchführungs- oder Finanzierungssystem wird geändert.
25. Das Unternehmen wird reorganisiert.

Verpackung

Wie man seine Ideen überzeugend verpackt und dadurch die eigene Position verdeutlicht

Wer will, daß der andere einem glaubt, was man sagt, muß bei seinem Partner auf bestmögliche Weise ankommen. Das entspricht nur dem gesunden Menschenverstand. In der Geschäftswelt ist man sich sicherlich einig, daß ein schlecht verpacktes Produkt schwer zu verkaufen ist. Dasselbe gilt für Ideen. Ihre Position steht und fällt mit dem *„Wie" der Mitteilung.*

Marshall McLuhan hat ein wichtiges Buch geschrieben mit dem Titel „Understanding Media" (Die Medien verstehen). Er zeigte, wie einzelne Aussagen *feine Bedeutungsunterschiede* durchmachen, je nachdem, durch *welche Kanäle* sie geleitet werden. *McLuhan* behandelte eine große Palette verschiedener Medien: Telefon, gesprochenes oder gedrucktes Wort, Zahlen, Erscheinung, Zeit, visuelle Prozesse bis hin zu Comics. Das *„Wie"* der Darstellung einer Botschaft beeinflußt ihre *Rezeption*. Die meisten widmen der bestmöglichen Verpackung ihrer Position jedoch nur geringe Aufmerksamkeit.

Schon im Jahre 1608 ging es *Francis Bacon* um die richtige Wahl der Medien. Sein Rat hat auch heute noch Gültigkeit:

> ,,Es ist im allgemeinen besser, wenn man mündlich verhandelt statt brieflich, und noch besser ist es, durch die Vermittlung eines Dritten zu verhandeln als selbst. Briefe sind gut, wenn der Angesprochene auch brieflich antwortet oder wenn er sich durch einen Brief später rechtfertigen kann, oder wenn es gefährlich sein kann, unterbrochen oder nur stückweise gehört zu werden. Selbst zu verhandeln ist gut, wenn es darauf ankommt, daß der Mann persönlich auftritt, wie es bei Untergebenen oder bei heiklen Angelegenheiten der Fall ist, wo das Auge auf die Haltung desjenigen, mit dem er spricht, ihm zeigt, wie weit er gehen kann; und im allgemeinen da, wo ein Mann sich die Freiheit bewahren will, entweder etwas zurückzuweisen oder zu erläutern.''

Bei Verhandlungen können wir unter einer *Vielzahl von Überzeugungswerkzeugen* wählen. Hier sind einige:

1. Geschriebene und gedruckte Medien: Verfahren, Kostenunterlagen, Fotokopien, Zahlen, technische Spezifikationen, Statistiken, Tabellen, Übersichten, Bücher, Verordnungen, Zeitungsartikel, Computerausdrucke, Telegramme, Referenzen von guten Kunden.
2. Visuelle Medien: Zeichnungen, Filme, Cartoons, Video-Bänder, Comics, Graphiken, Fotos, technische Zeichnungen, Lichteffekte, Flip-Charts, Dias, Planpausen.
3. Modelle: visuelle Modelle, mathematische Modelle, Computerprogramme, graphische Displays, Attrappen.
4. Verbale Medien: persönliches Gespräch (Auge in Auge), Telefon, Konferenztelefon, Tonbandaufnahmen, Schallplatten, Kassetten, spezielle auditive Effekte, Anschluß an heißen Draht, Musik, absichtlicher Lärm oder absichtliche Stille.
5. Situations- und Zeitmedien: ,,Bühnen''bild, Ort, Sitzordnung, Konferenzraum, Uhren und Pünktlichkeitseffekte.
6. Demonstrationen (Vorführungen): Simulationen, Fallstudien, Produktvorführung, Live-Interviews, Experimente, militärähnliche Spiele, ,,spontane'' Happenings oder Demonstrationen.

Verrat

Die meisten Amerikaner glauben, daß die Unabhängigkeitserklärung von den Gründungsvätern in einem Anfall von Patriotismus unterzeichnet wurde. Weit gefehlt, sagte *Thomas Jefferson* in seinen Briefen. Die Independence Hall lag anscheinend gleich neben einem Stall. Die Hitze damals im Juli war lähmend und die Fliegen zahlreich. Sie saugten sich durch die Seidenstrümpfe der Delegierten durch. *Jefferson* hat später berichtet: *„Lieber Verrat als Verdruß."*

Auch ich habe in Verhandlungen schon unter unerfreulichen und unangenehmen Bedingungen gelitten. Der Gegner hatte sie offensichtlich mit Absicht geschaffen, um meine Widerstandskraft zu senken. Hier sind einige Dinge, die mich besonders gestört haben:

1. Daß mir die Sonne an meinem Platz genau ins Gesicht schien.
2. Daß ich auf einem wackeligen Stuhl sitzen mußte.
3. Daß ich in einem lauten Raum verhandeln mußte.
4. Daß ich im Juli in einem Raum ohne Klimaanlage verhandeln mußte.
5. Daß ich die Nacht durcharbeiten mußte.
6. Daß die Sitzungsräume ständig gewechselt wurden.
7. Daß der Kaffee bitter und die Brote durchgeweicht waren.
8. Daß man mich in einem drittklassigen Hotel untergebracht hatte.
9. Daß ich verkatert arbeiten mußte.
10. Daß wir dauernd unterbrochen wurden.
11. Daß ich mir bittere persönliche Angriffe gefallen lassen mußte.

Wenn Sie sich schlecht behandelt fühlten, sollten Sie den Mut haben, dagegen zu protestieren. Sie können durchaus Ihren direkten Verhandlungspartner umgehen. Schlechte Behandlung dürfen Sie niemals akzeptieren. Sie wird nur zu noch schlechterer Behandlung führen. Das gilt für Verhandlungen und für das Leben überhaupt.

Ich finde, daß man den Verhandlungsgegner niemals in eine unbequeme Lage manövrieren darf. Diese Taktik ist dumm. Nur ein Narr geht davon aus, daß der andere ein Narr ist. Ein Mann, dem die Sonne ins Gesicht scheint oder der auf einem wackeligen Stuhl sitzen muß, weiß genau, was los ist und ärgert sich. Er wird versuchen, sich bei der geringsten Chance, die sich ihm bietet, zu rächen.

Versprechungen

Ein Versprechen ist ein *Zugeständnis*. Manche Versprechungen sind allerdings *gar nichts wert*. Andere wiederum sind nur eintreibbar, wenn der Mann, der das Versprechen gegeben hat, immer noch in der Lage ist, es auch einzuhalten. Wer kein Zugeständnis erzielen kann, sollte dem anderen wenigstens ein Versprechen abknöpfen.

In der Geschäftswelt wird viel mit mündlichen Versprechen operiert: ,,Ich werde das tun, wenn Sie das tun.'' Manche Versprechungen müssen nicht einmal laut gesagt werden. Sie werden stillschweigend verstanden. Wer mir einen Gefallen tut, kann einen zukünftigen ,,Punkt'' zu meinen Lasten auf seinem Konto gutschreiben. Um solche Versprechungen und Gegenversprechungen dreht sich das Wirtschaftsleben.

Ein Vertrag ist ein dokumentiertes Versprechen. Ich sage, daß ich etwas tun werde, und Sie sagen, Sie werden mich dafür bezahlen. Es ist leicht, etwas zu versprechen, aber es ist schwer zu beweisen, daß das Versprechen auch eingehalten wird. Ein Vertrag definiert juristische Rechte und Pflichten. Die Worte mögen nicht genügen, um Leistung zu garantieren. Im Vertrag kann beispielsweise stehen, daß Sie versprechen, mir zu Beginn einer Arbeit eine bestimmte Summe zu zahlen. Wenn ich die Arbeit abgebe, laufen Sie vielleicht, ohne zu bezahlen, davon. Der Vertrag gibt mir dann lediglich das Recht, damit vor Gericht zu ziehen. Es mag aber unnütz oder unmöglich sein, Sie zu verklagen, weil Sie sich in eine Hippie-Kommune nach Hawai abgesetzt haben.

Wenn die Vertragssprache zur Garantie von Leistung nicht genügt, werden andere Schritte notwendig. Die versprochene Leistung muß glaubwürdig gemacht werden. Beispielsweise werden Gelder als Kaution hinterlegt. Es kommt auch häufig vor, daß man Freunde im Aufsichtsrat des Gegners unterbringt, damit sie ein Auge auf die Dinge halten können. Wenn Käufer und Verkäufer jeweils Anteile am Unternehmen des anderen erwerben, machen sie damit ihre Versprechungen glaubwürdiger. Der häufigste Weg zur Erhöhung der Glaubwürdigkeit besteht vielleicht darin, sich *zuerst bei kleineren Dingen zu bewähren* und dann allmählich zu größeren hinaufzugehen.

Ein Versprechen ist nicht immer einklagbar. Um es einklagbar zu machen, müssen Kontroll- und Überwachungsmechanismen vorhanden sein. Es muß die Möglichkeit geben, genau sagen zu können, daß ein

Versprechen gebrochen worden ist, und es müssen für einen solchen Fall Sanktionsmöglichkeiten vorhanden sein. Ein schriftlicher Vertrag wird solche Überwachungs- und Sanktionsmöglichkeiten vorsehen. Manche Versprechungen sind allerdings auch ohne Schriftliches oder ohne juristische Rückversicherung durchsetzbar. Wer Spielschulden macht, bezahlt sie auch.

Versprechungen haben einen Diskontsatz. Ich kenne einen Bauunternehmer, der durch nicht eingehaltene Versprechungen reich geworden ist. Er bricht seine Versprechungen auf subtile Weise. Er hat Aufseher auf verschiedenen Baustellen in Kalifornien und Arizona. In der Bauphase werden Zusatzvereinbarungen zwischen Generalunternehmer und Untervertragsnehmern abgeschlossen. Die Untervertragsnehmer leisten zusätzliche Arbeiten und gehen davon aus, daß der Unternehmer später dafür bezahlen wird. Das geschieht aber nicht. Kurz ehe bezahlt werden soll, wechselt der Bauunternehmer die Aufseher aus. Plötzlich steht der Untervertragsnehmer vor einem neuen Mann, der nichts von den Leistungen weiß und der es natürlich ablehnt, auf die Forderungen einzugehen. Die Untervertragsnehmer lernen zu spät, daß der Diskontsatz für die ihnen gemachten Versprechungen bei weitem zu hoch war.

Trotzdem bleibt das allgemeine Prinzip bestehen:

Wer kein Zugeständnis erreichen kann, sollte sich wenigstens ein Versprechen geben lassen.

Die meisten Menschen werden ihre Versprechen einlösen.

Vielredner

Der gesunde Menschenverstand sagt uns: Je weniger der andere über mich weiß, desto besser für mich. Käufer und Verkäufer vergessen das gelegentlich, meistens sind es aber andere aus der Organisation, die ein großes Durcheinander verursachen. Dabei geht es um die Mitarbeiter, die sich nicht als Verhandlungsführer sehen, sondern als Ingenieure, Betriebsleute, Inspektoren, Buchhalter oder Betriebsablaufmitarbeiter. Meistens sind sie diejenigen, die zu viel reden.

Vorarbeiten

Der Wert vergeblicher Bemühungen

So sieht es mit geleisteten Vorarbeiten aus: Wer schon Vorleistungen erbracht hat, möchte nicht, daß seine Bemühungen bei einem Platzen des Geschäftes umsonst waren. Lieber nimmt er eine niedrigere Verdienstspanne in Kauf, als ganz vergebens gearbeitet zu haben. Beim Versuch, diese Kosten wieder einzuspielen, steht mehr auf dem Spiel als Geld. Je mehr Energie man dafür aufgebracht hat, den Auftrag an Land zu ziehen, desto mehr wird das eigene Selbstwertgefühl zu einem Teil des Preises. Das gilt für *Henry Kissinger* genauso wie für Ihren *Installateur.*

Der Installateur hat viel Zeit damit verbracht, einen genauen Kostenvoranschlag auszuarbeiten. Er mußte von einem Ende der Stadt zum anderen fahren, um zu Ihnen zu kommen, er hat den Voranschlag schriftlich fixiert, viermal mit Ihnen telefoniert und zwei Stunden mit Ihnen verhandelt. Er hat schon eine ganze Menge Eigenkapital in dieses Geschäft hineingesteckt. Also gibt er sich lieber mit weniger zufrieden, als bei einem anderen Kunden wieder ganz von vorne beginnen zu müssen.

Vorarbeiten gehen mit in die Preiskalkulation ein, auch wenn Wirtschaftsleute anderer Meinung sind.

Wahrheit in Verhandlungen

Ein guter Ausgangspunkt

Manche Käufer glauben, daß man bei einer Verhandlung eher zu einem Ergebnis kommt, wenn sich beide Parteien über die Tatsachen einig werden können. Sie argumentieren, daß die Wahrheit in Verhandlungen immer ans Licht kommt. Vielleicht!?

Seit 1950 versucht der US-Kongreß immer wieder, ein ständig neu auftauchendes Problem zu lösen: Überschreitungen von Kostenvoranschlägen bei Verteidigungsaufträgen. Kürzlich wurde ein Gesetz ,,Wahrheit in Verhandlungen'' verabschiedet, durch das Verhandlungen auf der Grundlage von Tatsachen gefördert werden sollen. Der Senat hat schwere Strafen vorgesehen, um Falschdarstellungen und unverhoffte Glücksgewinne zu verhindern. Das Gesetz verlangt vom Verkäufer, dem Käufer Tatsachen über die laufenden Kosten zugänglich zu machen. Es geht davon aus, daß sich in Verhandlungen Sachfragen und Urteilsfragen voneinander abgrenzen lassen.

Kann man denn überhaupt die Sache von der Beurteilung trennen? Ich glaube nicht. *Hinter allen Tatsachen stehen Urteile und Vorurteile.*

Bei der Tatsachensammlung kommen viele Variablen ins Spiel: Wer die Tatsachen zusammenträgt, woher sie kommen, mit welchen Methoden sie zusammengestellt werden und von welchen Voraussetzungen man ausgeht. Es ist naiv anzunehmen, daß Urteile und Motive tatsachenfrei sind. Tatsachen existieren nicht in einem gesellschaftlichen oder geschäftlichen Vakuum.

Die *Wahrheit* in Verhandlungen läßt *viel Verhandlungsspielraum.* Über Tatsachen kann man verhandeln, weil immer eine ganze Geschichte dahintersteht. Ehrbare Männer können über die Voraussetzungen für und die Deutung von Tatsachen völlig verschiedener Meinung sein. Auch wenn wir die Geschichte idealerweise herausfiltern könnten und uns nur die ,,reinen'' Tatsachen blieben, bliebe immer noch ein großes Feld der Ungewißheit.

Tatsachen sind immer vergangenheitsorientiert. Verhandlungen sind immer zukunftsorientiert.

Auch Eindrücke und Urteile über die Zukunft sind verhandelbar.

Ohne Frage sind die Einkäufer auf dem richtigen Weg, wenn sie nach Wahrheit in Verhandlungen verlangen. Je mehr ein Käufer weiß, desto besser ist seine Position. Das entspricht ganz einfach dem gesunden Menschenverstand. Gefährlich oder naiv aber ist es, wenn man sich zu sehr auf das Wort ,,Wahrheit'' verläßt. Wahrheit und Tatsachen sind gute Ausgangspunkte. Sie bestimmen jedoch nicht das Ergebnis einer Verhandlung. Wenn Sie die Geschichte, die dahintersteckt, nicht begreifen, können Sie auch den Preis nicht begreifen.

Was-wäre-wenn-Taktiken

Wie man sie anwendet

Mit den Worten „Was wäre, wenn" läßt sich versuchen, Informationen von einem Anbieter zu bekommen, die er normalerweise nicht herausrücken würde. Ein Käufer, der mehr über die Kosten- und Preisstruktur des Anbieters weiß, wird seine Entscheidungen zu den möglichen Alternativen auf jeden Fall besser fällen können.

Die Taktik funktioniert folgendermaßen: Nehmen wir an, der Einkäufer eines Warenhauses will 2000 Kleider zur Verteilung an alle Filialen seines Konzerns einkaufen. Er bittet den Verkäufer um Preisangaben für 200, 2000, 10 000 und 25 000 Kleider. Ein smarter Einkäufer kann zusammen mit einem Kostenanalytiker eine ganze Menge Informationen aus den eingegangenen Angeboten herausfiltern. Er kann Herstellungskosten, Lernerfahrungen, Einrichtungsgebühren, Produktionskapazität und Grenzpreise abschätzen. Der Käufer kann außerdem einen besseren Preis für die 2000 Kleider aushandeln, weil er auch nach dem Preis für 20 000 gefragt hat. Es gibt nur wenige Anbieter, die es wagen, ein großes Auftragsvolumen von vornherein aufs Spiel zu setzen, indem sie für eine kleine Menge einen hohen Preis verlangen.

Sie werden sich natürlich fragen, ob es moralisch ist, wenn sich ein Einkäufer auch nach dem Preis für Auftragsmengen erkundigt, die er gar nicht braucht. Ich denke schon, daß diese Taktik moralisch ist. Der Käufer muß vernünftige Entscheidungen auf der Grundlage aller Informationen, die er legitimerweise erhalten kann, treffen. „Was wäre, wenn" ist eine gute Möglichkeit, Preis- und sonstige Informationen zu erlangen.

Ich habe mich als Einkäufer sehr häufig der „Was wäre, wenn" Taktik bedient. Mit den *folgenden Fragen* tun sich meistens neue Alternativen und wertvolle Antworten auf. Die Fragen sprechen für sich selbst.

1. Was wäre, wenn wir die Auftragsmenge verdoppeln (um die Hälfte kürzen)?
2. Was wäre, wenn wir Ihnen einen 1-Jahres-Vertrag geben?
3. Was wäre, wenn wir auf die Gewährleistung verzichten (oder die Garantiedauer verlängern)?
4. Was wäre, wenn wir das Rohmaterial zur Verfügung stellen?

5. Was wäre, wenn wir die Bezahlung der Werkzeugausrüstung übernehmen?
6. Was wäre, wenn wir Äpfel und Birnen kaufen und nicht nur Äpfel?
7. Was wäre, wenn Sie diesen Auftrag in der Nebensaison durchführen?
8. Was wäre, wenn wir Ihnen die gesamte Produktion abnehmen?
9. Was wäre, wenn wir technische Hilfe gewähren?
10. Was wäre, wenn wir die Art des Vertrages ändern?
11. Was wäre, wenn wir die Auftragsbedingungen folgendermaßen ändern?
12. Was wäre, wenn wir jeweils bei Teilfertigstellung zahlen?

Mit allen diesen Fragen ,,Was wäre, wenn?'' erhält man Einblicke in die Geschäftsgepflogenheiten und Motivationen eines Verkäufers, Informationen, an die man sonst gar nicht herankäme.

Die ,,Was wäre, wenn''-Taktik hat ein wenig *Teuflisches* an sich. Sie kann einen Verkäufer und seine Organisation auf die Palme bringen. Mit jedem ,,Was wäre, wenn'' fällt der Verkäufer seinen Technikern, Produktionsmitarbeitern und Preisfestsetzungsmitarbeitern auf die Nerven. Wenn ein Käufer sagt ,,Was wäre, wenn...'', springt der Verkäufer. Es fällt ihm schwer, die unschuldig klingende Anfrage des Käufers mit Nein zu beantworten. Schon mancher Verkäufer hat lieber einen Preisnachlaß zugestanden, als sich noch einmal mit einer neuen mühsamen Preiskalkulation befassen zu müssen.

Als kluger Verkäufer werden Sie das nächste Mal, wenn Sie von einem Käufer gebeten werden, solche Informationen zur Verfügung zu stellen, sicherstellen, daß er nicht aus der Hüfte schießt. Eine wohlüberlegte Antwort kann sich auszahlen. Wenn Sie die *folgenden Tips beherzigen*, werden Sie bessere Antworten geben können:

1. Sondieren, was der Käufer wirklich zu kaufen beabsichtigt. So viele Möglichkeiten, wie er vorgibt, hat er gar nicht. Besuchen Sie die Mitarbeiter in der Produktion. Sie wissen darüber Bescheid.
2. Bei einer ,,Was wäre, wenn''-Frage den Preis nie sofort kalkulieren.
3. Wenn Sie ein Zugeständnis machen, müssen Sie gleichzeitig die Bedingung stellen, daß der Auftrag sofort erteilt wird.
4. Nicht jede Frage verdient auch eine Antwort. Erklären Sie, daß die Gewährleistung zum Preispaket gehört und ohne gesetzliche Genehmigung nicht ausgelassen werden kann.

5. Bei manchen ,,Was wäre, wenn'' sollte man sich zur Beantwortung viel Zeit nehmen, vielleicht sogar über die vom Käufer genannte Frist hinaus.

6. Fragen Sie den Käufer, ob er bereit ist, die Dinge auch zu bestellen, für die er einen Kostenvoranschlag verlangt. Wenn er feststellt, welche Kosten auf ihn zukommen, gibt er sich vielleicht mit einer ,,Über den Daumen gepeilten'' Schätzung zufrieden.

Ein wachsamer Verkäufer kann die Frage ,,Was wäre, wenn...'' in eine Chance verwandeln, wenn er sie richtig anpackt. Auf das Informationsverlangen eines Käufers kann er antworten, daß ein Drei-Jahres-Auftrag das Beste für ihn sei. Er kann selbst ,,Denken Sie an...?''-Fragen stellen. Denken Sie daran, vielleicht auch Produkte der B-Qualität zu nehmen, eine größere Menge in Auftrag zu geben, Ersatzteile mitzubestellen, die Ausführungen ändern zu lassen oder das Modell vom letzten Jahr zu bestellen?

,,Was wäre, wenn...'' und das Gegenstück ,,Vielleicht könnten Sie sich überlegen'' öffnen Käufern und Verkäufern Denkwege. *Sie können für beide gleichzeitig zu einem besseren Geschäft führen.*

Wertanalyse

Der verborgene Wert von Dingen, die wir vielleicht eines Tages brauchen

Jeder sollte einen Hund besitzen.

Hunden ist es nämlich gleich, ob ihr Herrchen oder Frauchen Erfolg hat oder nicht.

Ich habe einmal einen kleinen Pudel für 150 Dollar gekauft. Pierre war ein lieber Hund, aber 150 Dollar war er wirklich nicht wert. Warum habe ich diese Summe für ihn bezahlt?

Er war königlicher als der König von England. Unter seinen Vorfahren war ein Schönheitssieger nach dem anderen, so weit zurück, wie die Hundezeit ging. Ich habe die 125 Dollar-Prämie bezahlt, weil ich mit ihm auf Hundeausstellungen gehen wollte, eine Idee, die ich allerdings nie verwirklicht habe. Ich gab auf, als ich ihn das erste Mal gründlich gebürstet hatte. Ich hatte also die Prämie für etwas gezahlt, das ich niemals in Anspruch genommen habe. Viele Dinge haben einen hohen verborgenen Wert, den wir vielleicht eines Tages brauchen.

In Verhandlungen zahlen die Menschen für das Privileg, Dinge benutzen zu dürfen, ein Privileg, das sie aber vielleicht nie in Anspruch nehmen werden. Sie legen Wert auf Zubehör für bestimmte Zwecke, auf Dienstleistungen, die sie nie verlangen werden, auf Leistungskriterien, die sie nie brauchen werden, auf Zeitungen und Zeitschriften, die sie nie lesen werden, auf kostenlose Anfragen an die *Encyclopaedia Britannica*, die sie nie schreiben werden, auf Computerausdrucke, mit denen sie sich nie abgeben können und auf Gewährleistungen für Fälle, die nie eintreten werden.

Die Zufriedenheit entsteht im Sinn. Der Wert der Möglichkeiten, die wir kaum je in Anspruch nehmen werden, ist höher, als er sein sollte. Wer Eis im Winter verkauft, wird gerne kostenlose Lieferung zugestehen. Bei jedem Geschäftsabschluß ist ein wenig ,,Eis im Winter'' im Preis verborgen.

Was ist eine Sache wert?

Welchen Wert hat ein Laib Brot für einen Hungrigen? Zwischen dem Wert und den Kosten einer Sache besteht ein himmelweiter Unterschied. Dinge, die von der Produktion her billig sind, sind mit einem hohen Preis ausgezeichnet und umgekehrt. Vom Verhandlungsstandpunkt her sind die Kosten dem Wert untergeordnet. Es geht darum, wie man die Frage des Wertes betrachtet.

Verschiedene Antworten sind möglich, je nachdem wie wir an das Wertproblem herangehen. Wir zeigen hier *vierzehn Möglichkeiten zur Wertbetrachtung*, die alle zu anderen Resultaten führen:

1. Wert hängt zusammen mit der Fähigkeit des Käufers, erhöhte Kosten an einen Dritten weiterzugeben. Ein Produkt kann für einen Käufer tatsächlich mehr Wert haben, wenn er einen höheren Preis dafür zahlen muß. Das ist der Fall, wenn der Käufer einen bestimmten Prozentsatz bei der Weiterveräußerung an seine Kunden auf den Preis aufschlägt.
2. Der Anbieter, der eine Mausefalle schneller produzieren kann, weil

er die Herstellung automatisiert hat, kann denselben Preis wie weniger effiziente Hersteller verlangen. Seine Kosten spielen für den Preis keine Rolle.

3. Ein Einzelteil, das die Aufgaben dreier Einzelteile erfüllt, kann genauso viel wert sein, wie die drei Teile, die es ersetzt.

4. Wert kann sich auf den Gewinn des Käufers beziehen. Wenn der Verkäufer weiß, daß der Einkäufer beim Wiederverkauf des Produktes riesige Gewinne machen wird, kann der Verkäufer seinen Preis erhöhen, um so seinen Anteil am erwarteten Riesengewinn des Käufers einzustreichen.

5. Ein Verkäufer kann durchaus zufrieden sein, wenn er nur seine direkten Kosten decken kann, dadurch aber während einer Wirtschaftsflaute niemanden zu entlassen braucht.

6. Der Wert einer Dienstleistung kann sich nach Normen oder dem Üblichen richten. Ich brauchte einen Notar zur Hinterlegung eines Testamentes. Er nannte mir die offiziellen Kostensätze. Später habe ich entdeckt, daß die laufenden tatsächlichen Sätze niedriger waren.

7. Der Wert kann sich nach der Zahlungsfähigkeit richten. Ich kenne Chirurgen, die Größen in ihrem Fach sind, und sich nicht genieren, für ein- und dieselbe Operation von reichen Patienten mehr zu verlangen als von armen.

8. Wenn eine Public-Relations-Agentur die Vertretung eines wichtigen Kunden zu einem geringen Honorarsatz übernimmt, hofft sie darauf, daß weitere Kunden mit großem Namen zu ihnen kommen werden.

9. Auffälliger Konsum muß mit einer Zusatzprämie bezahlt werden. Die Mitgliedschaft in einem exklusiven Tennisclub zeigt die Bedeutung und den finanziellen Wert eines Mitgliedes auf gesellschaftlich akzeptable Weise. Was der Club bietet, muß in keinem Verhältnis stehen zu der Summe, die als Mitgliedsbeitrag verlangt wird.

10. Wert und Spezialkenntnisse stehen in direktem Zusammenhang miteinander. Der Steuerberater mit großen Erfahrungen auf einem bestimmten Gebiet kann für seine Dienste eine Summe verlangen, die seinem Wissen entspricht. Er braucht nicht nach Zeitaufwand abzurechnen.

11. Der Wert kann sich durchaus auf Dinge beziehen, die mit der wirtschaftlichen Transaktion in keinerlei Zusammenhang stehen. Im Zeitalter der Fusionen können kleine Unternehmungen sehr viel wert sein, wenn Aktien ausgetauscht werden, und sehr wenig wert sein, wenn es um Bargeld geht.

12. Wert und Risiko gehören zusammen. Wenn ich 100000 $ auf meinen Namen hätte und mir ein Los gegeben würde mit der 50 : 50-Chance, 1 Million zu gewinnen oder 100000 Dollar zu verlieren, würde ich das Los verkaufen. Es ist zwar 450000 Dollar wert, aber ich würde es für sehr viel weniger verkaufen. Ich kann es mir nicht leisten, bei einem einzigen Wagnis alles zu verlieren. Ein Howard Hughes würde ein solches Los sicherlich für 400000 Dollar kaufen. Zu welchem Preis würden Sie das Los verkaufen, wenn Sie 100000 Dollar besäßen?

13. Wert kann sich auf das beziehen, was geschehen würde, wenn das Geschäft nicht klappt.

14. Wert kann mit den Kosten zusammenhängen. Im freien Wettbewerb ist das manchmal der Fall.

Wir sollten erkennen, daß ein Tauschhandel für jeden Partner einen anderen Wert hat. Der Käufer und seine Organisation, der Verkäufer und seine Organisation sehen Produkt und Preis nicht mit denselben Augen. Der Verkäufer hat beim Abschluß seine Belohnungsreise nach Hawaii im Auge, während der Käufer das Geschäft lediglich als eines unter vielen zu erledigenden Bestellungen sieht. Vielleicht geht es beiden nicht allzusehr um Gewinn, Kosten oder Nutzen. Das Geschäft hat für beide Seiten einen anderen Wert.

Eine Wertanalyse kann mehr Licht auf die Bedürfnisse des Gegners werfen als Auftragsvolumen und Kostenangaben. Buchhalter und Kostenspezialisten umgehen den Wert, weil er schwer zu analysieren und zu verteidigen ist. Das ist schade, weil der Schlüssel zur Setzung vernünftiger Ziele eher in dem liegt, was eine Sache wert ist, als was sie kostet.

Witze

Verhandlungen sind ein hartes Stück Arbeit. Die Spannung kann unerträglich werden, wenn sich die Dinge zur Krise zuspitzen und die Zeit knapp wird. Mit Martinis, Beruhigungspillen und Kaugummi läßt sich die Spannung unterdrücken. Im Orient dienen die Gebetsketten demselben Zweck. Es gibt jedoch nichts Besseres als einen Witz, um eine Situation zu entspannen. Ich kenne Verhandlungsführer, die immer zur rechten Zeit einen Witz parat haben.

Ich selbst sammle Witze über Verhandlungen. Eines Tages werde ich sie unter dem Titel „Das Witzebuch des Verhandlungsführers" veröffentlichen. Kennen Sie schon den Witz mit der guten und der schlechten Nachricht? Vielleicht können Sie ihn anbringen, wenn Ihr Gegner seinen guten Neuigkeiten einen bitteren Tropfen hinzufügt.

Da war der große Indianerhäuptling, dessen Stamm von den Weißen immer wieder vertrieben wurde. Die Lage war verzweifelt, als er seinen Stamm zusammenrief. „Ich habe gute und schlechte Neuigkeiten für Euch", sagte er. Seine Männer murrten.

„Zuerst will ich Euch die schlechte Nachricht mitteilen", sagte der Häuptling. Die Menge durchlief ein Murmeln. Er sagte: „Wir haben nur Büffelgras zu essen." Schweigen. Hier und da hörte man ein „Schrecklich, schrecklich, schrecklich." Schließlich faßte einer Mut und fragte: „Und wie lautet die gute Nachricht?" „Davon haben wir jede Menge."

Mir ist es in Verhandlungen oft vorgekommen, daß ich das Gefühl hatte, auch mir biete man jede Menge davon an.

Dann gibt es noch den Witz über gute Erklärungen. Es geht um einen Vietnamsoldaten. Vier Jahre hat er im Dschungel verbracht, wurde verwundet und mit ein paar Medaillen ausgezeichnet. Endlich kann er nach Hause zurückkehren. Seiner wartenden Ehefrau schickt er sofort ein Telegramm: „Sehe Dich Samstag zu Hause, um zwei Uhr morgens. Kann es nicht erwarten. In Liebe Dein...".

Samstag um 1.30 Uhr morgens kam er zu Hause an. Alles war still. Er fand den Hintereingang offen und ging hinein. Dann hörte er ein Geräusch im Schlafzimmer. Sie macht sich wohl bereit, dachte er. Er beeilte sich, um sie zu überraschen. Da lag sie mit einem anderen Mann im Bett. Entsetzt stürmte der Vietnamsoldat aus dem Haus und ging schnurstracks zu seinen Eltern. Er erzählte seinem Vater von seinen jahrelangen Leiden, dem Telegramm und dem Betrug.

Sein Vater war philosophisch veranlagt und glaubte, daß es für alles eine Erklärung gebe. Er ging also zu seiner Schwiegertochter, um festzustellen, was schiefgegangen war. Eine Stunde später kam der Vater zurück. Ein Lächeln ging über sein Gesicht. „Was ist passiert?" fragte sein wütender Sohn. „Ich habe Dir doch gesagt", meinte der Vater, „daß es für alles eine Erklärung gibt. Sie hat Dein Telegramm nicht bekommen."

218

Teilnehmer an Tarifverhandlungen und an politischen Verhandlungen können natürlich eine Menge lustiger Geschichten erzählen. Sie tun aber noch etwas, das auch für Käufer und Verkäufer nachahmenswert ist. Je mehr sich die Verhandlungen auf eine Krise zuspitzen, desto kürzer werden die Zeiten am Verhandlungstisch und desto länger die Pausen. *Damit haben beide Parteien Zeit zum Nachdenken und Zeit, um sich abzureagieren.*

Wortbruch

Das Spiel von Versicherungen bei Leistungsansprüchen

Es ist bekannt, daß Versicherungsgesellschaften gegebene Zusagen nicht einhalten, um sich so mit einem Verletzten auf eine niedrigere Schmerzensgeldsumme zu einigen. Ein Fahrer wird bei einem Autounfall verletzt. Die Versicherungsgesellschaft unterzeichnet eine Vereinbarung, in der sie sich verpflichtet, eine Abschlagszahlung von 5000 $ zu leisten und dann fünf Jahre lang monatlich 100 $ an den Autofahrer zu zahlen. Die *Schwierigkeiten* beginnen, wenn die *Zahlungen nicht* so wie versprochen *eintreffen*. Immer wenn der arme Mann festzustellen versucht, woran das liegt, sagt man ihm, das Ganze sei noch in Bearbeitung oder müsse noch von jemandem genehmigt werden. Inzwischen türmen sich zu Hause die Rechnungen, und der arme Mann wird immer verzweifelter. Er weiß, daß er die Gesellschaft verklagen kann, hat aber Angst, daß dann die Rechtsanwälte das meiste Geld bekommen. Nach ein paar Monaten oder vielleicht auch erst nach Jahren kommt die Versicherungsgesellschaft mit einer wohldurchdachten Geschichte, warum sie sich nicht mehr an die Vereinbarung halten kann. Sie bietet dem Opfer an, 7000 $ in einer Summe bar zu zahlen, womit sich das Opfer natürlich einverstanden erklärt.

Diese Nichteinhaltung von Zusagen wird manchmal auch von Verkäufern praktiziert, um einen besseren Preis zu erzwingen. Ein Einkäufer verpflichtet einen Zulieferer zur Fertigstellung einer Lieferung bis zu einem bestimmten Datum. Der Verkäufer läßt alles langsam angehen. Das Lieferdatum kommt näher und näher. Dann ruft er den verzweifelten Einkäufer an und sagt ihm, daß er die Arbeit ohne zusätzliche Mittel nicht durchführen könne. Er müsse Unterkontraktoren bezahlen, um diesen Auftrag, der plötzlich ein „Eilauftrag" geworden ist, durchzuführen. *Meistens bekommt er, was er will.*

Die Nichteinhaltung von Zusagen ist eine unethische Taktik, die jemanden in eine finanziell oder zeitlich schwierige Lage bringen soll, damit man ihm dann aus diesen Schwierigkeiten heraushelfen kann, indem man ihn dazu zwingt, eine ungünstigere Vereinbarung zu akzeptieren. Der Plan besteht darin, *den anderen zu verschleißen und ihm Angst einzujagen.* Der Trick ist schmutzig*.

Zahlen

die mich durcheinanderbringen

Ich habe alle möglichen Mathematikkurse belegt, aber ich habe Schwierigkeiten mit Dingen, die auf den ersten Blick einfach aussehen.

1. Ich werde monatlich bezahlt und habe Schwierigkeiten, meinen Wochenlohn auszurechnen.
2. Mit Zinseszinsen komme ich nicht zurecht. Ich weiß, was das ist, aber ich kann nicht damit arbeiten.
3. Wenn ich mir vom 2. bis zum 28. Januar Geld leihe, weiß ich nicht genau, für wieviele Tage ich Zinsen zahlen muß: für 26 oder für 27 Tage?
4. Ich kann Prozente ausrechnen, habe aber Schwierigkeiten mit 8 1/4% für sechs Monate auf den offenstehenden Rechnungsbetrag. Ich komme auch durcheinander, wenn mir jemand sagt, es handle sich nur um 3/8%.
5. Ich weiß nicht mehr, wie man ungekürzte Divisionen durchführt.
6. Ich vertue mich beim Addieren vieler Zahlen, wenn die Zahlen nicht gerade untereinander stehen. Mit dem Subtrahieren habe ich keine Schwierigkeiten, weil es nur zwei Zahlen gibt, eine oben und eine unten.

---

* Gegenmaßnahmen gegen diesen schmutzigen Trick siehe unter „**Eskalation:** *Gegenmaßnahmen*", S. 58 f. und „**Gaunertaktik**", S. 96 f.

7. Ich kann 496 × 1387 ausrechnen, vertue mich aber bestimmt, wenn ich unter Druck stehe.
8. Ich vertue mich, wenn ich meinen Kontostand ausrechnen soll.
9. 6 1/2 m zu DM 13,25 ist für mich schon zu viel Rechnerei.
10. Es ist fast unmöglich auszurechnen, ob das große Paket Cornflakes (16 Unzen für 46 cents) billiger ist als das kleine (9 Unzen für 26 cents). Ich habe es aufgegeben.
11. Wenn der Baumateriallieferant 3000 falsche Ziegel liefert, 2500 wieder mitnimmt und dann 5000 richtige liefert, weiß ich nicht mehr, woran ich bin. Für wie viele Ziegel muß ich zahlen?
12. Ich weiß nie, wieviel Uhr es in Chicago ist, von Indianapolis ganz zu schweigen.
13. Ich habe Schwierigkeiten, die Kapitalrendite auszurechnen, wenn es nicht um genau ein Jahr geht. Meistens ist es nämlich nicht genau ein Jahr.
14. Wenn ich in England bin und mir gesagt wird: ,,Das macht neun Pfund und drei Pence, strecke ich mein Geld hin und hoffe auf das Beste.

Als Kind habe ich auch diese Tests gemacht, mit denen man angeblich die Geschicklichkeit im Umgang mit Zahlen messen will. Ich erinnere mich an eine Frage, die ich nie beantwortet habe: ,,Der wievielte Teil eines Fußes ist 4/5 Zoll?'' Ich wußte wirklich nicht, was sie wissen wollten. Ich schaute auf das Blatt. Ich schaute auf meinen Fuß — und gab auf. Vielleicht liegt da mein Problem verwurzelt.

Sicherlich kann ein kleiner Taschenrechner helfen, aber ich weiß nicht, wie sehr. Das Problem geht ziemlich tief. Tiefer als Computer, nehme ich an. Vielleicht geht es direkt auf unser Schul- und Bildungssystem zurück.

All dies hat seine Bedeutung für Menschen, die Verhandlungen führen. Im Kopfrechnen sind die meisten schwach. Viele machen dumme Fehler. Sie auch. Tun Sie langsam. Rechnen Sie alles zweimal nach. Lassen Sie auch jemand anders nachrechnen, besonders, wenn Sie unter Druck stehen. Es gibt Leute, die sich ihren Lebensunterhalt mit den Fehlern anderer verdienen.

Der wievielte Teil eines Fußes ist 4/5 Zoll?

Zahlungsweise verändern

In allen Verträgen, selbst in den besten, gibt es Lücken. Es gibt immer zweideutige, unklare oder unbestimmte Passagen. Das ist so, weil die Verhandlungsführer eine Reihe von Verfahrens- und Ausführungsfragen gerne denen überlassen, die nachher die tatsächliche Arbeit tun. Solche Lücken können sehr teuer werden, wenn man mit jemandem zu tun hat, der sie zu seinem Vorteil nutzen will. Wer die Zahlungsweise eigenmächtig ändert, nützt Auslassungen oder Zweideutigkeiten aus. Man legt alle entsprechenden Lücken zu eigenen Gunsten aus. Dabei geht man in drei Phasen vor:

1. Man untersucht die Vereinbarung auf Strukturlücken.
2. Man schließt die Lücken, indem man eine Aktennotiz an die andere Partei schickt und sie davon in Kenntnis setzt, daß zu einem bestimmten Datum eine bestimmte Maßnahme getroffen wird.
3. Erhält man innerhalb einer angemessenen Frist keine Antwort, wird die Maßnahme einseitig getroffen.

Ein Beispiel:

Eine Papierfabrik verlangt den Rechnungsbetrag ohne Abzüge innerhalb von dreißig Tagen. Der Käufer schreibt einen Brief, in dem er mitteilt, daß es in seiner Firma üblich sei, innerhalb von zehn Tagen zu zahlen und 2% Skonto abzuziehen. Erhält er innerhalb einer angemessenen Frist keine Antwort, wird er die 2% Skonto abziehen. In vielen Fällen wird die Angelegenheit so ad acta gelegt. Ich habe dieselbe Taktik auch bei Änderungen von Spezifikationen, Krediten, Inspektionsverfahren und Reparaturaufträgen gesehen. Das Muster bleibt immer dasselbe.

Gegenmaßnahmen liegen auf der Hand. Solche Tricks lassen sich verhindern, indem solche Vereinbarungen und Verfahren in den Vertrag aufgenommen werden. Wenn Sie eine Aktennotiz erhalten, müssen Sie sie *sofort beantworten*. Selbst wenn Sie nicht antworten, brauchen Sie sich nicht zu schämen, darauf hinzuweisen, daß die einseitige Maßnahme nicht in Übereinstimmung mit Ihrer Interpretation der Grundvereinbarung erfolgte. Die Zahlungsunwilligkeitstaktik ist unfair. Sie haben jedes Recht, lautstark und auf höchster Ebene zu protestieren. Lassen Sie den Zahlungsunwilligen nicht ungeschoren davonkommen. Nennen Sie seinen Bluff beim Namen.

Zeit einräumen

Dem anderen *Zeit zu lassen*, ist so einfach, daß man es oft vergißt. Wer diese Idee jedoch begreift und sich an sie hält, wird *mehr Erfolg* haben. Jeder braucht Zeit, bis er etwas *Neues* oder *Anderes akzeptiert*. Verhandlungspartner gehen immer mit leicht unrealistischen Zielen in eine Sitzung hinein. Sie beginnen mit allen möglichen falschen Auffassungen und Vorstellungen. Es ist nur menschlich, daß sie immer wieder hoffen, ihre Ziele leicht erreichen zu können. Während der Verhandlung erfolgt dann oft ein *böses Erwachen*. Der niedrige Preis, auf den der Käufer gehofft hatte, wird unmöglich. Der einfache Abschluß, mit dem der Verkäufer gerechnet hatte, gleitet ihm aus den Händen. Durch die kalte Dusche der Verhandlungen werden *Wünsche* allmählich der *Realität angepaßt*.

Können wir davon ausgehen, daß sich der Käufer oder Verkäufer unmittelbar an diese neue Wirklichkeit anpaßt? Natürlich nicht. Widerstand gegen Wandel gibt es überall. Man braucht Zeit, um sich an unbekannte oder unerfreuliche Ideen zu gewöhnen. Wir können uns sogar an den Gedanken des Todes gewöhnen, wenn man uns nur lange genug Zeit läßt. Eingewöhnungszeit ist wichtig im Leben und auch in Verhandlungen.

Der Käufer braucht Zeit, um sich an den Gedanken zu gewöhnen, daß er mehr als erwartet zahlen muß. Der Verkäufer ist in den ersten fünf Verhandlungsminuten nicht bereit, von seinem Preis herunterzugehen.

Käufer und Verkäufer und ihre Organisationen brauchen genügend Zeit, um sich auf veränderte Situationen einstellen zu können.

Deshalb teilt der vorausschauende Verkäufer dem Kunden lange im voraus mit, daß eine Preiserhöhung zu erwarten sei. Dadurch gewinnt der Käufer mit seinen Mitarbeitern *Zeit*, sich an den Gedanken zu *gewöhnen*.

Wer einen Menschen bittet, alte Ideen gegen neue auszutauschen, verlangt praktisch von ihm, alte Freunde fallenzulassen. Ob richtig oder falsch — er hat sich an sie gewöhnt und fühlt sich ihnen verpflichtet. *Versetzen Sie sich doch einmal in seine Lage!* Ist es nicht selbstverständlich, daß er Ihren Standpunkt eher akzeptieren wird, wenn Sie ihm genügend Zeit lassen, sich darauf einzustellen? Ein orientalisches Sprichwort lautet: *,,Die Zeit bewirkt Dinge ganz allmählich''*. Denken Sie also in Ihrer Planung daran, anderen Zeit zu lassen.

Zeitwahl

Auch die Wahl des Zeitpunktes hat etwas zu bedeuten

Die Wahl des Zeitpunktes hat auch etwas zu bedeuten. Das weiß niemand besser als Rechtsanwälte und Versicherungsgesellschaften. Es gibt bestimmte Zeiten im Jahr, zu denen die Menschen Geld brauchen. Versicherungsangestellte, die Schadenersatzforderungen bearbeiten, wissen genau, daß sie mit niedrigen Angeboten am besten zum Steuertermin, vor den großen Ferien, oder kurz nach Weihnachten durchkommen. Rechtsanwälte wissen, daß Versicherungsgesellschaften die besten Angebote machen, kurz nachdem man einen Prozeß angestrengt hat oder nachdem sich die Jury zur Beratung zurückgezogen hat.

Der Zeitpunkt kann auf subtile Weise zeigen, ob etwas dringend ist. Man kann einen Zeitplan, das Datum des Urlaubsantritts, einen Feiertag, mögliche Organisationsveränderungen oder die bevorstehende Pensionierung erwähnen, und schon hat ein unentschlossener Gegner ein Angebot akzeptiert. Durch geschickte Zeitwahl ist ein Bekannter von mir einmal in die Falle gelaufen, seine Karten zu früh aufzudecken. Die Versicherung unterbreitete ihm ein großzügiges Angebot. Gleichzeitig teilte ihm der Sachbearbeiter mit, daß er am kommenden Montag einen vierwöchigen Urlaub antrete. Er meinte, es sei gut, wenn der Kläger alle seine Unterlagen bis zum nächsten Freitag vorlege. Man könne die Unterlagen sofort durchgehen und den Fall dann noch am Freitag abschließen. Mein Freund arbeitete fieberhaft und hatte Freitag nachmittag alle Unterlagen zusammen. Der Sachbearbeiter lächelte ihn dankbar an, schloß die Unterlagen ein und entschuldigte sich, weil er die Sache mit seinem Vorgesetzten beraten müsse. Es dauerte nicht lange, bis er zurückkam und die Hälfte des ursprünglich genannten Betrages anbot. Der Anspruchsteller geriet völlig aus dem Gleichgewicht. In seiner Hast, den Freitag-Termin einzuhalten, hatte er seine Unterlagen so zusammengestellt, daß sie alle seine Verhandlungsargumente offenlegten. Der Sachbearbeiter ging an diesem Freitag natürlich nicht in Urlaub. Er hatte nur eine Zeittaktik angewandt, um der Hauptforderung des Antragstellers auf die Schliche zu kommen — mit einem Lockangebot und einem scheinbar endgültigen Termin.

Es gibt immer richtige oder falsche Augenblicke für Verhandlungen. Zum 10. April und 10. Dezember ist schon so manche Immobilie gekauft und verkauft worden. Den Zeitpunkt der Bekanntgabe von

Kostenüberschreitungen, Organisationsänderungen und Nichterfüllung von Plänen kann man so wählen, daß die Auswirkungen abgeschwächt oder auch verstärkt werden. *Große Entscheidungen werden oft gefällt, weil die Uhr dazu mahnt.* Die richtige Zeitwahl für ein endgültiges Angebot macht es glaubwürdiger. Ein gutes Angebot zu einem frühen Zeitpunkt sieht vielleicht wie ein Bluff aus. Nach ein paar Tagen Verhandlungen aber meint man, wirklich das Niedrigstmögliche herausgeholt zu haben. Ein Ferngespräch zum richtigen Zeitpunkt kann die Spannung während der letzten Minuten einer Verhandlung erhöhen. Der plötzliche Austausch von Verhandlungsteilnehmern nach einem Zugeständnis kann signalisieren, daß der Gegner mit keinerlei weiteren Zugeständnissen rechnen kann.

Die Zeit singt ihr Lied. Sie stellt die verborgene Sprache der Verhandlungen dar.

Zufriedenheit

Der gegenwärtige Wert zukünftiger Zufriedenheit

Einem Verhandlungsführer geht es nicht anders als einem Geldanleger an der Börse. *Er feilscht um Gewinn.* Bei Verhandlungen geht es aber mehr um einen Gewinn im Sinne von Zufriedenheit als um einen Geldgewinn.

Wie fällt ein Anleger seine Entscheidung, wenn er 1000 Dollar in Aktien investieren will? Er versucht festzustellen, welche Dividenden voraussichtlich in den nächsten zehn Jahren gezahlt werden und was die Aktien wert sein werden, wenn er sie verkaufen will. Ein kluger Anleger wird eine Wahrscheinlichkeitsberechnung anstellen. Manche Aktien werden wahrscheinlich nicht steigen, und ob immer Dividenden gezahlt werden, ist auch ungewiß. Der Anleger wird sich schießlich anhand zweier Faktoren entscheiden: Ob das Geld, das während der nächsten zehn Jahre an ihn zurückfließen wird, 1000 Dollar wert ist und ob es bessere Aktien gibt als die, die er zu kaufen plante. Er schätzt die zukünftigen Möglichkeiten ab und kauft die Aktien wie geplant, entscheidet sich für andere Aktien oder behält seine 1000 Dollar. Finanztechnisch gesehen hat er den gegenwärtigen Wert des zukünftigen Gewinns (oder Verlustes) berechnet und ihn mit den übrigen Alternativen verglichen.

Ein Verhandlungsführer tut dasselbe, allerdings auf subjektiver Ebene. Er bestimmt den gegenwärtigen Wert zukünftiger Zufriedenheit (und Unzufriedenheit) und vergleicht, ob er abschließen soll oder nicht, oder ob er auf ein besseres Geschäft warten soll.

Damit können wir eine sehr feine wichtige Grundlage von Verhandlungen erkennen. Zukünftige Zufriedenheit oder Unzufriedenheit hat jeder bei einer Verhandlung im Kopf. Manche Verhandlungsführer sind Optimisten, andere Pessimisten. Manche wollen alles sofort, andere können lange warten.

Die Banken haben dies im Hypothekengeschäft schon vor langer Zeit erkannt. Hypothekenkunden geht es viel mehr um das benötigte Eigenkapital als um die Zinszahlungen, die monatlich über lange Zeit hinweg fällig werden. Was geschieht, wenn sie ihr Haus verkaufen, darüber machen sie sich fast gar keine Gedanken.

Der Käufer investiert in zukünftige Zufriedenheit.

Verwandeln Sie ihn in einen Optimisten, wenn er pessimistisch ist. Wenn er jetzt etwas unbedingt will, zeigen Sie ihm, wieviel wichtiger das Ganze später sein kann. Alle Verhandlungsführer müssen dieselbe Rolle spielen. Jeder muß den gegenwärtigen Wert der zukünftigen Zufriedenheit für den anderen erhöhen und ihm dadurch eine Entscheidung leichter machen.

Der Wert zukünftiger Unzufriedenheit

Der russische Schriftsteller *Alexander Solschenitzyn* protestierte in einem Interview mit der westlichen Presse gegen die Behandlung, denen Dissidenten in Rußland ausgesetzt sind. Was er über den menschlichen Geist sagte, trifft auch auf Verhandlungen zu. Es wird deutlich, welchen Wert die Menschen gegenwärtiger und zukünftiger Unzufriedenheit beimessen.

,,Das menschliche Wesen hat eine psychologische Besonderheit, die einem immer wieder auffällt: In Zeiten des Wohlergehens werden selbst die geringsten Anzeichen von Schwierigkeiten an den äußersten Rand der eigenen Existenz verbannt. In Zeiten des Wohlergehens, wenn man sich keine Sorgen zu machen braucht, wollen sie

nichts von den Leiden anderer wissen. Sie geben in vielen Situationen nach, selbst in wichtigen geistigen und zentralen Situationen — solange dadurch das eigene Wohlergehen verlängert wird... Es wäre gut, Standhaftigkeit und Mut schon etwas vor der kritischen Stunde zu zeigen — weniger zu opfern, aber ein wenig früher."
Unerfreuliche Konflikte verschieben wir alle lieber auf morgen. *Wir hoffen, daß die Probleme von selbst verschwinden.* Es wäre gut, schon während der Verhandlungen mehr Standhaftigkeit und Mut zu zeigen, als später unter der Unzufriedenheit mit einer schlechten Vereinbarung zu leiden.

Wer diesen seltsamen Mechanismus des menschlichen Wesens begreift und auch in sich selbst entdeckt, wird effektiver verhandeln können, weil er bereit ist, sich unerfreulichen Dingen zu stellen, ehe sie sich zu noch größeren Problemen ausgewachsen haben.

Zufriedenheit und Zugeständnis

Mögliche Alternativen

Die Quelle aller *Macht* ist die Fähigkeit, *Zufriedenheit* in der einen oder anderen Form zu *vermitteln*. Mit jedem Zugeständnis gibt man der anderen Partei einen Vorteil in die Hand, der mit Kosten verbunden ist. Der Fluß der Zufriedenheit zwischen den Menschen ist nicht so einfach wie er aussieht. Wer Zugeständnisse machen will, sollte erst nachdenken, wie er sie machen will. *Folgende Möglichkeiten* stehen offen:

1. Zeit: Mit einem Zugeständnis kann man dem Empfänger jetzt oder später zur Zufriedenheit verhelfen, wenn der Empfänger das Zugeständnis ganz oder stückchenweise annimmt.
2. Nutzen: Mit einem Zugeständnis kann man der Organisation, bestimmten Teilen der Organisation, Dritten, dem gegnerischen Verhandlungsführer persönlich oder allen gleichzeitig einen Nutzen zuschanzen.
3. Zufriedenheit aus einer anderen Quelle: Der Inhalt eines Zugeständnisses kann für den Empfänger Quelle der Zufriedenheit sein, muß aber nicht. Zufriedenheit kann aus der erörterten Sache, aus einer

Kombination erörterter Sachen, aus Angelegenheiten, die mit der Sache nur entfernt verwandt sind oder auch aus völlig anderen Quellen erwachsen.

4. Kosten: Für die Kosten eines Zugeständnisses können die Organisation, Teile der Organisation, Dritte oder der Verhandlungsführer selbst aufkommen.

Das Hin- und Herfließen von Zufriedenheit ist subtiler als auf den ersten Blick erkennbar. Wenn Zugeständnisse effektiv sein sollen, muß man beachten, wer Nutzen daraus zieht, wie, wann und aus welcher Quelle.

Zugeständnisse

Was man tun und was man lassen sollte

1. Sich selbst Verhandlungsspielraum lassen. Für Verkäufer: Oben anfangen. Für Käufer: unten anfangen. Der Startpunkt muß begründet sein.
2. Den anderen dazu bringen, das erste Angebot zu machen. Er soll alle Forderungen auf den Tisch legen. Sich selbst bedeckt halten.
3. Den anderen das erste Zugeständnis zu wichtigen Punkten machen lassen. Selbst nur zu weniger wichtigen Punkten die Erstinitiative ergreifen.
4. Den anderen für das, was er haben will, arbeiten lassen. Was es umsonst gibt, wird nicht geschätzt.
5. Eigene mögliche Zugeständnisse in der Hinterhand halten. Später ist besser als sofort. Je länger er warten muß, desto mehr wird er die Zugeständnisse schätzen.
6. Gleiche Zugeständnisse auf beiden Seiten sind nicht nötig. Wenn der andere sechzig Punkte zugesteht, gehen Sie auf 40. Wenn er sagt: ,,Teilen wir uns die Differenz", sagen Sie: ,,Das kann ich mir nicht leisten."
7. Für jedes Zugeständnis etwas vom anderen verlangen.
8. Zugeständnisse machen, mit denen man nichts aufgibt.
9. Daran denken: ,,Das werde ich mir überlegen" ist schon ein Zugeständnis.

10. Wenn Sie keine Einladung zum Abendessen bekommen können, lassen Sie sich wenigstens ein Butterbrot geben. Wenn Sie kein Butterbrot bekommen können, lassen Sie sich ein Versprechen geben. Ein Versprechen ist ein Zugeständnis mit Rabatt.
11. Nicht um Spielgeld verhandeln. Bei jedem Zugeständnis an den tatsächlichen Geldwert denken.
12. Keine Angst haben, nein zu sagen. Die meisten haben Angst davor. Wer oft genug nein sagt, dem glaubt man auch, daß er nein meint. Hartnäckig bleiben.
13. Nicht den Überblick über die Zugeständnisse verlieren. Genau notieren, wer welche Zugeständnisse gemacht hat.
14. Einmal gemachte Zugeständnisse wieder zurücknehmen — warum nicht? Deshalb braucht man sich nicht zu schämen. Erst der Handschlag am Schluß besiegelt das Abkommen, nicht die Vereinbarung im Laufe der Verhandlungen.
15. Den Erwartungshorizont des anderen nicht höher schrauben, indem man zu viel oder zu schnell nachgibt. Auf Menge, Tempo und Tempoänderungen bei Zugeständnissen genau aufpassen.

Das Idealmodell

Gibt es wirklich ein Idealmodell für Zugeständnisse? Die Anzeichen dafür mehren sich.

Folgendes habe ich in meinen Experimenten festgestellt:

1. Käufer, die mit niedrigen Angeboten begannen, erzielten bessere Ergebnisse.
2. Käufer, die in einem einzigen Mal ein großes Zugeständnis machten, erhöhten die Erwartungen des Verkäufers.
3. Verkäufer, die bereit waren, sich mit weniger zufriedenzugeben, bekamen auch weniger.
4. Wer jeweils nur geringfügige Zugeständnisse machte, hatte größeren Erfolg.
5. Verlierer machten die ersten Zugeständnisse zu wichtigen Punkten.
6. Termine zwangen zu Entscheidungen und Vereinbarungen.
7. Schnelle Verhandlungen gingen für eine Partei immer ungünstig aus.
8. Derjenige mit dem größten Einzelzugeständnis hat immer schlechter abgeschnitten.

Wann eins mehr ist als vier

In uns allen steckt wohl der Wunsch, *fair* zu sein. Wenn ich Ihnen vier Zugeständnisse mache, werden Sie sich aus *Gerechtigkeitsgründen* veranlaßt sehen, mir wenigstens eins zu machen. In Verhandlungen geht es aber nicht darum, ob ich eins und Sie vier Zugeständnisse gemacht haben, sondern darum, ob Ihr einzelnes Zugeständnis wertvoller war als meine vier. Schon mancher Verhandlungsführer hat einen Erfolg für sich verbuchen können, weil er vier kleinere Zugeständnisse gemacht hat und dann sagen konnte: ,,*So, was werden Sie nun für mich tun?*'' Nur darauf kommt es an.

Zugeständnisse des Verkäufers

Der Wirtschaftswissenschaftler *John Maynard Keynes* hat einmal gesagt, daß ein Aktienspekulant ein Gefühl dafür haben muß, was der Durchschnittsmensch glaubt, wie der Durchschnittsmensch handeln wird. Er starb als reicher Mann. Andere sind bei der Verwirklichung derselben Theorie bankrott gegangen.

Wie ein Käufer auf ein Zugeständnis des Verkäufers reagiert, kann durch das Zugeständnis selbst beeinflußt sein. Bei einem großen Zugeständnis kann der Käufer, anstatt zufrieden zu sein, mit noch größeren Forderungen an den Verkäufer reagieren. Was wir tun oder sagen, beeinflußt den anderen und wird wiederum von dem beeinflußt, was der andere tut oder sagt. Es ist so etwas wie eine *Kettenreaktion*.

Wohin führt das alles? Ein Verkäufer muß genau durchdenken, wie sich seine *Zugeständnisse* auf das Handeln des Käufers *auswirken* werden. Der Verkäufer muß sich fragen: ,,Wenn ich dieses Zugeständnis mache und er mit dem Zugeständnis darauf reagiert, was tue ich dann, und was wird er dann tun!'' Mit Hilfe einer solch kleinen Frage läßt sich das eigene Zugeständnis mit den Augen des anderen sehen.

Zugeständnisse, die in Wirklichkeit gar keine sind

Wie steht's? Möchten Sie gerne Zugeständnisse machen, die in Wirklichkeit gar keine sind, d. h. ohne Waren oder Dienstleistungen sozusagen zu ,,verschenken''? Das Schöne an dieser Taktik ist, daß jeder solche Zugeständnisse machen und gleichzeitig bessere Verhandlungsergebnisse erzielen kann.

Stellen Sie sich einmal vor, Sie sind Verkäufer. Der Verkaufsleiter hat Ihnen eingeschärft, daß Sie in bezug auf das Verkaufspaket oder die Verkaufsbedingungen absolut keine Zugeständnisse machen dürfen. Gleichzeitig hat er Ihnen gesagt, daß der Kunde mit dem Geschäft zufrieden sein soll, obwohl keinerlei Zugeständnisse gemacht werden dürfen. *Auf den ersten Blick scheint das unmöglich, ist es aber nicht.*

Hier sind *einige Zugeständnisse*, die Sie machen können, ohne Sachwerte zu veräußern:

1. Aufmerksam hören, was der andere zu sagen hat.
2. Ihm die bestmögliche Erklärung geben.
3. Beweisen, was man sagt.
4. Sich auf ein langes Gespräch vorbereiten, auch wenn man immer wieder dasselbe durchkauen muß.
5. Den anderen nett behandeln.
6. Ihm versichern, daß andere nicht besser behandelt werden als er.
7. So oft wie möglich darlegen, warum er mit dem vorgeschlagenen Geschäft wie versprochen zufrieden sein wird.
8. Zeigen, daß andere kompetente und geachtete Käufer dieselbe Entscheidung getroffen haben.
9. Ihm manches selbst überprüfen lassen.
10. Versprechungen zu zukünftigen Transaktionen machen, wenn die Möglichkeit besteht.
11. Jemanden auf höherer Ebene in der eigenen Organisation die Verpflichtung aussprechen lassen, sich für die Zufriedenstellung des Kunden zu verbürgen.
12. Kenntnisse über das Produkt oder den Markt vermitteln.

Shakespeare hat einmal gesagt: *Der ist gut bedient, der zufrieden ist.* Alle oben genannten Zugeständnisse tragen zur Zufriedenheit des anderen bei.

Kann man es sich leisten, solche Zugeständnisse nicht zu machen?

Zugeständnisrücknahme

Es ist schwer, etwas zurückzunehmen, was man schon aufgegeben hat. Es ist meistens sehr viel schwerer, als von Anfang an ,,nein'' zu sagen. Trotzdem ist die Taktik, eine Verhandlung mit Forderungen zu eröffnen, mit denen man früher gemachte Zugeständnisse zurücknimmt, schon sehr alt. Diese Taktik wird in Tarifverhandlungen immer wieder angewandt.

Man will mit dieser Taktik meistens den Gegner in seinen Erwartungen drücken und ihn dadurch hindern, noch höhere Forderungen zu stellen. Dieser Ansatz birgt jedoch ein großes Risiko, weil er unter Umständen die Opposition irritiert und festigt. Deshalb sollte man diese Forderung möglichst schon vorher durch Indiskretion bekanntgeben. Damit hat der Gegner die Chance, sich an den Gedanken zu gewöhnen. Er ist nicht mehr überrascht und wird sich folglich auch nicht allzu feindselig verhalten.

Wenn die gegnerische Partei schließlich die ursprüngliche Position wiederhergestellt hat, ist sie über diesen schalen Sieg zufriedener als angebracht.

Zuhören

Das billigste Zugeständnis, das man machen kann

Was halten Sie von einem Zugeständnis an Ihren Verhandlungspartner, das keinen materiellen Wert hat? So etwas ist leicht zu bewerkstelligen. Sie brauchen nur zuzuhören. Zuhören ist das *billigste* Zugeständnis, das Sie machen können — und vielleicht ist es auch das *wichtigste*.

Hören Sie wirklich zu? ,,Wahrscheinlich nicht'', sagt *Ralph G. Nichols*, der Fachmann auf diesem Gebiet. Er kommt zu dem Schluß, daß sich der Durchschnittsmensch im unmittelbarem Anschluß an ein Gespräch nur etwa an die Hälfte des Gehörten erinnert — *wobei es keine Rolle spielt, wie sorgfältig er seiner Meinung nach zugehört hat.*

Bei Verhandlungen muß man unbedingt gut zuhören. Es ist schlimm, daß die meisten Menschen nicht wissen, *wie*. Zuhören stellt die leichteste

Möglichkeit dar, Bedürfnisse zu erkennen und Tatsachen zu entdecken. Wer sich die Zeit zum Zuhören nimmt, wird viele Dinge erfahren. Schwierig daran ist, daß man einige schlechte Angewohnheiten ablegen muß. Zuhören heißt: den Redenden anschauen, wach und aufmerksam sein, gerade sitzen, dem anderen näherkommen und *gierig auf neue Informationen sein*. Der Sprechende wird Ihre Bemühungen belohnen, indem er es Ihnen leichter macht, seine Hauptanliegen herauszufiltern.

Warum hören wir nicht zu? Wir nennen *elf Gründe*. Nur den ersten Grund hat der Sprechende selbst zu verantworten. Alle anderen Gründe sind Hindernisse, die sich der Zuhörer selbst in den Weg legt.

1. Die meisten Menschen sprechen, bevor sie nachgedacht haben. Ihre Rede hat keinen erkennbaren roten Faden. Es ist schwierig, ihnen zuzuhören.
2. Uns gehen viele Gedanken im Kopf herum, die wir nicht von einem Augenblick auf den anderen abschalten können.
3. Wir neigen dazu, selbst zu viel zu reden und den anderen zu oft zu unterbrechen.
4. Wir können es kaum abwarten, die Argumente des anderen zu widerlegen.
5. Von dem, was wir hören, schreiben wir vieles von vornherein als irrelevant oder uninteressant ab.
6. Bei schwierigen Sachen hören wir gar nicht mehr zu, mit der Begründung, das sei zu technisch oder gehe zu sehr in Einzelheiten.
7. Wir lassen uns gern ablenken. Die Konzentration läßt nach. Die Ablenkungen machen mehr Spaß als das gerade behandelte Thema.
8. Wir ziehen unsere Schlüsse, ehe wir alle Tatsachen haben.
9. Wir versuchen so sehr, alles zu behalten, daß das Wichtigste darüber verlorengeht.
10. Wir betrachten manche Aussagen kurzerhand als unerheblich, weil sie von Menschen kommen, die wir nicht für wichtig halten.
11. Informationen, die uns nicht gefallen, legen wir gern von vornherein ad acta.

Schaut man sich diese *schlechten Gewohnheiten* näher an, stellt sich heraus, daß sie sich alle um einen zentralen Punkt drehen. Schlechte Zuhörer erlauben sich, das Gespräch zeitweise nicht zu beachten, weil sie hoffen, später wieder mitkommen zu können. Leider aber ist das nicht der Fall.

Konstruktives Zuhören beginnt mit der Erkenntnis, daß ein Sprecher sich präsentiert, weil er unsere Billigung erreichen will. Er will, daß seine Präsentation beachtet wird und daß man ihr *glaubt*. Wie ein *Schauspieler* auf der Bühne wird auch er eine *bessere Leistung* erbringen, wenn der Gesprächspartner seine Sinne für das von ihm Gesagte öffnet.

Wenn ein Mensch spricht, hat er ein Hauptthema, Ideen, die seine These untermauern und Beweise dafür, daß seine Gedanken richtig sind. Das Dumme ist nur, daß die Menschen sich nicht an diesen simplen Aufbau halten. Sie werfen zu vieles durcheinander. Anekdoten, Ideen, nicht zur Sache gehörende Dinge, Beweise und leere Allgemeinplätze werden miteinander vermischt und der Zuhörer soll alles selbst „auseinanderklamüsern".

Wie können wir hier vorgehen?

Wir können den Sprecher bitten, seine Hauptpunkte und -gründe zusammenzufassen. Manchmal können wir auch selbst seine Aussagen zusammenfassen und fragen, ob die Zusammenfassung so stimmt. Man kann durchaus sagen „Ich verstehe nicht ganz, worauf Sie hinauswollen" oder „Darf ich das so verstehen" oder „Meinen Sie, daß..." oder auch „Ich weiß nicht ganz, wie hier der Zusammenhang ist". Der andere möchte, daß Sie verstehen. Er wird die Möglichkeit begrüßen, seine Nachricht deutlich zu machen. Sie tun ihm einen Gefallen.

Hören Sie aktiv zu. Hören Sie so zu, als ob Sie die Hauptpunkte für Ihren Chef zusammenfassen müßten. Sie werden feststellen, daß die untermauernden Worte ihren Platz finden, wenn Sie die Hauptpunkte begriffen haben. Gewöhnen Sie sich an, das Gesagte dem Sprecher gegenüber zu *wiederholen*, damit er weiß, daß Sie verstanden haben.

Man kann auch ein Mitglied des Verhandlungsteams zum offiziellen „Zuhörer" ernennen. Er kann sich Notizen machen, beobachten, was wie gesagt wird, in welcher Reihenfolge etwas gesagt wird und was nicht gesagt wird. Sie werden sich wundern, wieviel ein aufmerksamer Zuhörer sehen und hören kann — Dinge, die den übrigen Mitgliedern des Teams am Verhandlungstisch entgehen. Ich kenne eine Firma, die allerdings zu weit gegangen ist. Sie hatte einige Psychologen beschäftigt und entschloß sich, diese Psychologen als Zuhörer an Verhandlungen teilnehmen zu lassen. Eigentlich hätte diese Taktik funktionieren müssen, aber sie tat es nicht. Es stellte sich heraus, daß die Psychologen schwerer zu verstehen waren als der Verhandlungsgegner.

Hier sind noch *einige Tips zum Zuhören*. Sie funktionieren immer:

1. Geben Sie dem Redner Ihre volle Aufmerksamkeit. Sie können einfach nicht zuhören und gleichzeitig etwas anderes tun.
2. Den anderen nicht unterbrechen.
3. Freche Randbemerkungen und Ablenkungen nicht zulassen.
4. Nicht abschalten, wenn die Thematik schwierig wird.
5. Üben, auch Gedanken anzuhören, die einem nicht gefallen. Versuchen, das Gehörte zu wiederholen.
6. Dem anderen das letzte Wort lassen.

Zuhören ist das einzige Zugeständnis, bei dem man garantiert mehr bekommt als man geben kann.

Zusagen

Mündliche Zusagen als wichtige Quelle zur Stärkung der Verhandlungsposition

Freud hat einmal gesagt: ,,Erst denken, dann handeln". Dasselbe gilt für Worte: erst die Worte, dann die Handlung. Wenn wir etwas sagen oder niederschreiben, sind wir darauf eingerichtet, zu unseren Aussagen zu stehen und entsprechend zu handeln.

Worte sind Verpflichtungen. Einmal gesagt, bleibt man dabei. Wenn Sie ein interessantes Beispiel erleben wollen, sollten Sie einen kleinen Versuch starten. Bitten Sie einen Freund ganz nebenbei um einen Rat. Sagen Sie ihm dann, daß Sie nicht einsehen, was das nutzen solle. Beobachten Sie genau, wie er nun ein Argument nach dem anderen hervorkramt, um seinen Ratschlag zu untermauern. Versuchen Sie, das Thema zu wechseln. Nach kurzer Zeit wird er wieder auf den Ratschlag zurückkommen und noch mehr untermauernde Argumente liefern. Ich habe das schon ausprobiert, und ich bin davon überzeugt, daß die Menschen immer weitere Beweise hervorkramen, weil sie sich hauptsächlich selbst bestätigen wollen. Sie fühlen ihre eigenen Worte als Verpflichtung und halten sie für bindend.

Dies ist in Verhandlungen von unendlich großer Bedeutung. Vom Standpunkt des Verkäufers her bedeutet das folgendes: Sobald Ingenieure oder Produktionsleute dem Konzept eines bestimmten Verkäufers den Vorzug geben, werden sie ihre Meinung auch verteidigen. Ein Verkäufer sollte sich also darum bemühen, von möglichst vielen Mitarbeitern in der Organisation des Käufers positive Aussagen zu erhalten. Wer den Wert der Dienstleistungen eines Verkäufers schon mit Worten akzeptiert hat, wird kaum noch von dieser Meinung abrücken können. Wenn Sie den Käufer oder seine Kollegen dazu bringen können, zuzugeben, daß bei dem Vorschlag eines Konkurrenten Probleme aufgetaucht sind, wird es ihnen schwerfallen, diese Probleme später herunterzuspielen.

Wenn ein Käufer oder seine Mitarbeiter mit der Argumentation eines Verkäufers einig gehen, werden sie sie wahrscheinlich auch gegenüber anderen in der Organisation verteidigen.

Auch der Käufer sollte sich darum bemühen, daß der Verkäufer und seine Organisation so viele Verpflichtungen wie möglich eingehen. Die mündlichen Zusagen des Verkäufers geben dem Käufer eine bessere Verhandlungsposition. Der Käufer sollte vom Verkäufer ein möglichst detailliertes Angebot und möglichst detaillierte Kostenaufschlüsselungen fordern. Er sollte der Verhandlungsdelegation des Verkäufers Gelegenheit zu möglichst breiten Ausführungen geben. Er sollte sie dazu bringen, Beweise für Behauptungen vorzulegen. Er sollte höherrangige Mitarbeiter dazu bewegen, für Leistungen zu garantieren. Er sollte Fortschritte und Kostenmeilensteine mit detaillierten Zeitplänen koppeln. Er sollte direkt mit den Ingenieuren, Technikern und Mitarbeitern der Qualitätskontrolle in der Verkäuferorganisation reden und ihnen die Verpflichtung zu zufriedenstellender Leistung entlocken. Er sollte sich über alles Notizen machen und seine Unterlagen sorgfältig führen. Alle diese Verpflichtungen helfen dem Käufer bei seiner Verhandlung.

Das gesprochene Wort ist eine gute Verpflichtung. Noch besser jedoch sind schriftliche Unterlagen zur Bestätigung der mündlichen Vereinbarungen und das entsprechende Handeln. Sorgen Sie dafür, daß sich die Gegenpartei mündlich verpflichtet.

Mündliche Zusagen sind eine wichtige Quelle zur Stärkung der eigenen Verhandlungsposition.

Anhang:

Test: Wie gut sind Sie als Verhandlungsführer?

1. Gehen Sie im allgemeinen gut vorbereitet in Verhandlungen hinein?

- ☐ a) Sehr oft
- ☐ b) Oft
- ☐ c) Manchmal
- ☐ d) Nicht sehr oft
- ☐ e) Ich improvisiere.

2. Wie fühlen Sie sich, wenn Sie einen direkten Konflikt meistern müssen?

- ☐ a) Ich fühle mich sehr unwohl.
- ☐ b) Ich fühle mich ziemlich unwohl.
- ☐ c) Die Situation gefällt mir nicht, aber ich stelle mich.
- ☐ d) Mir macht diese Herausforderung sogar ein wenig Spaß.
- ☐ e) Ich begrüße den Konflikt als Chance.

3. Glauben Sie, was man Ihnen in Verhandlungen sagt?

- ☐ a) Nein, ich bin sehr skeptisch.
- ☐ b) Ich bin ziemlich skeptisch.
- ☐ c) Manchmal glaube ich es nicht.
- ☐ d) Im allgemeinen bin ich vertrauensselig.
- ☐ e) Ich glaube es fast immer.

4. Wie wichtig ist es Ihnen, geliebt zu werden?

- ☐ a) Sehr wichtig
- ☐ b) Ziemlich wichtig

☐ c) Wichtig
☐ d) Nicht allzu wichtig
☐ e) Ist mir egal

5. *Zielen Sie in Ihren Geschäftsverhandlungen auf das Optimale ab?*

☐ a) Fast immer
☐ b) Ziemlich oft
☐ c) Manchmal
☐ d) Kaum
☐ e) Ist mir völlig egal

6. *Welche Einstellung haben Sie gegenüber Verhandlungen?*

☐ a) Verhandlungen sind außerordentlich von Konkurrenzdenken bestimmt.
☐ b) Verhandlungen sind hauptsächlich von Konkurrenzdenken bestimmt, beinhalten aber auch einen Gutteil Kooperation.
☐ c) Verhandlungen sind hauptsächlich von Kooperation bestimmt, beinhalten aber auch einen Gutteil Konkurrenz.
☐ d) Verhandlungen beinhalten außerordentlich viel Kooperation.
☐ e) Kooperation und Konkurrenz halten sich die Waage.

7. *Auf welche Art von Abschluß zielen Sie ab?*

☐ a) Guter Abschluß für beide Seiten.
☐ b) Besserer Abschluß für mich.
☐ c) Besserer Abschluß für den anderen.
☐ d) Ein sehr guter Abschluß für mich selbst und besser als gar nichts für den anderen.
☐ e) Jeder für sich.

8. *Verhandeln Sie gerne mit Händlern (Möbel, Autos, große Haushaltsgeräte)?*

☐ a) Sehr gerne
☐ b) Gerne
☐ c) Weder gern noch ungern
☐ d) Ungern
☐ e) Sehr ungern

9. *Lassen Sie den Gegner um einen besseren Abschluß verhandeln, wenn sich herausstellt, daß das Ergebnis für die Gegenpartei recht schlecht ausgefallen ist?*

☐ a) Bereitwillig
☐ b) Manchmal
☐ c) Zögernd
☐ d) Fast nie
☐ e) Das ist sein Problem

10. *Drohen Sie?*

☐ a) Sehr oft
☐ b) Ziemlich oft
☐ c) Gelegentlich
☐ d) Nicht sehr oft
☐ e) Sehr selten

11. *Wie gut drücken Sie Ihren Standpunkt aus?*

☐ a) Sehr gut
☐ b) Überdurchschnittlich gut
☐ c) Durchschnittlich gut
☐ d) Unterdurchschnittlich gut
☐ e) Ziemlich schlecht

12. Können Sie zuhören?

☐ a) Sehr gut
☐ b) Besser als die meisten
☐ c) Durchschnitt
☐ d) Weniger gut als der Durchschnitt
☐ e) Schlecht

13. Was empfinden Sie bei zweideutigen Situationen — Situationen, in denen es viele Für und Wider gibt?

☐ a) Fühle mich sehr unwohl. Habe es lieber, wenn etwas eindeutig ist.
☐ b) Fühle mich relativ wohl.
☐ c) Gefällt mir nicht, kann aber damit leben.
☐ d) Stört mich nicht. Kann gut damit leben.
☐ e) Gefällt mir. Kommt kaum vor, daß etwas eindeutig ist.

14. Wie hören Sie zu, wenn jemand Gedanken ausdrückt, mit denen Sie nicht übereinstimmen?

☐ a) Würde ihn am liebsten zum Schweigen bringen.
☐ b) Höre zu, fällt mir aber sehr schwer.
☐ c) Höre zwar zu, denke aber, interessiert mich nicht.
☐ d) Höre ziemlich gut zu.
☐ e) Höre aufmerksam und gut zu.

15. Wie gründlich verhandeln Sie mit Mitarbeitern der eigenen Organisation, wenn es um das Setzen von Prioritäten und Zielen geht (vor der Sitzung)?

☐ a) Mäßig oft und mäßig gut.
☐ b) Nicht sehr oft und nicht gut.
☐ c) Verhandle hart, oft und gut.
☐ d) Verhandle ziemlich oft und ziemlich gut.
☐ e) Tue im allgemeinen, was notwendig ist und erwartet wird, ohne mit den Mitarbeitern zu verhandeln.

240

16. *Was halten Sie von folgender Situation: Sie sollen mit Ihrem Chef um eine 10%ige Gehaltserhöhung verhandeln, obwohl die Gehälter in der Abteilung im Durchschnitt nur um 5% angehoben wurden.*

☐ a) Diese Situation gefällt mir überhaupt nicht. Würde sie vermeiden.

☐ b) Gefällt mir nicht, würde aber zögernd versuchen zu verhandeln.

☐ c) Würde verhandeln, wenig Bedenken.

☐ d) Ich würde meinen Standpunkt vertreten und hätte keine Angst, es zu versuchen.

☐ e) Eine solche Verhandlung würde mir Spaß machen. Ich würde mich darauf freuen.

17. *Nehmen Sie in Verhandlungen gerne die Hilfe von Fachleuten in Anspruch?*

☐ a) Sehr gerne
☐ b) Ziemlich gerne
☐ c) Gelegentlich
☐ d) Wenn ich muß
☐ e) Selten

18. *Wie gut sind Sie als Teamleiter?*

☐ a) Sehr gut
☐ b) Ziemlich gut
☐ c) Fair
☐ d) Nicht sehr gut
☐ e) Schlecht

19. *Können Sie unter Druck noch klar denken?*

☐ a) Ja, sehr gut
☐ b) Besser als die meisten
☐ c) Durchschnittlich gut

☐ d) Schlechter als der Durchschnitt
☐ e) Ganz schlecht

20. *Wie steht es mit Ihrem Urteilsvermögen in bezug auf geschäftliche Dinge?*

☐ a) Die Erfahrung zeigt, daß mein Urteilsvermögen sehr gut ist.
☐ b) Gut.
☐ c) So gut wie bei den meisten Managern.
☐ d) Nicht allzu gut.
☐ e) Es fällt mir zwar schwer, aber ich glaube, ich bin nicht ganz auf der Höhe, wenn es um geschäftliche Dinge geht.

21. *Was halten Sie von sich selbst?*

☐ a) Viel
☐ b) Ziemlich viel
☐ c) Gemischte Gefühle
☐ d) Nicht allzu viel
☐ e) Nicht viel

22. *Werden Sie von anderen respektiert?*

☐ a) Sehr leicht
☐ b) Meistens
☐ c) Gelegentlich
☐ d) Meistens nicht
☐ e) Selten

23. *Halten Sie sich für taktvoll und diskret?*

☐ a) Ja, sehr
☐ b) Ziemlich
☐ c) Einigermaßen
☐ d) Ich rutsche häufiger aus
☐ e) Ich rede und denke anscheinend erst hinterher.

24. Sind Sie aufgeschlossen?

- ☐ a) Ja, sehr
- ☐ b) Verhältnismäßig aufgeschlossen
- ☐ c) Meistens
- ☐ d) Ein wenig engstirnig
- ☐ e) Bin in meinen Ideen ziemlich festgelegt.

25. Für wie wichtig halten Sie die eigene Integrität?

- ☐ a) Sehr wichtig
- ☐ b) Ziemlich wichtig
- ☐ c) Mäßig wichtig
- ☐ d) Wenig wichtig
- ☐ e) Das Leben ist hart.

26. Für wie wichtig halten Sie Integrität bei anderen?

- ☐ a) Sehr wichtig
- ☐ b) Ziemlich wichtig
- ☐ c) Mäßig wichtig
- ☐ d) Wenig wichtig
- ☐ e) Jeder muß selbst sehen, wo er bleibt.

27. Wenn Sie Macht haben, nutzen Sie sie?

- ☐ a) Ich nutze sie so weit wie möglich.
- ☐ b) Ich nutze sie gemäßigt ohne Schuldgefühle.
- ☐ c) Ich nutze sie im Namen der Gerechtigkeit, so wie ich die Gerechtigkeit sehe.
- ☐ d) Ich nutze sie nicht gerne.
- ☐ e) Ich bin nett zum anderen.

28. Wie reagieren Sie auf Körpersprache?

- ☐ a) Sehr empfindlich
- ☐ b) Ziemlich empfindlich
- ☐ c) Durchschnittlich
- ☐ d) Ich beobachte weniger als die meisten.
- ☐ e) Ich beobachte nicht sehr gut.

29. Wie reagieren Sie auf die Motivationen und Wünsche des anderen?

- ☐ a) Sehr empfindlich
- ☐ b) Ziemlich empfindlich
- ☐ c) Mäßig
- ☐ d) Weniger empfindlich als die meisten
- ☐ e) Nicht empfindlich

30. Was halten Sie von persönlichen Beziehungen zur gegnerischen Partei?

- ☐ a) Ich vermeide sie.
- ☐ b) Fühle mich dabei ziemlich unwohl.
- ☐ c) Nicht gut — nicht schlecht.
- ☐ d) Ich möchte der Gegenseite gerne persönlich näher kommen.
- ☐ e) Ich tue alles, um der Gegenseite persönlich näher zu kommen. Darauf lege ich großen Wert.

31. Wissen Sie, auf welche Themen es in einer Verhandlung wirklich ankommt?

- ☐ a) Ich weiß im allgemeinen, was zählt.
- ☐ b) Meistens liege ich richtig.
- ☐ c) Ich kann es ziemlich gut erraten.
- ☐ d) Ich werde oft überrascht.
- ☐ e) Es fällt mir schwer festzustellen, worauf es wirklich ankommt.

32. Welche Art von Zielen setzen Sie sich in Verhandlungen?

- ☐ a) Sehr schwer zu erreichende Ziele
- ☐ b) Ziemlich schwer zu erreichende Ziele
- ☐ c) Nicht zu schwer — nicht zu leicht zu erreichende Ziele
- ☐ d) Recht bescheidene Ziele
- ☐ e) Nicht zu schwer — relativ leicht zu erreichende Ziele

33. Haben Sie in Verhandlungen Geduld?

- ☐ a) Fast immer
- ☐ b) Mehr als der Durchschnitt
- ☐ c) Durchschnitt
- ☐ d) Ich liege unter dem Durchschnitt.
- ☐ e) Ich sorge dafür, daß alles schnell vorbei ist.
  Was hat es für einen Sinn, herumzubummeln?

34. Fühlen Sie sich Ihren Zielen in Verhandlungen verpflichtet?

- ☐ a) Sehr
- ☐ b) Ziemlich
- ☐ c) Etwas
- ☐ d) Nicht sehr
- ☐ e) Bin ziemlich flexibel. Hat keinen Zweck, zu drängen.

35. Sind Sie in Verhandlungen hartnäckig?

- ☐ a) Sehr, sehr hartnäckig
- ☐ b) Ziemlich hartnäckig
- ☐ c) Mäßig hartnäckig
- ☐ d) Nicht sehr hartnäckig
- ☐ e) Nicht hartnäckig

36. *Wie reagieren Sie auf die persönlichen Probleme, denen der Gegner in einer Verhandlung gegenübersteht? (Probleme, die mit dem Abschluß direkt nichts zu tun haben, z. B Arbeitsplatzsicherheit, Arbeitsbelastung, Ferien, Auskommen mit dem Chef)*

- [ ] a) Sehr empfindlich
- [ ] b) Ziemlich empfindlich
- [ ] c) Mäßig empfindlich
- [ ] d) Nicht allzu empfindlich
- [ ] e) Kaum empfindlich

37. *Engagieren Sie sich dafür, daß der Gegner zufriedengestellt wird?*

- [ ] a) Sehr. Ich versuche, dafür zu sorgen, daß er nicht verletzt wird.
- [ ] b) Ich engagiere mich etwas dafür.
- [ ] c) Bin neutral, hoffe aber, daß er nicht verletzt wird.
- [ ] d) Macht mir ein bißchen Sorge.
- [ ] e) Jeder muß selbst sehen, wo er bleibt.

38. *Betonen Sie die Grenzen Ihrer Macht?*

- [ ] a) Ja, sehr.
- [ ] b) Meistens mehr als mir recht ist.
- [ ] c) Ich wäge ab.
- [ ] d) Ich versteife mich nicht darauf.
- [ ] e) Ich denke meistens positiv.

39. *Beschäftigen Sie sich mit den Grenzen der Macht des anderen?*

- [ ] a) Ja, sehr.
- [ ] b) Ziemlich.
- [ ] c) Ich wäge ab.
- [ ] d) Ist schwer, weil ich nicht er bin.
- [ ] e) Ich sehe zu, wie sich die Dinge in der Sitzung entwickeln.

40. Welche Gefühle haben Sie, wenn Sie als Einkäufer ein sehr niedriges Angebot abgeben?

☐ a) Ich fühle mich schrecklich.
☐ b) Ich fühle mich dabei nicht allzu wohl, tue es aber manchmal.
☐ c) Ich tue das nur gelegentlich.
☐ d) Ich versuche das oft. Es macht mir nichts aus.
☐ e) Ich mache mir das zur Gewohnheit und fühle mich wohl dabei.

41. Wie geben Sie nach?

☐ a) Sehr langsam, wenn überhaupt.
☐ b) Ziemlich langsam.
☐ c) Etwa gleich schnell wie der andere.
☐ d) Ich versuche, das Ganze etwas schneller hinter mich zu bringen und gebe mehr nach.
☐ e) Es macht mir nichts aus, große Zugeständnisse zu machen, damit wir auf das Wesentliche kommen.

42. Gehen Sie Risiken ein, die die eigene Karriere beeinflussen könnten?

☐ a) Ich gehe verhältnismäßig große Risiken ein, größere Risiken als die meisten.
☐ b) Ich gehe ein wenig größere Risiken ein als die meisten.
☐ c) Ich gehe ein wenig geringere Risiken ein als die meisten.
☐ d) Ich gehe gelegentlich geringe Risiken ein.
☐ e) Ich gehe selten ein Karriererisiko ein.

43. Was halten Sie von finanziellen Risiken?

☐ a) Im Vergleich zu den meisten anderen gehe ich verhältnismäßig hohe Risiken ein.
☐ b) Im Vergleich zu den meisten gehe ich ein wenig höhere Risiken ein.

☐ c) Ich gehe selten ein Risiko ein.

☐ d) Ich gehe gelegentlich ein geringes Risiko ein.

☐ e) Im Vergleich zu den meisten gehe ich sehr viel geringere Risiken ein.

44. Wie fühlen Sie sich, wenn Sie mit Personen höheren Ranges zusammentreffen?

☐ a) Ich fühle mich sehr wohl.

☐ b) Recht wohl.

☐ c) Gemischte Gefühle.

☐ d) Irgendwie unwohl.

☐ e) Sehr unwohl.

45. Wie haben Sie sich bei Ihrem letzten Haus- oder Autoverkauf auf die Verhandlungen vorbereitet?

☐ a) Gründlich

☐ b) Ziemlich gut

☐ c) Mäßig gut

☐ d) Nicht gut

☐ e) Habe improvisiert

46. Prüfen Sie nach, was der andere Ihnen sagt?

☐ a) Ich prüfe gründlich nach.

☐ b) Ich prüfe das Meiste nach.

☐ c) Ich prüfe einige Punkte nach.

☐ d) Ich weiß, ich sollte nachprüfen, tue es aber nicht.

☐ e) Ich prüfe nicht nach.

47. *Haben Sie Phantasie? Finden Sie kreative Lösungen für Probleme?*

- ☐ a) Ja, sehr oft
- ☐ b) Es geht
- ☐ c) Manchmal
- ☐ d) Nicht besonders
- ☐ e) Selten

48. *Haben Sie ,,Charisma''? Schaut man zu Ihnen auf und folgt man Ihnen als Führer?*

- ☐ a) Ja, sehr
- ☐ b) In ziemlich großem Ausmaß
- ☐ c) Durchschnittlich
- ☐ d) Nicht allzu viel
- ☐ e) Eindeutig nein

49. *Welche Erfahrungen haben Sie im Vergleich zu anderen Verhandlungsführern?*

- ☐ a) Sehr große Erfahrungen
- ☐ b) Mehr als durchschnittliche Erfahrungen
- ☐ c) Durchschnittliche Erfahrungen
- ☐ d) Weniger als durchschnittliche Erfahrungen
- ☐ e) Bin Neuling auf dem Gebiet

50. *Wie stellen Sie sich zum Führen von Mitarbeitern in einem Team?*

- ☐ a) Fühle mich wohl dabei, halte das für natürlich.
- ☐ b) Fühle mich einigermaßen wohl dabei.
- ☐ c) Gemischte Gefühle.
- ☐ d) Bin wohl selbstbewußt.
- ☐ e) Habe recht viel Angst.

51. *Wie gut können Sie denken, wenn Sie nicht unter Druck stehen (verglichen mit Ihren Kollegen)?*

- ☐ a) Sehr gut
- ☐ b) Besser als die meisten
- ☐ c) Durchschnitt
- ☐ d) Ein wenig schlechter als die meisten
- ☐ e) Nicht allzu gut

52. *Brennt bei Ihnen eine Sicherung durch, wenn es aufregend wird?*

- ☐ a) Ich bin ruhig.
- ☐ b) Ich bin im Grunde genommen ruhig, kann mich aber auch schon einmal aufregen.
- ☐ c) Mir geht es wohl so wie den meisten.
- ☐ d) Ich bin recht jähzornig.
- ☐ e) Ich verliere die Kontrolle.

53. *Werden Sie gesellschaftlich gesehen gemocht?*

- ☐ a) Ja sehr
- ☐ b) Größtenteils
- ☐ c) Durchschnitt
- ☐ d) Nicht sehr
- ☐ e) Ich glaube, man kann mich nicht leiden.

54. *Wie steht es mit Ihrer Arbeitsplatzsicherheit?*

- ☐ a) Sehr sicher
- ☐ b) Ziemlich sicher
- ☐ c) Einigermaßen sicher
- ☐ d) Ziemlich unsicher
- ☐ e) Sehr unsicher

55. *Wie würden Sie sich fühlen, wenn Ihnen etwas viermal gut erklärt worden ist und Sie jedes Mal sagen mußten: „Das verstehe ich nicht."*

- ☐ a) Schrecklich, das würde ich dann nicht mehr sagen.
- ☐ b) Ziemlich verlegen.
- ☐ c) Ich würde mir seltsam vorkommen.
- ☐ d) Das würde ich tun, ohne deswegen zu viele ungute Gefühle zu haben.
- ☐ e) Macht mir gar nichts.

56. *Wie gut meistern Sie schwierige Fragen in Verhandlungen?*

- ☐ a) Sehr gut
- ☐ b) Überdurchschnittlich
- ☐ c) Durchschnittlich
- ☐ d) Unterdurchschnittlich
- ☐ e) Schlecht

57. *Stellen Sie Sondierungsfragen?*

- ☐ a) Ja, das kann ich sehr gut.
- ☐ b) Ja, das kann ich ziemlich gut.
- ☐ c) Bin durchschnittlich.
- ☐ d) Bin nicht sehr gut.
- ☐ e) Bin darin ziemlich schlecht.

58. *Können Sie schweigen, wenn es um geschäftliche Dinge geht?*

- ☐ a) Bin sehr verschwiegen.
- ☐ b) Bin ziemlich verschwiegen.
- ☐ c) Bin verschwiegen.
- ☐ d) Neige dazu, mehr zu sagen als ich sollte.
- ☐ e) Rede zu viel.

59. *Wieviel Selbstvertrauen haben Sie in bezug auf Ihr Wissensgebiet, auf Ihren Beruf, Ihren Fachbereich (verglichen mit Kollegen)?*

 ☐ a) Habe sehr viel mehr Selbstvertrauen als die meisten.
 ☐ b) Habe etwas mehr Vertrauen.
 ☐ c) Durchschnittlich.
 ☐ d) Habe etwas weniger Vertrauen.
 ☐ e) Offen gesagt, ich habe nicht sehr viel Selbstvertrauen.

60. *Sie brauchen die Dienste eines Bauunternehmers. Die Pläne für das Haus werden geändert, weil Ihre Frau etwas anderes will. Der Bauunternehmer verlangt aufgrund der Änderung mehr Geld. Sie brauchen ihn dringend, weil die Bauarbeiten schon ziemlich weit fortgeschritten sind. Wie stellen Sie sich zu einer Verhandlung über den Mehrpreis?*

 ☐ a) Springe mit beiden Füßen in die Verhandlung hinein.
 ☐ b) Bin bereit zu verhandeln, bin aber nicht sehr darauf erpicht.
 ☐ c) Idee gefällt mir nicht, aber ich verhandle.
 ☐ d) Die Idee mißfällt mir sehr.
 ☐ e) Hasse die Konfrontation.

61. *Tragen Sie Ihr Herz auf der Zunge? Lassen Sie Ihre Gefühle leicht durchblicken?*

 ☐ a) Ja, sehr
 ☐ b) Mehr als die meisten Menschen
 ☐ c) Durchschnitt
 ☐ d) Nicht sehr oft
 ☐ e) Selten

Bewertung

Zählen Sie die positiven und negativen Punkte gemäß folgender Tabelle zusammen. Ziehen Sie sie voneinander ab. Das Gesamtergebnis kann von − 668 bis + 724 reichen. (Beispiel: Antwort b) auf Frage 1 ergibt + 15, Antwort a) auf Frage 2 ergibt − 10, Antwort d) auf Frage 3 ergibt − 4 usw.)

Frage	(a)	(b)	(c)	(d)	(e)	Ergebnis
1	+ 20	+ 15	+ 5	− 10	− 20	_____
2	− 10	− 5	+ 10	+ 10	− 5	_____
3	+ 10	+ 8	+ 4	− 4	− 10	_____
4	− 14	− 8	0	+ 14	+ 10	_____
5	− 10	+ 10	+ 10	− 5	− 10	_____
6	− 15	+ 15	+ 10	− 15	+ 5	_____
7	0	+ 10	− 10	+ 5	− 5	_____
8	+ 3	+ 6	+ 6	− 3	− 5	_____
9	+ 6	+ 6	0	− 5	− 10	_____
10	− 15	− 10	0	+ 5	+ 10	_____
11	+ 8	+ 4	0	− 4	− 6	_____
12	+ 15	+ 10	0	− 10	− 15	_____
13	− 10	− 5	+ 5	+ 10	+ 10	_____
14	− 10	− 5	+ 5	+ 10	+ 15	_____
15	+ 8	− 10	+ 20	+ 15	− 20	_____
16	− 10	+ 5	+ 10	+ 13	+ 10	_____
17	+ 12	+ 10	+ 4	− 4	− 12	_____
18	+ 12	+ 10	+ 5	− 5	− 10	_____
19	+ 10	+ 5	+ 3	0	− 5	_____
20	+ 20	+ 15	+ 5	− 10	− 20	_____
21	+ 15	+ 10	0	− 5	− 15	_____
22	+ 12	+ 8	+ 3	− 5	− 8	_____
23	+ 6	+ 4	0	− 2	− 4	_____
24	+ 10	+ 3	+ 5	− 5	− 10	_____
25	+ 15	+ 10	+ 5	0	− 10	_____
26	+ 15	+ 10	+ 5	0	− 10	_____
27	+ 5	+ 15	+ 10	− 5	0	_____
28	+ 2	+ 1	0	− 1	− 2	_____

Frage	(a)	(b)	(c)	(d)	(e)	Ergebnis
29	+ 15	+ 10	+ 5	− 10	− 15	_____
30	− 15	− 10	0	+ 10	+ 15	_____
31	+ 10	+ 5	+ 2	− 2	− 10	_____
32	+ 10	+ 15	+ 5	0	− 10	_____
33	+ 15	+ 10	+ 5	− 5	− 15	_____
34	+ 12	+ 12	+ 5	− 5	− 15	_____
35	+ 10	+ 12	+ 3	− 3	− 10	_____
36	+ 16	+ 12	+ 4	− 5	− 15	_____
37	+ 12	+ 6	0	− 2	− 10	_____
38	− 10	− 8	0	+ 8	+ 12	_____
39	+ 15	+ 10	+ 5	− 5	− 10	_____
40	− 10	− 5	+ 5	+ 15	+ 15	_____
41	+ 15	+ 10	− 3	− 10	− 15	_____
42	+ 5	+ 10	0	− 3	− 10	_____
43	+ 5	+ 10	− 5	+ 5	− 8	_____
44	+ 10	+ 8	+ 3	− 3	− 10	_____
45	+ 15	+ 10	+ 5	− 5	− 15	_____
46	+ 10	+ 10	+ 3	− 5	− 12	_____
47	+ 12	+ 10	+ 3	0	− 5	_____
48	+ 10	+ 8	+ 3	0	− 3	_____
49	+ 5	+ 3	0	− 1	− 3	_____
50	+ 8	+ 5	+ 3	0	− 12	_____
51	+ 15	+ 10	+ 5	0	− 5	_____
52	+ 10	+ 6	0	− 3	− 10	_____
53	+ 10	+ 8	+ 4	− 2	− 6	_____
54	+ 12	+ 10	+ 5	− 5	− 12	_____
55	− 8	− 3	+ 3	+ 8	− 12	_____
56	+ 10	+ 8	+ 2	− 3	− 10	_____
57	+ 10	+ 8	+ 3	0	− 5	_____
58	+ 10	+ 10	+ 8	− 8	− 15	_____
59	+ 12	+ 8	+ 4	− 5	− 10	_____
60	+ 15	+ 10	0	− 10	− 15	_____
61	− 8	− 6	0	+ 5	+ 8	_____

Sie haben Ihr *Gesamtergebnis* berechnet. Nun können Sie feststellen, in *welche Kategorie* Sie fallen, in die höchste, die niedrigste oder die mittlere.

Höchste Kategorie	+ 376 bis + 724
2. Kategorie	+ 28 bis + 375
3. Kategorie	− 320 bis + 27
Niedrigste Kategorie	− 668 bis − 321

Führen Sie den Test in einem *halben Jahr noch einmal* durch und vergleichen Sie die Ergebnisse. Lassen Sie sich durch Ihren Chef mit Hilfe dieses Testes bewerten, wenn Sie den Standpunkt eines anderen kennenlernen wollen. Dann können Sie seine Denkweise mit Ihrer eigenen vergleichen.

Sachwortverzeichnis

Moderne Rhetorik

Rede und Gespräch im technischen Zeitalter

Von **Heinz Elertsen,** neubearbeitet von **Willfred Hartig**

8., völlig neubearbeitete und erweiterte Auflage, 252 Seiten, Kt.

ISBN 3-7938-7637-3

Der „Elertsen" ist seit fast zwei Jahrzehnten nicht nur in Fachkreisen, sondern vor allem im Bereich der Wirtschaft und der Manager-Ausbildung zu einem Begriff geworden.

Nun legt Willfred Hartig, enger Schüler und Nachfolger Elertsens, eine Neubearbeitung dieses Werkes vor. Sie setzt zwei Schwerpunkte: die monologische oder reine Rhetorik und die dialogische Rhetorik oder Dialogik und trägt damit aktuellen Bedürfnissen Rechnung. Anhand instruktiver Beispiele wird der Leser in die Kunst der erfolgreichen Rede, der sicheren Diskussionsleitung und der wirkungsvollen Gesprächsführung eingewiesen.

Da das Buch einen aktiven Beitrag zur Überwindung der „Kommunikationslücke" in unserer Gesellschaft liefern will, gliedert es sich in verschiedene Zielbereiche. Einerseits stellen die Autoren die Frage nach dem Sinn der Rhetorik, erläutern ihre einzelnen Gattungen und die neuesten Entwicklungen, geben die bisher einzige Stilistik des gesprochenen Wortes und runden das Ganze mit einer kurzgefaßten Geschichte der Rhetorik ab. Andererseits weisen die Autoren auf die Bedeutung der Dialektik und die vielfältigen Formen der Gesprächsführung hin, geben Hilfen für die Überwindung von Einwänden und warnen vor dem Mißbrauch der Dialektik.

I. H. Sauer-Verlag GmbH · 6900 Heidelberg